BÖRSENSTRATEGIEN DER ZUKUNFT

Markus L. Dorigo

BÖRSENSTRATEGIEN   DER   ZUKUNFT

Der grosse Ratgeber für Wertpapieranlagen

Analysetechniken

Anlageinstrumente

Themen der 90er Jahre

© 1990 Alle Rechte by Fortuna Finanz-Verlag AG
CH-8123 Ebmatingen/ZH
Druck: Konkordia Druck GmbH, D-7580 Bühl
Umschlaggestaltung: Hugo Jucker, Bülach
Printed in Germany: ISBN 3-85684-058-3

Die führende Tages- und Wirtschaftszeitung bei den Entscheidungsträgern in Wirtschaft und Verwaltung.*

*LAE '88: Vergleichende Leseranalyse ausgewählter Titel bei Entscheidungsträgern in Wirtschaft und Verwaltung.

INHALTSVERZEICHNIS

ABBILDUNGSVERZEICHNIS

Kapitel 1

EINLEITUNG

Der weltweit deutlich zunehmende Trend zur Globalisierung der Vermögensanlagen, die eskalierende Verflechtung der Weltwirtschaft und eine sich ver-
schärfende Verschuldungsproblematik in Drittwelt- und Entwicklungsländern
sind nur einige Faktoren, die Investitionsentscheidungen zunehmend erschwe-
ren. Gleichzeitig hat die Volatilität der Kursbewegungen an den wichtigsten
Devisen- und Wertpapierbörsen seit 1973, dem Jahr des Zusammenbruchs des
Währungssystems von Bretton Woods und dem Uebergang zu flexiblen Wech-
selkursen, deutlich zugenommen. Diese Entwicklungen und die zunehmenden
nationalen Wirtschaftsprobleme (Drillings-Defizit) der USA haben an den Welt-
börsen zu einer verstärkten Unsicherheit geführt, die mit dem *Schwarzen Montag*", dem 19. Oktober 1987, und den darauf folgenden Wochen einen vorübergehenden Höhepunkt erreicht hat. Solche Veränderungen an den internationalen Anlagemärkten erfordern vom erfolgsorientierten Vermögensverwalter
überdurchschnittliche Flexibilität und Fachkenntnisse. Der markant gestiegene
Einsatz moderner Anlageinstrumente (wie Optionen, Futures usw.) ist einerseits ein Indiz für die zunehmende Professionalität im Bereich der Kapitalanlagen und anderseits ein Hinweis, dass Anlagestrategien vermehrt auch auf eine
kürzerfristige Optik ausgerichtet werden. Dadurch hat neben der traditionellen
Fundamentalanalyse die *Technische Analyse* als Timinghilfe wieder an Bedeutung
gewonnen. Seit einigen Jahren finden die aus den USA stammenden Portfolio-
Management-Philosophien und -Techniken wie *"Modern Portfolio Theory"*, *"In-
dexation"* und *"Portfolio Insurance"* auch in Europa vermehrt Beachtung. Diese
Entwicklung und der zunehmende internationale Konkurrenzkampf haben u.a.
dazu beigetragen, dass der Einsatz elektronischer Hilfsmittel in allen Sparten
der Vermögensverwaltung rasant angestiegen ist. Ein weiteres Phänomen ist
der Umstand, dass sich heute bei den führenden Wertpapierhäusern neben
Betriebswissenschaftern und Juristen in zunehmendem Masse auch Mathematiker, Physiker und Statistiker mit Finanzanlagen - insbesondere im strategischen
Bereich der Finanzanalyse - beschäftigen. Der immense Einsatz von Technik
und die Entwicklung immer neuer wissenschaftlicher Verfahren und Strategien
sollte jedoch nicht die Illusion nähren, dass dadurch das Risiko im Anlagege-
schäft eliminiert werden kann. **Intuition, profundes Sachwissen und langjährige Erfahrung werden auch in Zukunft die für den Anlageerfolg entscheidenden Elemente darstellen.**

Das vorliegende Buch richtet sich sowohl an den professionellen Anlageberater als auch an den privaten Investor, der seine finanzielle Zukunft in die
eigenen Hände nehmen oder ein kompetenter Gesprächspartner in Sachen
Wertpapieranlagen werden will. Es erläutert schrittweise und systematisch die
für eine erfolgreiche Anlagestrategie im Wertpapiergeschäft notwendigen fach-
lichen Grundkenntnisse sowie Ueberlegungsabläufe und vermittelt Entschei-
dungshilfen. Die Konzeption dieses Werkes ist darauf ausgerichtet, das viel-
schichtige Thema "Wertpapieranlagen" möglicht umfassend, verständlich und
die einzelnen Detailaspekte ausreichend gründlich zu behandeln. Auf verwir-
rende, professorale Analysen sowie die Flucht in Anekdoten und unnötig viele
Fallbeispiele wurde bewusst verzichtet und das für den Leser Wesentliche und
aufwandmässig Machbare in den Vordergrund gestellt. Die thematischen
Schwerpunkte liegen bei folgenden Problemkreisen:

- Situationsanalyse des Anlegers als Ausgangspunkt jedes anlagepolitischen
  Entscheidungsprozesses.

- Erläuterungen der zahlreichen fundamental und technisch orientierten
  Analyseverfahren sowie die zur Formulierung einer fundierten Anlagepolitik notwendigen Denkprozesse.

- Einführung in die Mechanismen sämtlicher bekannten Anlageinstrumente
  im Wertpapierbereich und deren optimalen Einsatz in der Anlagepraxis.

- Themen der 90er Jahre; die Entwicklung wichtiger internationaler Wirtschaftsprobleme und deren Einfluss auf das Börsengeschäft wird untersucht und prognostiziert.

Dieses Buch ist keine Wegleitung "wie werde ich Millionär in 30 Tagen"; der
Text ist sowohl realitäts- als auch praxisbezogen. Nichtsdestoweniger verspricht die Anwendung der beschriebenen Arbeitsmethoden und Ratschläge in
ihrer Kombination überdurchschnittliche Anlageresultate an den nationalen
und internationalen Wertpapierbörsen.

Abschliessend hoffe ich, dass der Leser durch die Lektüre reichen Ertrag
erwirtschaften und insbesondere auch unnötige Verluste vermeiden lernt.

Markus L. Dorigo

Kapitel 2

ANLEGER- UND MARKTORIENTIERTE VERMÖGENSSTRUKTUR

2.1 Anlegerspezifische Situationsanalyse

Den Ausgangspunkt jeder Anlagestrategie und Portfoliopolitik bildet der Anleger. Investitionsziele und Restriktionen können sowohl beim privaten als auch beim institutionellen Investor deutlich divergieren. Eine anlegerspezifische Situationsanalyse bildet die Grundlage für die Formulierung der Anlagepolitik, die als allgemeines Ziel die Nutzenmaximierung der eingesetzten Mittel verfolgt. Beim privaten Anleger sind zuerst die Einkommens- und Vermögensverhältnisse sowie persönliche Gegebenheiten (Alter, Familie, Gesundheit usw.) abzuklären.

Im weiteren sind spezielle Kundenwünsche und steuerliche Aspekte zu berücksichtigen. Bei institutionellen Investoren ist die Situation meist offensichtlicher. Bei beiden Anlegergruppen sind **Zeithorizont der Anlagen** und eventuelle Liquiditätserfordernisse festzulegen. Anhand dieser Erkenntnisse kann das Kundenprofil erarbeitet werden. Es bezeichnet als Mindestanforderung die **Referenzwährung**, den **Anlegertyp** und mögliche **Restriktionen**. Bei institutionellen Kunden werden meist sehr detaillierte Anlagerichtlinien (Guidelines) formuliert.

Die **Referenzwährung** entspricht in der Regel der Währung, in welcher der Investor denkt und voraussichtlich das Geld wieder anderweitig einsetzen wird. In dieser Geldeinheit sollte in der Regel auch die Depotperformance (Anlageerfolg) gemessen werden. Beim **Anlegertyp** unterscheidet man zwischen dem einkommen- und kapitalgewinnorientierten Kunden. Der erstere ist risikoscheu oder kaum risikofähig. Seine primären Ziele sind:

- Die nominelle Erhaltung des Kapitals und ein den Zinsverhältnissen entsprechender Ertrag
- Ein gesichertes Einkommen aus risikoarmen, meist festverzinslichen Anlagen zu erwirtschaften
- Wertveränderungen des Vermögens möglichst zu minimieren

13

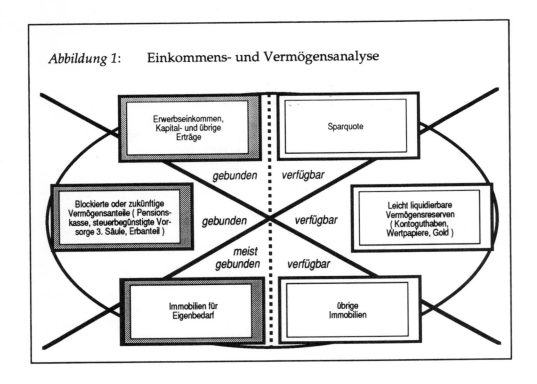

Abbildung 1:   Einkommens- und Vermögensanalyse

Der kapitalgewinnorientierte Anlegertyp ist risikofreudig und risikofähig. Er beabsichtigt:

- Längerfristig zumindest die reale Erhaltung des Kapitals unter bewusster Inkaufnahme höherer Risiken zu erreichen
- Erträge vorwiegend durch Kapitalgewinne zu realisieren

Anlagerestriktionen werden bei privaten Anlegern meist aufgrund individueller Bedürfnisse oder Neigungen vorgenommen. Dagegen unterliegen Institutionen wie Pensionskassen und andere Vorsorgeeinrichtungen oft gesetzlichen Anlagevorschriften. Die Anlagevorschriften in der Schweizerischen Verordnung über die berufliche Alters-, Hinterlassenen- und Invalidenvorsorge (BVV2) für Einrichtungen der beruflichen Vorsorge und für Versicherungseinrichtungen lauten seit dem 6. Oktober 1989 beispielsweise wie folgt:

14

Abbildung 2:   Anlagerichtlinien (max. Anlagesätze in % des Vermögens)

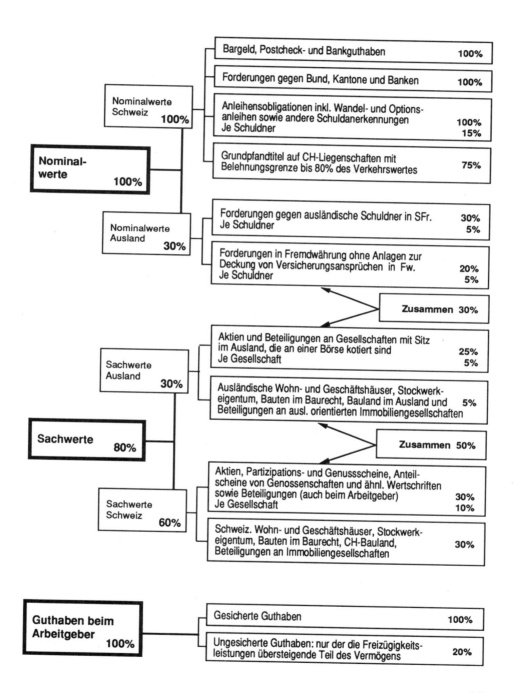

Bei der Ausarbeitung einer **idealtypischen Depotstruktur** sind neben diesen kundenspezifischen Aspekten auch die Rahmenbedingungen an den Finanzmärkten zu berücksichtigen. Diese Aufgabe übernimmt bei den Banken der Finanzanalyst. Er studiert das Rendite/Risiko-Verhältnis der wichtigsten Anlagemärkte und Anlageinstrumente. In einem nächsten Schritt sucht er nach über- und vor allem unterbewerteten Branchen und Titeln. Seine Erkenntnisse helfen bei der Depotstrukturierung und der Titelauswahl, die in der Regel der Anlageberater (im Einvernehmen mit dem Kunden) vornimmt.

Die nachfolgende Aufstellung illustriert, in welcher Form eine Depotstruktur dargestellt werden kann. Der private Anleger kann beispielsweise auch auf diese Weise seinem Vermögensberater Anlagerichtlinien (Guidelines) erteilen. (Die unter der Rubrik Minimum % und Maximum % aufgeführten Zahlen sind nur als Beispiel zu verstehen; der Kunde ist entweder einkommenorientiert oder kapitalgewinnorientiert.)

	Kundentyp einkommenorientiert		Kundentyp kapitalgewinnorientiert	
	Minimum %	Maximum %	Minimum %	Maximum %
Währungen				
• Referenzwährung (z.B. SFr)	65	100	30	100
• andere Hartwährungen (DM,Hfl)	0	25	0	40
• übrige Währungen	0	10	0	30
Anlagekategorien				
• kurzfristige, festverzinsliche Anlagen (inkl. Liquidität)	25	50	5	25
• mittel- und langfristige festverzinsliche Anlagen	50	75	35	60
• Aktien	0	25	35	60
• Edelmetalle	0	5	0	15
• übriges (Optionen, Warrants, Futures u.ä.)	0	5	0	10

Zusätzliche Restriktionen: keine Warentermin-Transaktionen; keine Leerverkäufe.

Das Kundenprofil hat einen entscheidenden Einfluss auf die zu wählende Depotstruktur und somit letztlich auch auf den zu erwartenden Ertrag. Zwischen Ertrag und Risiko besteht wiederum ein kausaler Zusammenhang (siehe

Kap. 3.5.1). Eine der wichtigsten Aufgaben bei der Vermögensverwaltung besteht darin, den erwarteten Ertrag mit dem kleinstmöglichen Risiko zu erreichen. Es ist deshalb wichtig, dass der Anleger von realistischen, auf seine Person und die Marktverhältnisse zugeschnittenen Gewinnerwartungen ausgeht und in der Folge eine entsprechende Depotstruktur ausarbeitet. Im weiteren muss er wissen, dass es hohe und zugleich sichere Gewinne in der Regel nicht gibt; diesbezüglichen Versprechungen seitens Dritter sollte er mit grösster Vorsicht begegnen!

2.2 Anlagerisiko

Unter Anlagerisiko versteht man das Mass an Unsicherheit, dem jede Kapitalanlage bezüglich Zielerreichung unterliegt; es ist eine ex-ante-Grösse. Kapitalanlagen können verschiedene Formen von Risiken beinhalten. Man unterscheidet zwischen:

* Kurs- und Marktrisiko (inkl. Bonitäts-, Zins- und Kaufkraftrisiko)
* Wechselkursrisiko
* Transfer- und Depotstellenrisiko

Lässt sich das Risiko einer Anlage im voraus quantifizieren? In professionellen Kreisen wird das historische Risiko einzelner Wertpapiere oder Depots anhand der Standardabweichung der Rendite gemessen; es handelt sich dabei um einen Wert, der die durchschnittliche Abweichung vom Mittelwert beschreibt und die sogenannte Volatilität misst. Anhand der historischen Volatilität und zusätzlichen, aktuellen Informationen wird die zukünftige Volatilität abgeschätzt, die wiederum Rückschlüsse auf das zu erwartende Risiko zulässt. Das systematische Risiko (siehe Kap. 3.5.3) von Aktien und Depots kann anhand des Beta-Faktors gemessen bzw. abgeschätzt werden. Im Obligationenbereich wird das Schuldnerrisiko oft von spezialisierten Kreditbewertungsgesellschaften untersucht und beurteilt (siehe Kap. 4.1.2.2). Ein weiterer Anhaltspunkt zur Beurteilung des Risikos kann auch der Preis einer "protective option" darstellen.

Für den in Anlagefragen **weniger versierten Leser** sind die nachfolgenden praktischen Hilfestellungen zur Abschätzung des Risikos einzelner Anlageinstrumente gedacht. Je nach Anlageinstrument oder Depotzusammensetzung (vgl. Kap. 3.5. *"Portfolio-Theorien"*) variieren die Anlagerisiken. So kann man in der Regel beispielsweise davon ausgehen, dass das Risiko bei einer Spareinlage geringer ist als bei einer Aktienanlage, da bei der ersten (im Gegensatz zur Aktie) mit sehr hoher Wahrscheinlichkeit die erwartete Rendite erzielt werden kann. Der Preis für diese überdurchschnittlich hohe Sicherheit bezahlt man meist in Form einer kleineren Rendite. Aufgrund empirischer Beobachtungen kann man die einzelnen Anlagemedien in verschiedene Risikoklassen aufteilen. Es handelt sich dabei um ein durchschnittliches Risiko pro Anlagekategorie, von dem Einzelanlagen deutlich abweichen können. Die tiefste Risikoklasse (I) beinhaltet konservative, meist statische Anlagen mit hoher Sicherheit und entsprechend geringem Ertrag. Sie erfordern in der Regel lediglich eine periodische Ueberwachung und bilden insbesondere beim risikoscheuen Anleger das Fundament der Vermögenspyramide. Mit zunehmender Höhe der Risikogruppe steigt das Gewinn- und Verlustpotential der Anlagen, das heisst, die zu erwartenden Wertveränderungen vergrössern sich. Dementsprechend wächst auch mit jeder Stufe die Notwendigkeit, sich mit den Anlagen intensiver zu befassen und kurzfristige Entscheide treffen zu können.

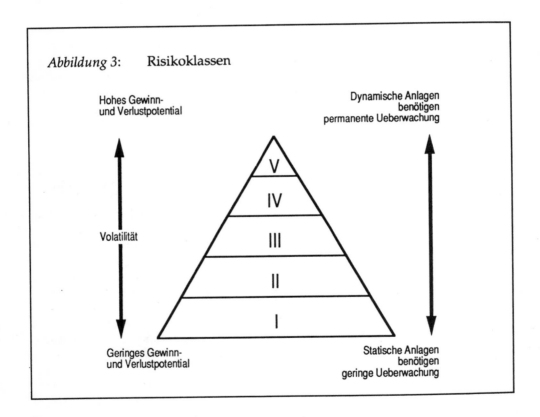

Abbildung 3:   Risikoklassen

Die nachfolgende Tabelle gibt einen Anhaltspunkt, in welche Risikoklasse die wichtigsten Titelkategorien einzuordnen sind. Bei der Zuordnung der verschiedenen Wertpapierarten in die jeweilige Risikogruppe wurden nur die

18

Kursrisiken beachtet. Innerhalb der einzelnen Anlagegruppen ergeben sich auf der Titelebene oft erhebliche Risikovariationen, weshalb die Rangordnung lediglich als ein grober Durchschnittsindikator zu verstehen ist. Werden einzelne Anlagekategorien (z.B. Optionen) zur Absicherung bestehender Titelpositionen eingesetzt, kann sich das Risiko gegenseitig neutralisieren. Gewisse Wertobjekte (wie Immobilien, Schmuck, Kunstgegenstände usw.) wurden bewusst nicht aufgelistet, da sie einer ausgesprochen individuellen Bewertung bedürfen.

Anlagekategorie	Risiko-gruppe	Eignung Anlegertyp	Ueberwachungs-rhythmus
• Ungedeckte Optionsverkäufe und andere Leerverkäufe • Financial & Commodity Futures • Traded Options / Stillhalter-Optionen / Optionen auf Aktien Dritter / Optionsscheine, ex Optionsanleihe	V	aggressiv kaptial-gewinn-orientiert	täglich
• Ausländische Aktien • Inländische Aktien (mit hohem Beta-Faktor)	IV		täglich/ wöchentlich
• Wandelanleihen (mit Aktiencharakter) • Inländische Aktien (mit tiefem Beta-Faktor) • Optionsanleihen (mit Kursen über 120%) • Edelmetalle • Nullcouponanleihen (Zero-Bonds) • Doppelwährungsanleihen • Ewige Renten (Perpetuals) • Wandelanleihen und Options-anleihen (mit Kursen unter 120%) • Festverzinsliche Werte (Obligationen, Notes u.ä.) mit Restlaufzeiten über 10 Jahren	III	kapital-orientiert kapital- und ein-kommen-orientiert	mindestens wöchentlich
• Festverzinsliche Werte (Obligationen, Notes, Schuldscheine, Pfandbriefe u.ä.) mit Restlaufzeiten unter 5 Jahren • Floating Rate Bonds / Notes • Festgeld- und Treuhandanlagen • Certificate of Deposits (CDs) • Bankers Acceptances (BAs) • Treasury Bills	II	einkommen-orientiert	monatlich
• Kassaobligationen / -scheine • Sparheft/ -konto, Salärkonto usw. • Postcheckkonto	I	einkommen-orientiert	periodisch

2.2.1 Die Risikoabsicherung/-minderung

Die Risikofeindlichkeit ist in den wohlhabenden Industrienationen zu einer typischen Zeiterscheinung geworden. Dieses Sicherheitsdenken kommt auch im Anlagebereich deutlich zum Ausdruck und manifestiert sich u.a. im rasanten Aufschwung der verschiedenen modernen Anlageinstrumente wie Optionen, Futures usw., die oft zur Absicherung von Risiken eingesetzt werden. In pseudoprofessionellen Anlagekreisen ist "Hedgen" zu einem eigentlichen Modewort geworden, und jedes Risiko wird ungeachtet der Kosten abgesichert. Da aber jede **Absicherung** (im Gegensatz zur Risikominderung) mit Nachteilen wie Prämienkosten, Beschränkung des Gewinnpotentials oder Einengung des Handlungsspielraums usw. verbunden ist, sollte sie nur gezielt vorgenommen werden. In der Regel müssen nur einzelne Depotteile für ein bestimmtes Risiko und während einer beschränkten Zeitdauer abgesichert werden.

2.2.1.1 Die Risikoabsicherung

Das eigentliche "Hedging" erfolgt durch den Einsatz von Optionen, Futures und Terminkontrakten. Dadurch können zahlreiche Kurs-, Markt-, Zins- und Währungsrisiken eliminiert oder zumindest erheblich reduziert werden. Die Absicherung bestehender Positionen durch den Kauf einer Put-Option ist in der Regel teuer, doch wird dabei das Gewinnpotential der gehaltenen Werte nicht beeinträchtigt. Anders verhält es sich beim traditionellen Termingeschäft und den Financial Futures, die nichts anderes als standardisierte Termingeschäfte darstellen. Sie beinhalten die feste Verpflichtung, an einem bestimmten Termin ein nach Qualität und Quantität genau definiertes Gut zu einem vorher festgelegten Preis zu liefern oder zu kaufen. (Eine detailliertere Besprechung dieses Themas erfolgt in den Kapiteln 4.6 und 4.7.)

2.2.1.2 Die Risikominderung

Die kostengünstigste Möglichkeit eine Risikominderung zu erreichen besteht in einer optimalen Depotdiversifikation (siehe Kap. 2.3). Die vor allem in den USA betriebene Portfolio-Insurance-Strategie (vgl. Kap. 8.2.2) hat ebenfalls einen risikomindernden Effekt. Bonitätsrisiken können durch die Erhöhung der Titelqualität und die Zinsrisiken durch Laufzeitverkürzung bei festverzinslichen Anlagen oder den Kauf von Titeln mit variablem Zinssatz (Floating Rate Bonds) verringert werden (siehe Kap. 4.1.2). Als besten Schutz vor Kaufkraftschwund haben sich historisch gesehen Sachwerte wie Immobilien, Edelmetalle und z.T. auch Aktien erwiesen. Zur Reduktion von Kursrisiken werden auch Stop-loss-Aufträge eingesetzt. Es handelt sich dabei um vorsorglich erteilte Verkaufsaufträge, bei denen die Limiten meist deutlich unter dem aktuellen Kursniveau angesetzt werden. Diese Methode hat sich in der Praxis jedoch als problematisch erwiesen und ist vor allem bei engen Märkten nicht empfehlenswert. Das Transferrisiko bei Auslandanlagen, das in Form von Devisen- oder Kapitalausfuhrbeschränkungen in Erscheinung treten kann, lässt sich im Normalfall nur durch den Verzicht auf Investitionen in gefährdeten Ländern eliminieren.

2.3   Diversifikation

Zuerst muss sich der Investor eine Meinung bilden, ob er seine Anlagen lediglich auf die nationalen Märkte beschränken will oder ob eine international orientierte Anlagepolitik angebracht ist. Die Konzentrierung auf die Heimatmärkte hat folgende Vorteile:

- Eliminierung des direkten Währungsrisikos (zumindest aus nationaler Sicht) und gegebenenfalls des Transferrisikos
- In der Regel geringere Börsentransaktionskosten
- Erhöhte Wahrscheinlichkeit, vom Primärresearch der Hausbank oder anderer Institute profitieren zu können. Umfassendere und aktuellere Informationen über Märkte und Anlageinstrumente durch Massenmedien oder persönliche Kontakte
- Verringerter Zeitaufwand zur Ueberwachung der Märkte und Titel

Die Nachteile bestehen vor allem darin, dass eventuell interessantere Anlagemöglichkeiten an ausländischen Börsenplätzen nicht genutzt werden und die Risikoverteilung des Depots eingeschränkt ist; er ist dem **"Weltmarktrisiko"** voll ausgesetzt.

Die Entscheidung, ob man eine national oder global ausgerichtete Anlagepolitik verfolgen will, hängt letztlich vom "Kundenprofil", der Depotgrösse und der relativen Attraktivität der Heimatbörsen im Vergleich zu den ausländischen Märkten (unter Berücksichtigung der Währungskomponente) ab. Solange die inländischen Börsen und die eigene Währung günstige Perspektiven aufweisen, gibt es insbesondere für kleine Vermögen wenig Anlass für eine grenzüberschreitende Diversifikation. Dagegen sollte man bei Depots mit lediglich nationaler Streuung für eine optimale Risikoverteilung in bezug auf die verschiedenen Anlageinstrumente (Aktien, Obligationen usw.) sorgen und eine vernünftige Anzahl Titel berücksichtigen (siehe Abb. 4 und Kap. 3.5 *"Finanzmarkt- und Portfolio-Theorien"*). Es ist beispielsweise nicht nur aus administrativen Gründen wenig sinnvoll, ein mittelgrosses Aktiendepot in 50 Einzel-

positionen aufzusplittern, sondern auch vom Gesichtspunkt der Risikoreduzie-
rung nicht nötig. Zudem ist es in der Regel nicht die Absicht des Investors, ein
Portfolio zusammenzustellen, das sich lediglich im Marktdurchschnitt bewegt;
er will den Index durch selektives Vorgehen (unter Inkaufnahme eines Risikos
gegenüber dem Gesamtmarkt) schlagen. Verschiedene empirische Untersuchungen haben gezeigt, dass an den meisten europäischen Aktienmärkten eine
Titelauswahl von 10-15 Aktien (bei Berücksichtigung der 5 wichtigsten Branchen) eine ausreichende Risikoverteilung garantiert.

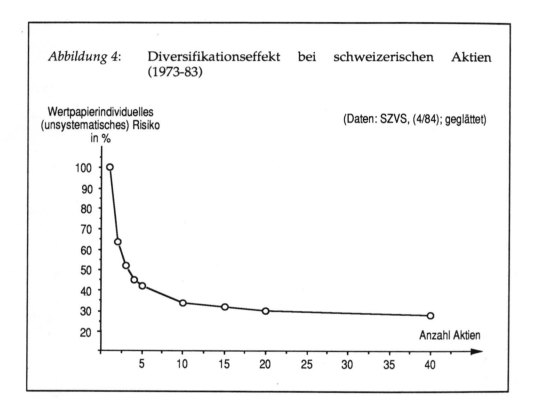

Abbildung 4:   Diversifikationseffekt   bei   schweizerischen   Aktien
(1973-83)

Der **international** operierende Anleger erwartet durch die Anwendung
einer global ausgerichteten Strategie einen höheren "total return" und eine bessere Risikoverteilung. Deshalb nimmt er den grösseren Arbeits- und Kosten-
aufwand in Kauf, der mit der Verwaltung eines international orientierten
Depots verbunden ist. Um diese zwei Ziele zu erreichen, sollte er darauf achten, dass er nicht ausschliesslich in ausländische Märkte diversifiziert, deren
Kursbewegungen weitgehend parallel zu den Heimatbörsen verlaufen (z.B.
Schweizer und deutscher Aktienmarkt); sonst könnte er ebensogut im Inland

investieren. Bei der "asset allocation" (Depotstrukturierung) ist es deshalb wichtig, dass man die Korrelationsbeziehung zwischen den Heimatbörsen und anderen bedeutenden Börsenplätzen kennt und entsprechend berücksichtigt.

In den nachfolgenden Tabellen ist die gegenseitige Abhängigkeit der Kurs- und Zinssatzbewegungen der wichtigsten internationalen Märkte für den Zeitraum vom November 1984 bis November 1987 zusammengestellt. Die Abhängigkeit der Märkte wurde anhand eines Korrelationskoeffizienten gemessen. Während sich die Märkte bei einem Wert von 1.0 identisch verhalten, zeigt ein Wert von 0.0 eine absolute Unabhängigkeit an; eine Zahl von -1.0 gibt ein genau gegensätzliches Verhalten an. Die **erste Matrix** ist auf den in SFr. rechnenden Anleger (Referenzwährung SFr.) zugeschnitten, während bei der **zweiten Aufstellung** die Referenzwährung der US$ ist.

Abkürzungen	= Märkte	Indizes
MCH	= Geldmarkt Schweiz	-
MUS	= Geldmarkt USA	-
SUS	= Aktienmarkt USA	S+P500
SJAP	= Aktienmarkt Japan	Tokyo SE
SD	= Aktienmarkt Deutschland	FAZ
SCH	= Aktienmarkt Schweiz	SBV
SUK	= Aktienmarkt England	FT-All
SNL	= Aktienmarkt Holland	Amst.General
SF	= Aktienmarkt Frankreich	Paris GAC
BUS	= Obligationenmarkt USA	Sal.Bros.Perf.
BJAP	= Obligationenmarkt Japan	Sal.Bros.Perf.
BD	= Obligationenmarkt Deutschland	Sal.Bros.Perf.
BCH	= Obligationenmarkt Schweiz	Sal.Bros.Perf.
BUK	= Obligationenmarkt England	Sal.Bros.Perf.
BNL	= Obligationenmarkt Holland	Sal.Bros.Perf.
BF	= Obligationenmarkt Frankreich	Sal.Bros.Perf.

Korrelation zwischen internationalen Märkten
Referenzwährung: SFr. / Periode Nov. 1984 bis Nov. 1987

	MCH	SUS	SJAP	SD	SCH	SUK	SNL	SF
MCH	1.00	-0.05	-0.21	0.28	0.18	-0.06	0.13	0.14
SUS	-0.05	1.00	0.43	0.58	0.71	0.74	0.84	0.62
SJAP	-0.21	0.43	1.00	0.26	0.23	0.34	0.36	0.49
SD	0.28	0.58	0.26	1.00	0.82	0.55	0.74	0.66
SCH	0.18	0.71	0.23	0.82	1.00	0.69	0.88	0.67
SUK	-0.06	0.74	0.34	0.55	0.69	1.00	0.71	0.64
SNL	0.13	0.84	0.36	0.74	0.88	0.71	1.00	0.66
SF	0.14	0.62	0.49	0.66	0.67	0.64	0.66	1.00
BUS	0.11	0.65	0.18	0.49	0.38	0.40	0.46	0.40
BJAP	-0.02	-0.01	0.46	0.03	-0.25	-0.11	-0.10	0.17
BD	0.20	0.00	-0.05	0.31	0.07	0.07	0.03	0.36
BCH	0.18	-0.26	-0.24	-0.12	-0.22	-0.23	-0.32	-0.01
BUK	-0.16	0.13	0.14	0.06	0.05	0.42	0.06	0.11
BNL	0.24	0.11	-0.08	0.30	0.10	0.10	0.10	0.33
BF	0.22	0.26	0.03	0.39	0.18	0.24	0.24	0.47
GOLD	-0.11	0.30	0.19	0.22	0.16	0.27	0.26	0.09

	BUS	BJAP	BD	BCH	BUK	BNL	BF	GOLD
MCH	0.11	-0.02	0.20	0.18	0.16	0.24	0.22	-0.11
SUS	0.65	-0.01	0.00	-0.26	0.13	0.11	0.26	0.30
SJAP	0.18	0.46	-0.05	-0.24	0.14	-0.08	0.03	0.19
SD	0.49	0.03	0.31	-0.12	0.06	0.30	0.39	0.22
SCH	0.38	-0.25	0.07	-0.22	0.05	0.10	0.18	0.16
SUK	0.40	-0.11	0.07	-0.23	0.42	0.10	0.24	0.27
SNL	0.46	-0.10	0.03	-0.32	0.06	0.10	0.24	0.26
SF	0.40	0.17	0.36	-0.01	0.11	0.33	0.47	0.09
BUS	1.00	0.35	0.40	0.06	0.35	0.51	0.61	0.29
BJAP	0.35	1.00	0.45	0.11	0.37	0.35	0.48	0.02
BD	0.40	0.45	1.00	0.28	0.35	0.94	0.68	-0.03
BCH	0.06	0.11	0.28	1.00	0.00	0.31	0.31	-0.19
BUK	0.35	0.37	0.35	0.00	1.00	0.34	0.42	0.17
BNL	0.51	0.35	0.94	0.31	0.34	1.00	0.71	0.08
BF	0.61	0.48	0.68	0.31	0.42	0.71	1.00	0.13
GOLD	0.29	0.02	-0.03	-0.19	0.17	0.08	0.13	1.00

Quelle: SBG Zürich

24

Korrelation zwischen internationalen Märkten
Referenzwährung: US$ / Periode Nov. 1984 bis Nov. 1987

	MUS	SUS	SJAP	SD	SCH	SUK	SNL	SF
MUS	1.00	0.03	-0.10	0.37	0.18	0.06	0.18	0.23
SUS	0.03	1.00	0.25	0.42	0.57	0.65	0.70	0.56
SJAP	-0.10	0.25	1.00	0.24	0.26	0.32	0.32	0.55
SD	0.37	0.42	0.24	1.00	0.79	0.48	0.71	0.65
SCH	0.18	0.57	0.26	0.79	1.00	0.66	0.88	0.69
SUK	0.06	0.65	0.32	0.48	0.66	1.00	0.67	0.64
SNL	0.18	0.70	0.32	0.71	0.88	0.67	1.00	0.68
SF	0.23	0.56	0.55	0.65	0.69	0.64	0.68	1.00
BUS	0.56	0.15	0.08	0.32	0.19	0.15	0.10	0.41
BJAP	0.17	-0.31	0.55	0.08	-0.03	-0.03	-0.05	0.33
BD	0.20	-0.26	0.34	0.26	0.27	0.15	0.13	0.44
BCH	0.19	-0.30	0.34	0.21	0.24	0.16	0.11	0.36
BUK	0.18	-0.18	0.26	0.06	0.13	0.38	0.02	0.23
BNL	0.22	-0.25	0.32	0.23	0.26	0.15	0.13	0.42
BF	0.35	-0.16	0.33	0.28	0.29	0.21	0.19	0.49
GOLD	-0.07	-0.24	0.19	0.06	0.04	0.11	0.01	0.11

	BUS	BJAP	BD	BCH	BUK	BNL	BF	GOLD
MUS	0.56	0.17	0.20	0.19	0.18	0.22	0.35	-0.07
SUS	0.15	-0.31	-0.26	-0.30	-0.18	-0.25	-0.16	-0.24
SJAP	0.08	0.55	0.34	0.34	0.26	0.32	0.33	0.19
SD	0.32	0.08	0.26	0.21	0.06	0.23	0.28	0.06
SCH	0.19	-0.03	0.27	0.24	0.13	0.26	0.29	0.04
SUK	0.15	-0.03	0.15	0.16	0.38	0.15	0.21	0.11
SNL	0.10	-0.05	0.13	0.11	0.02	0.13	0.19	0.01
SF	0.41	0.33	0.44	0.36	0.23	0.42	0.49	0.11
BUS	1.00	0.40	0.42	0.35	0.35	0.43	0.51	-0.15
BJAP	0.40	1.00	0.79	0.77	0.59	0.76	0.79	0.20
BD	0.42	0.79	1.00	0.96	0.63	0.99	0.93	0.30
BCH	0.35	0.77	0.96	1.00	0.64	0.97	0.93	0.37
BUK	0.35	0.59	0.63	0.64	1.00	0.62	0.64	0.25
BNL	0.43	0.76	0.99	0.97	0.62	1.00	0.94	0.32
BF	0.51	0.79	0.93	0.93	0.64	0.94	1.00	0.32
GOLD	-0.15	0.20	0.30	0.37	0.25	0.32	0.32	1.00

Quelle: SBG Zürich

Kapitel 3

ANLAGEPOLITIK

3.1 Top-Down-Approach

Bis Ende der 60er Jahre war die Anlegermentalität weltweit stark vom "stock-picking"-Gedanken geprägt. Man operierte primär an den Heimatmärkten; die internationale Diversifikation der Anlagen galt als risikoreich und beschränkte sich auf ein oder zwei Fremdmärkte. Die Aktienanalyse bestand hauptsächlich darin, an den Heimatmärkten nach unter- oder überbewerteten Titeln zu fahnden. Man untersuchte die diversen Wirtschaftsbranchen und Unternehmen im Hinblick auf ihre Ertragsaussichten, nahm Substanzwert- und Renditevergleiche vor und stellte die gefundenen Erkenntnisse der aktuellen Börsenbewertung gegenüber. Diese analytische Vorgehensweise (Bottom-Up-Approach) war mit der Betrachtung des Gesamtmarktes meist beendet. Die starke Ausdehnung und zunehmende Verflechtung des internationalen Handels, das Recycling der Petrodollars, die enormen Fortschritte im Datenverarbeitungs- und Kommunikationsbereich sind nur einige Gründe, weshalb Anfang der 70er Jahre ein deutlich zunehmender Trend in Richtung Globalisierung der Vermögensanlagen einsetzte. In den Finanzanalyseabteilungen fand in der Folge ein Umdenken statt, das durch die neuen Portfolio-Theorien zusätzliche Impulse erhielt. Eine umfassendere, weltweit orientierte Analysetätigkeit, der Top-Down-Approach, trat in den Vordergrund.

Unter **Top-Down-Approach** versteht man das schrittweise analytische Vorgehen in der anlagepolitischen Entscheidungsfindung. Jeder Analyseschritt basiert auf den Erkenntnissen der vorangegangenen Untersuchungen. Anhand einer isolierten Unternehmensstudie lässt sich beispielsweise kein fundierter Anlageentscheid fällen, wenn nicht vorher die Aussichten des Gesamtmarktes und der verschiedenen Branchen durchleuchtet worden sind. Bei einer gesamtheitlichen Betrachtungsweise umfasst die Analyse sowohl fundamentale als auch technische Faktoren. Letztere werden in den Kapiteln 3.4 *"Technische Aktienmarktanalyse"* und 5.2 *"Technische Aktienanalyse"* behandelt, weshalb sich die folgenden Ausführungen auf die fundamentalen Aspekte beschränken. In diesem Buchabschnitt geht es in erster Linie darum, die notwendige Systematik der Denkprozesse aufzuzeigen und die jeweils zu untersuchenden Bereiche oder Objekte vorzustellen.

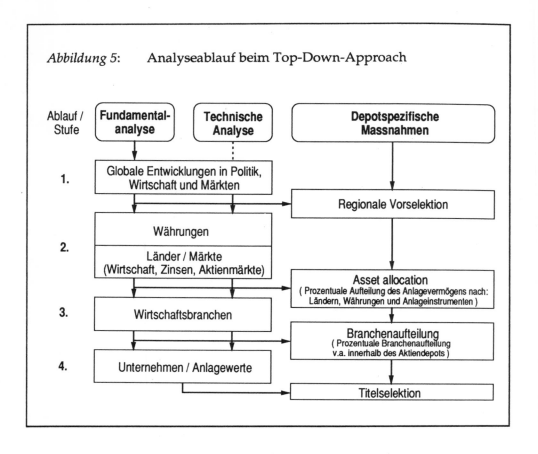

Abbildung 5: Analyseablauf beim Top-Down-Approach

3.1.1 Analyse globaler Entwicklungen

Als erster Schritt innerhalb des Top-Down-Approach werden weltweite, meist längerfristige Entwicklungen und Tendenzen in der Politik, der Weltwirtschaft und an den internationalen Märkten untersucht. Das Ziel dieser Analyse besteht im frühzeitigen Erkennen neuer Trends; gleichzeitig bildet sie die Grundlage zum Erstellen von längerfristigen Prognosen.

Veränderungen der politischen Machtverhältnisse haben in jeder Geschichtsperiode Auswirkungen auf die Struktur der Weltwirtschaft und die internationalen Märkte gehabt; bereits der Untergang des Römischen Reiches hatte weitreichende Konsequenzen. In der Neuzeit verursachten die beiden Weltkriege den bisher grössten politischen und wirtschaftlichen Wandel. Die letzten Jahrzehnte waren im westlichen Lager geprägt durch progressive oder konservative politische Strömungen. Anfang der 80er Jahre erfolgte die Ablösung vorwiegend sozialistisch orientierter Regierungen durch konservative

Kräfte in praktisch sämtlichen führenden Ländern Europas und den USA. Nachdem in den 70er Jahren der Sozialstaat überall stark ausgebaut worden war, setzten die Politiker im darauffolgenden Jahrzehnt die Prioritäten auf die Verbesserung der Rahmenbedingungen für Wirtschaft, Verstetigung des Wirtschaftswachstums (Abkehr von der "Stop and Go"-Politik) und Inflationsbekämpfung. Damit wurde auch der Grundstein gelegt für die in den 80er Jahren überdurchschnittlich langanhaltende, durch den Börsencrash 1987 allerdings abrupt unterbrochene, Aufwärtsbewegung an den wichtigsten Aktien- und Obligationenmärkten der Welt gelegt. - Anderseits haben sich in den letzten 15 Jahren (teilweise als Folge der beiden Erdölkrisen in den Jahren 1973/74 und 1979 sowie des Zusammenbruchs des Währungssystems von Bretton Woods 1973) im internationalen Handel und Zahlungsverkehr erhebliche strukturelle Ungleichgewichte aufgebaut. Die Folgen dieser Entwicklung sind einerseits stark polarisierende Tendenzen im Bereich der Zahlungs-, Dienstleistungs- und Handelsbilanzen unter den Industrienationen, die stetig zunehmende Verschuldung der meisten Entwicklungs- und Schwellenländer und das Ueberhandnehmen protektionistischer Tendenzen.

Bei der Beurteilung des zukünftigen globalen Szenarios erscheint vor allem eine Analyse der nachfolgend aufgelisteten, teilweise in Kapitel 8 *"Themen der 90er Jahre"* behandelten Probleme und Entwicklungen von grosser Bedeutung :

- Internationale Schuldenkrise und Nord-Süd-Konflikt.
- Weltwirtschaftliche Entwicklung unter Berücksichtigung des Drillingsdefizits der USA.
- Politische und wirtschaftliche Veränderungen in den Ost-West-Beziehungen (Glasnost/Perestroika, Abrüstungsverhandlungen usw.).
- 1989 in China eingetretene politische Klimaveränderung (geopolitische und wirtschaftliche Aspekte, Hongkong usw.).
- EG-Binnenmarkt per 1.1.1993.
- Umweltprobleme und die rapide Zunahme der Weltbevölkerung.

An den **Anlagemärkten** kam es in den letzten 10 Jahren ebenfalls zu bedeutenden **strukturellen Veränderungen**. Zu erwähnen ist vor allem die Schaffung zahlreicher innovativer Finanzinstrumente und der vermehrte Einsatz moderner Anlagemedien (wie Optionen und Futures). Im weiteren ist ein eindeutiger Trend zur Konzentration der Vermögenswerte bei institutionellen Anlegern festzustellen. Gleichzeitig hat die Globalisierung der Vermögensanlagen, d.h. internationale Depotdiversifikation, zumindest bis Oktober 1987, rapid zugenommen. Diese Entwicklungen haben zu einer stärkeren Volatilität an den Märkten geführt, was anlässlich des Börsencrash 1987 besonders deutlich wurde. Besonders stark betroffen wurden vor allem solche Börsenplätze, die in den letzten Jahren mit ausländischem Investionskapital überhäuft worden sind. Eine Schlussfolgerung daraus ist, dass Aktienmärkte, die von ausländischen,

meist sehr flexibel agierenden Investoren massgeblich beeinflusst werden, ein
zusätzliches volatiles Element aufweisen.

Die obenerwähnten Gedanken sollen dem Leser zeigen, was mit der Analyse globaler Entwicklungen konkret gemeint ist. Bereits morgen können neue
Ereignisse eintreten, die das Weltbild verändern und den Investor zu einer Korrektur seiner Anlagepolitik zwingen. Die Entwicklung der im Kapitel 8.2 ("Börsencrash 1987") erwähnten fundamentalen, längerfristigen Probleme sollten
besonders genau beobachtet werden. Vor allem die internationale Schuldenkrise dürfte in nicht allzu ferner Zukunft neuen "Zündstoff" liefern.

3.1.2   Währungsprognosen

Als zweiter Schritt innerhalb des Top-Down-Approach sollte man die Entwicklungstendenzen der wichtigsten Währungen untersuchen. Nach dem Zusammenbruch des Bretton-Woods-Währungssystems im Jahre 1973 kam es zu uner-
wartet heftigen Wechselkursschwankungen, die den Anlageerfolg von
international ausgerichteten Depots ganz entscheidend beeinflusst haben. Das
Erstellen von Wechselkursprognosen nimmt deshalb bei der Formulierung der
Anlagepolitik eine zentrale Stellung ein. Aufgrund der Erfahrungen der letzten
15 Jahre muss man leider feststellen, dass zutreffende Vorhersagen in diesem
Bereich äusserst schwierig zu bewerkstelligen sind; selbst Kapazitäten auf diesem Gebiet mussten dies, oft im Zusammenhang mit US$-Prognosen, schmerz-
lich erfahren.

Die Entwicklung einer Währung wird durch eine Vielzahl von volkswirtschaftlichen Daten, aber auch durch psychologische Einflüsse geprägt. Bei der
Analyse werden in der Regel folgende Indikatoren herangezogen:

Fundamentale Faktoren

- Kaufkraftparität (Orientierungshilfe für längerfristige Prognosen)
- Politische Lage und damit zusammenhängende wirtschaftliche Verände-
  rungen
- Aktuelle und erwartete nominelle und reale Zinsdifferenzen (Realzins =
  Zins abzüglich Inflation)
- Geld- und Wirtschaftspolitik (Geldmengenwachstum und zukünftiges
  Wirtschaftswachstum im internationalen Vergleich)
- Handels-, Ertrags- und Zahlungsbilanz (Ausmass der Defizite/
  Ueberschüsse und Trends)
- Internationale Investitionsströme (Richtung, Ausmass und Trends)

Charttechnische und marktpsychologische Faktoren

- Wurde ein langfristiger Trend durchbrochen (Trendkanäle, Trendlinien, Gleitende Durchschnitte) ?
- Hat sich eine Formation gebildet (Ausbruchs-, Konsolidierungs- und Trendumkehrformation) ?

Anhand technischer Analyseverfahren, und insbesondere unter Berücksichtigung der langfristigen charakteristischen Trendkanäle und Trendlinien konnte man in den letzten 15 Jahren vor allem im Bereich des US-Dollars gegenüber SFr/DM/Hfl. gute mittelfristige Vorhersagen machen. Trotzdem ist es unbedingt angezeigt, den fundamentalen Faktoren zumindest ein ebenso grosses Gewicht beizumessen. Anhand der Kaufkraftparität (vgl. Abb. 6 und 7) lassen sich grössere längerfristige Marktverzerrungen im Devisenbereich ebenfalls klar erkennen. Sollten sowohl die fundamentalen als auch die technischen Indikatoren bei einer untersuchten Währung übereinstimmend einen eindeutigen Trend erkennen lassen, muss man diese Erkenntnisse bei der "asset allocation" eines Depots berücksichtigen resp. bestehende Positionen gegebenenfalls durch Hedge-Instrumente absichern.

3.1.2.1   Der Währungseinfluss auf die Wirtschaft

Währungsveränderungen erhalten durch ihre Auswirkungen auf die Wirtschaft noch eine zusätzliche Dimension, die anlagepolitisch ebenfalls berücksichtigt werden muss. Bei einer realen Abwertung einer Währung ist in der Regel (zumindest im Modell) mit den nachstehenden wirtschaftlichen Folgen zu rechnen:

- Die Importe werden gebremst und die Exporte gefördert, was sich längerfristig (nachdem der "J-curve-effect" an Wirkung verloren hat) positiv auf die Handelsbilanz niederschlagen sollte. Exportorientierte Unternehmen profitieren von der verbesserten internationalen Wettbewerbsfähigkeit, während inländische Gesellschaften auf dem Binnenmarkt von der nachlassenden Importkonkurrenz begünstigt werden. Anderseits werden stark importabhängige Unternehmen durch steigende Importpreise (z.B. für Rohstoffe) belastet.
- Das Wirtschaftwachstum wird generell unterstützt, und die Ertragslage der Unternehmen verbessert sich; die Arbeitslosenrate sinkt.
- Die Teuerung erhält Auftriebsimpulse (u.a. infolge importierter Inflation), so dass die Notenbank eventuell in einer späteren Phase gezwungen ist, eine restriktivere Geldmengenpolitik zu betreiben, was wiederum in einer ersten Phase einen zinstreibenden Effekt hat.

Die ganze Währungskette läuft prinzipiell in die Gegenrichtung, wenn sich die Währung real aufwertet. Solange sie sich lediglich im Rahmen der Inflationsdifferenz zum Ausland abwertet, bleibt die Wettbewerbsfähigkeit der Wirtschaft von dieser Seite her unverändert. Die oben skizzierte Wirkung einer Wechselkursveränderung gilt deshalb nur für den Fall einer realen Auf- oder Abwertung.

Je bedeutender der Aussenhandel, gemessen am Bruttosozialprodukt eines Landes, ist, desto mehr ist der Währungskomponente Beachtung zu schenken. Stark exportorientierte Länder (wie z.B. die Bundesrepublik Deutschland, die Schweiz, Holland usw.) reagieren somit konjunkturell bedeutend stärker auf Wechselkursveränderungen als eine vorwiegend auf den Binnenmarkt ausgerichtete Wirtschaft (wie die USA). Von Bedeutung ist besonders die **reale, handelsgewichtete** Auf- oder Abwertung einer Währung, d.h. die inflationsbereinigte Wechselkursveränderung gegenüber den Währungen der wichtigsten Handelspartner. Um deren Einfluss auf die Wirtschaft abschätzen zu können, ist es deshalb von grosser Bedeutung, dass man die wichtigsten Import- und Exportländer einer Staates anteilsmässig kennt.

3.1.2.2   Franken-Schwäche 1988/89

In der Periode von Ende 1987 bis Mitte 1989 hat der Schweizerfranken gegenüber dem US-Dollar und der D-Mark, und damit verbunden auch vis-à-vis anderen EWS-Währungen, eine deutliche Tieferbewertung erfahren. War diese Entwicklung voraussehbar?

Betrachten wir zuerst den Wechselkursverlauf im Zusammenhang mit den **Kaufkraftparitäten**. Der Kaufkraftparitäten-Theorie entsprechend sollten die Wechselkurse längerfristig gegen ein Gleichgewichtsniveau zustreben, das durch die Inflationsunterschiede der betreffenden Länder bestimmt ist. Währungen von Staaten mit niedrigen Inflationsraten sollten sich gegenüber solchen mit einer hohen Teuerung entsprechend aufwerten. Kurz- und mittelfristige Devisenkursverzerrungen sind allerdings jederzeit möglich, da z.B. nichttarifäre Handelshemmnisse, Zölle, Transportkosten und Produktionsfristen die sofortige Ausnützung des internationalen Preisgefälles oft nicht zulassen.

Ein Blick auf die beiden nachfolgenden Grafiken vom SBV Basel zeigt, dass der Schweizerfranken gegenüber dem US-Dollar und der D-Mark von Anfang 1986 bis Ende 1987 in eine **Phase zunehmender Ueberbewertung** eingetreten ist. Die in den darauf folgenden anderthalb Jahren eingetretene Franken-Schwäche hat lediglich dazu geführt, dass die Ueberbewertung gegenüber dem US-Dollar korrigiert wurde und der Schweizerfranken im Vergleich zur D-Mark (Abb. 7) Mitte 1989 nur noch rund 10% zu hoch eingestuft ist.

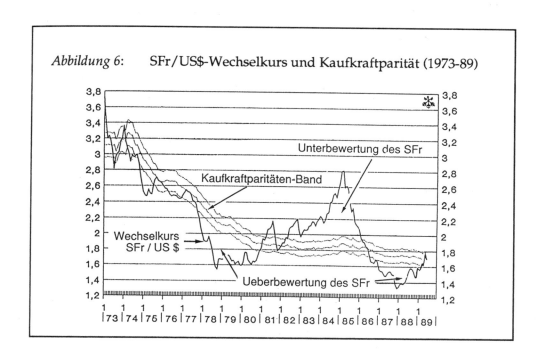

Abbildung 6:   SFr/US$-Wechselkurs und Kaufkraftparität (1973-89)

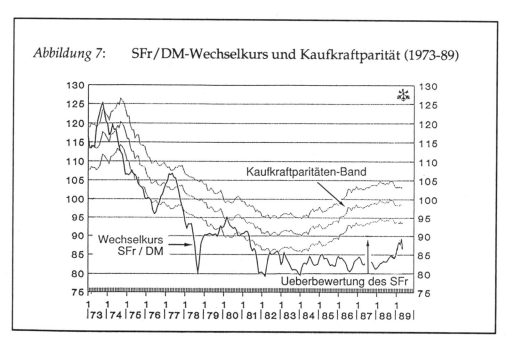

Abbildung 7:   SFr/DM-Wechselkurs und Kaufkraftparität (1973-89)

33

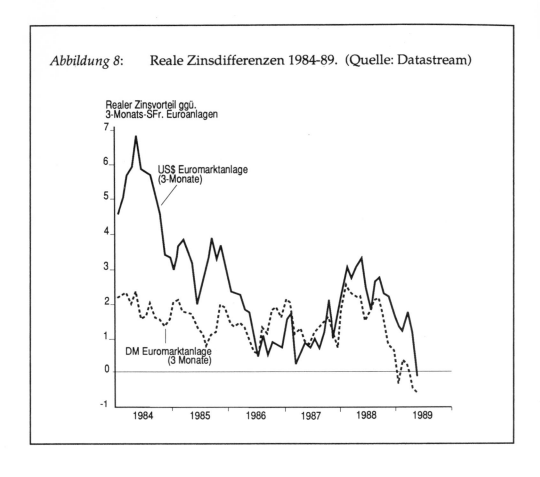

Abbildung 8: Reale Zinsdifferenzen 1984-89. (Quelle: Datastream)

Als nächstes wenden wir uns der Entwicklung der **realen Zinsdifferenzen** zu. Im internationalen Vergleich hohe Realzinsen bewirken in der Regel Kapitalzuflüsse und stärken tendenziell die entsprechende Währung. Dieser Erkenntnis folgend, setzten Notenbanken ihre Geldmengenpolitik nicht nur zur Steuerung der Konjunktur und zur Erhaltung der Preisstabilität ein, sondern auch zur Beeinflussung des Aussenwertes ihrer Währung. Sie schränken beispielsweise die Geldmenge ein und bewirken über die damit verbundenen Zinserhöhungen einen Stützungseffekt für die Währung. - Vergleicht man die Entwicklung der realen Zinsdifferenz (um die Inflation bereinigter Zinsunterschied, Abb. 8) mit dem effektiven Wechselkursverlauf, so stellt man eine frappante Parallelität fest. Besonders interessant ist die Tatsache, dass die Trendwende bei der realen Zinsdifferenz immer rund 2 bis 6 Monate vor dem Trendumschwung bei den Wechselskursen stattfand. Die seit dem 3. Quartal 1988 stattgefundene Verringerung des realen Zinsvorteils von US$- und DM-Euroanlagen, die im Jahr 1989 vorübergehend sogar negative Werte erreichte,

34

bildet einen Faktor, der auf eine Erstarkung des Schweizerfrankens hindeutet.

Welchen Einfluss auf die Währungsentwicklung hatte der **Aussenhandel**? Das Schweizer Handelsbilanzdefizit hat sich in den letzten Jahren vergrössert und dürfte in den nächsten Jahren weiter zunehmen. Dank hohen Ueberschüssen in der Dienstleistungsbilanz und Einkünften aus Vermögenswerten ist die Ertragsbilanz zwar nach wie vor deutlich positiv, doch reduziert sich der Plussaldo stetig.

	1986	1987	1988	1989[*]	1990[*]
					(in Mio. SFr)
Handelsbilanzsaldo	-6'508	-7'694	-8'335	-11'000	-12'000
Ertragsbilanzsaldo	12'349	10'807	9'209	7'000	6'000

[*] Schätzungen, SBG 10/89

Ein weiterer Grund für die Franken-Schwäche dürfte darin zu suchen sein, dass der **Finanzplatz Schweiz** in den letzten Jahren an Attraktivität eingebüsst hat; dies ist teilweise auf die erzielten Stabilitätserfolge in anderen Ländern (z.B. Finanzplatz London) zurückzuführen. Zudem sind die längerfristigen Auswirkungen des EG-Binnenmarktes auf den EFTA-Staat Schweiz schwer abzuschätzen, was zu Unsicherheit und damit zu einer Belastung für den Schweizerfranken führt. Die teilweise übertrieben kritische Haltung der Medien im Zusammenhang mit dem Bankgeheimnis und Geldwäscheraffären, das beharrliche Festhalten an der Stempelsteuer, die im Ausland oft als Diskriminierung empfundene Vinkulierungspraxis und die geringe Transparenz im Bereich der Rechnungslegung von Aktiengesellschaften müssen als weitere Negativpunkte erwähnt werden.

Angesichts der seit Jahren im internationalen Vergleich unterdurchschnittlichen Performance der Schweizer Aktien und der tiefen Zinssätze hat die Schweiz als Anlageland für den diversifikationsbereiten ausländischen Investor vorübergehend an Reiz verloren, zumal ihr Nimbus als Hartwährungsland etwas verblasst ist. Der damit verbundene Rückgang einströmender internationaler Gelder hat die Nachfrage nach Schweizerfranken ebenfalls verkleinert.

Als letzter Negativfaktor sei die relative **Stärke des US-Dollars** erwähnt; Kapitalzuflüsse in den US$-Raum führen an den anderen Devisenmärkten zu entsprechenden Mittelabflüssen; der dadurch entstehende Vakuum-Effekt wirkt sich am Schweizer Devisenmarkt mit seinem kleinen Geldvolumen stärker aus als beispielsweise im D-Mark-Bereich.

35

Die seit Anfang 1988 eingetretene Franken-Schwäche war unter Berücksichtigung sämtlicher hier erwähnten fundamentalen Faktoren sicher keine Ueberraschung. Bedeutend schwieriger war hingegen das Erstellen einer Prognose über den zeitlichen Ablauf dieser Entwicklung.

3.1.3 *Länder- und Marktanalyse*

Die Länder- und Marktanalyse sowie die Wechselkursprognosen bedürfen aufgrund der gegenseitigen Abhängigkeit einer einheitlichen Betrachtungsweise. Deshalb bilden beide Elemente zusammen die zweite Stufe innerhalb des Top-Down-Approach. Das Ziel der Länder- und Marktuntersuchung besteht darin, im internationalen Vergleich die attraktivsten Anlageländer zu selektionieren und anschliessend die einzelnen Märkte (Aktien-, Obligationen- und Geldmarkt) nach den interessantesten Anlagemöglichkeiten zu prüfen. Es ist durchaus denkbar, dass sich z.B. Land A aufgrund der wirschaftlichen oder politischen Konstellation lediglich für Aktienanlagen, Land B für Obligationen-Investments und Land C für Geldmarktgeschäfte eignet. Entscheidend bei der Beurteilung ist der zu erwartende *"total return"*, d.h. Kurs- und Währungsgewinne und Erträge zusammen. Bei der Länder- und Marktanalyse müssen neben dem Währungsaspekt folgende Faktoren untersucht und international verglichen werden:

* Die Wirtschafts-, Finanz- und Geldpolitik
* Die Konjunktur
* Die Entwicklung der Zinsen und der Inflation
* Die aktuelle Bewertung der Anlagemärkte (Aktien-, Obligationen-, Geldmarkt)

Da die USA sowohl in bezug auf die Weltkonjunktur als auch auf die internationalen Märkte einen prägenden Einfluss ausüben, verdienen die dortigen Entwicklungstendenzen eine besondere Beachtung. Im weiteren müssen zwischenstaatliche Abhängigkeiten bei der Länderanalyse berücksichtigt werden. In diesem Sinne ist beispielsweise bei Prognosen über den zukünftigen Verlauf der Schweizer Wirtschaft auch die Situation in Deutschland - dem wichtigsten Handelspartner der Schweiz - ins Kalkül miteinzubeziehen.

3.1.3.1 Wirtschafts-, Finanz- und Geldpolitik

Die **Wirtschaftspolitik** kann als die Summe aller staatlichen Massnahmen zur Konjunktursteuerung bezeichnet werden. Durch sie wird versucht, die Konjunkturschwankungen zu glätten und folgende Detailziele zu erreichen:

* Sicherung der Vollbeschäftigung
* Stabilisierung der Preise
* Schaffung einer ausgeglichenen Zahlungsbilanz
* Ausgleich des öffentlichen Haushalts
* Gewährleistung eines stetigen, angemessenen Wirtschaftswachstums

Die Wirtschaftspolitik umfasst einerseits die Finanz- und Zollpolitik (nichtmonetäre Konjunkturpolitik) und anderseits die Geldpolitik (monetäre Konjunkturpolitik). Im weiteren beinhaltet sie aber auch gezielte Massnahmen, welche die Anlagemärkte direkt beeinflussen. Das gilt beispielsweise für spezielle vermögenspolitische Initiativen, die den Aktienkauf begünstigen. Auch die differenzierte steuerliche Behandlung von einbehaltenen oder ausgeschütteten Gewinnen sowie von Kapitalgewinnen auf Anlagen ist hier zu erwähnen.

Die **Finanzpolitik** ist in ihrer Gesamtheit Ausdruck der wirtschafts- und ordnungspolitischen Aufgaben und Zielvorstellungen einer Regierung, die sich unter anderem im Bereitstellen von Gütern und Dienstleistungen durch den Staat und deren Finanzierung (Allokationspolitik) äussert. Das Ziel der Finanzpolitik besteht in einer konjunkturgerechten, möglichst antizyklischen Steuerung der Einnahmen und Ausgaben des Staates. Die Instrumente der Allokationspolitik (Staatsausgaben, Steuern, Verschuldung) können zum Erreichen von folgenden Lenkungszielsetzungen eingesetzt werden:

* Einkommensumverteilung, z.B. durch Steuern
* Konjunkturstabilisierung mit Budgetdefiziten bzw. -überschüssen
* Regionale Strukturpolitik durch steuerliche Begünstigungen
* Reduktion von Umweltschäden durch steuerliche Sanktionen oder Subventionen

Die Wirkung solcher finanzpolitischen Weichenstellungen auf die Finanzmärkte ist in der Regel nicht mathematisch-statistisch messbar; sie liegt vielmehr im "Klima", das durch die Gesamtheit der finanzpolitischen Massnahmen geschaffen wird.

Unter **Geldpolitik** versteht man die Steuerung der Geld- und Kreditversorgung eines Landes durch die Noten- bzw. Zentralbank. Die Ziele der Geldpolitik sind grundsätzlich die Gewährleistung der Wechselkursstabilität, der Kaufkraftstabilität, eines angemessenen, möglichst stetigen Wirtschaftswachstums, der Vollbeschäftigung und dem Zahlungsbilanzausgleich. Zwischen diesen Zielen ergeben sich in der Regel jedoch Konflikte, so dass der jeweiligen Lage entsprechend Prioritäten gesetzt werden müssen. Zum Notenbankinstrumentarium zählt vor allem die Offenmarktpolitik, die Kreditgewährung an Banken, der An- und Verkauf von Devisen (namentlich in Form von Swap-Geschäften) und Gold sowie die Mindestreservenpolitik. Der Diskont- und Lombardkredit, bzw. die entsprechenden Zinssätze, haben in der Schweiz eine eher untergeordnete Bedeutung für das allgemeine Zinsniveau. Die Absicht der Notenbank bezüglich der Geldmengenversorgung wird durch die Ankündigung eines Geldmengenziels öffentlich bekanntgegeben. Das Geldmengenwachstum lässt sich aus dem monatlich erscheinenden Bulletin der Nationalbank ersehen.

Indikatoren für die Entwicklung der Geldmenge sind die monetäre Basis (Notenbankgeldmenge) bzw. die Aggregate M_1, M_2 und M_3. Diese setzen sich in der Schweiz wie folgt zusammen:

Notenbankgeldmenge	=	Notenumlauf + Giroguthaben von Banken, Handel und Industrie
Geldmenge M_1	=	Bargeldumlauf + inländische Sichteinlagen
Geldmenge M_2	=	Geldmenge M_1 + inländische Termineinlagen + Sichteinlagen bei Banken in Fremdwährungen
Geldmenge M_3	=	Geldmenge M_2 + inländische Spareinlagen, Depositen- und Einlagehefte bei Banken

Ein lang anhaltend überhöhter Geldmengenzuwachs fördert in der Regel die Inflation und schwächt den Aussenwert der Währung; anderseits wirkt er in einer ersten Phase stimulierend auf die Wirtschaft und führt zumindest auf kürzere Sicht zu tiefen Zinssätzen. Eine restriktive Geldmengenpolitik hat gegenteilige Auswirkungen. Eine Geldmengenausweitung im Rahmen des realen Wachstums des Bruttosozialprodukts gilt als neutral. Da die Geldpolitik die Stimmung an den Anlagemärkten massgeblich beeinflusst, ist ihr aufmerksame Beachtung zu schenken.

Geldmengenentwicklung in ausgewählten Industrieländern

Geldmengenentwicklung M1 (Durchschnittswachstum pro Jahr, saisonal bereinigt)

	1986 %	1987 %	1988 %	1989[*] %	1990[*] %
USA	6.4	11.5	4.3	2.3	7.6
Japan	6.9	10.5	8.4	6.0	6.6
BRD	9.9	9.0	9.8	7.0	5.5
Frankreich	5.9	4.4	4.1	3.5	4.5
Grossbritannien	25.2	22.4	18.0	13.5	14.0
Italien	10.0	10.1	7.2	12.5	10.0
Schweiz	5.0	7.5	14.3	-4.4	5.0

Reale [1] Geldmengenentwicklung M1 (Durchschnittswachstum/Jahr, saisonal bereinigt)

	1986 %	1987 %	1988 %	1989[*] %	1990[*] %
USA	4.5	7.8	0.1	-2.8	3.1
Japan	6.3	10.4	7.8	3.6	4.6
BRD	10.2	8.8	8.6	3.8	2.0
Frankreich	3.4	1.1	1.4	0.3	1.0
Grossbritannien	21.8	18.3	13.1	5.8	8.3
Italien	3.9	5.5	2.2	6.3	3.5
Schweiz	4.2	6.1	12.5	-7.7	1.1

[1] auf Basis des Konsumentenpreis-Indexes
[*] SBV-Schätzungen

Quelle: Schweiz. Bankverein, "Prospects" No. 5, Okt./Nov. 89

Abbildung 9: Geldmengenwachstum und Zinssatzentwicklung in ausgewählten Ländern. (Quelle: OECD Economic Outlook, 6/89)

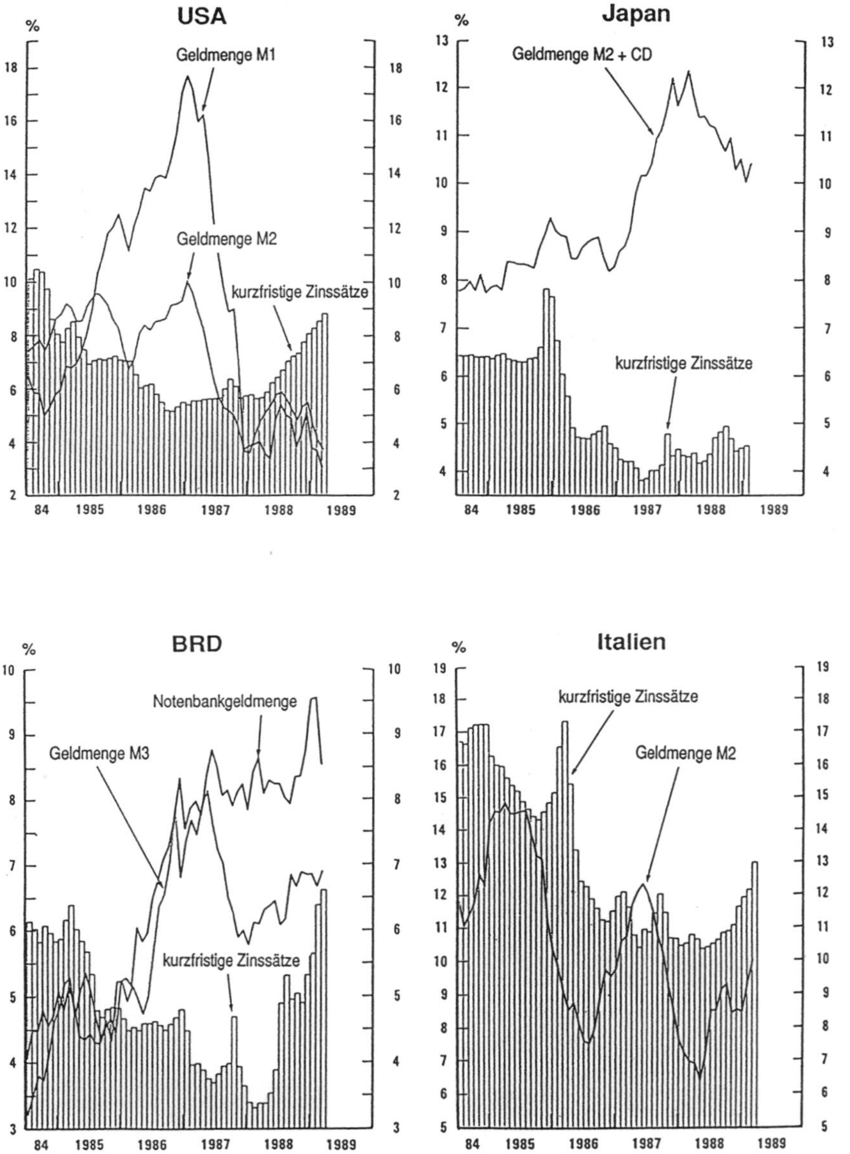

USA
Geldmenge M1
Geldmenge M2
kurzfristige Zinssätze

Japan
Geldmenge M2 + CD
kurzfristige Zinssätze

BRD
Notenbankgeldmenge
Geldmenge M3
kurzfristige Zinssätze

Italien
kurzfristige Zinssätze
Geldmenge M2

3.1.3.2 Konjunktur und Börsenzyklen

Die gesamtwirtschaftliche Entwicklung eines Staates hat eine zentrale Bedeutung für die Beurteilung einzelner Anlagebereiche, insbesondere aber für den Aktienmarkt, da die Umsatz- und Ertragsentwicklung sowie die Gewinnausschüttung der Unternehmen entscheidend von der wirtschaftlichen Aktivität abhängen. Bei der Analyse der Binnenkonjunktur ist das internationale Wirtschaftsgeschehen immer mit in Betracht zu ziehen, was bei stark exportorientierten Ländern in besonders hohem Masse zutrifft. Bekanntlich verläuft die Wirtschaftsentwicklung in allen Ländern nicht gleichförmig, sondern zyklisch. Man unterscheidet zwischen kurzfristigen, mittelfristigen und längerfristigen Wirtschaftsschwankungen. Die kurzfristigen, saisonalen Veränderungen (= kurze Wellen) beschränken sich auf einzelne Branchen und Unternehmen und erfolgen in regelmässigen Zeitabständen. Längerfristige Wirtschaftszyklen (= lange Wellen) dauern historisch gesehen zwischen 30 bis 50 Jahren und werden meist von Umständen wie Kriege, politische Umstürze, bahnbrechende Erfindungen usw. beeinflusst. Die eigentlichen Konjunkturzyklen sind mittelfristiger Natur (= mittlere Wellen / Juglar-Zyklen); im letzten Jahrhundert dauerten sie in der Regel zwischen 7 und 11 Jahren, während sie sich im 20. Jahrhundert auf 3 bis 6 Jahre verkürzt haben. Der typische Konjunkturzyklus lässt sich in 4 Phasen aufteilen:

1. Phase: Unterer Wendepunkte (Ende der Rezession / Depression)
2. Phase: Aufschwung (Konjunktur im eigentlichen Sinne: Erholung / Boom)
3. Phase: Oberer Wendepunkt (Konjunkturhöchststand)
4. Phase: Abschwung (Rezession / Depression)

Jeder konjunkturelle Zyklus hat seine eigenen Merkmale, so dass ein historischer Vergleich nur eine beschränkte Aussagekraft für die Beurteilung zukünftiger Zyklen haben kann. Insbesondere die Dauer und das Ausmass der einzelnen wirtschaftlichen Auf- und Abschwünge variieren ständig, und auch die Auswirkungen auf die einzelnen Wirtschaftsbereiche sind unterschiedlich. Die nachfolgende Tabelle zeigt die typischen Merkmale der einzelnen Konjunkturperioden, wie sie in der Vergangenheit am häufigsten aufgetreten sind.

Für den Vermögensverwalter ist das frühzeitige Erkennen der Konjunkturzyklen eine zentrale Aufgabe, da sich die Konjunktur und die Anlagemärkte in einem ähnlichen Rhythmus bewegen. Die Abhängigkeit der Aktienbörsen von den Wirtschaftszyklen ist historisch gesehen besonders evident. Dabei muss man allerdings berücksichtigen, dass die Aktienmärkte die wirtschaftlichen Gegebenheiten eskomptieren, das heisst, sie reagieren mit einem zeitlichen Vorlauf. Diese Divergenz, auch *"time lag"* genannt, muss deshalb bei Anlageentscheiden berücksichtigt werden. Empirische Untersuchungen über den Zeitraum der letzten 25 Jahre haben ergeben, dass beispielsweise die amerikanische Aktienbörse ihren Höhepunkt durchschnittlich 8 Monate vor der Wirtschaft

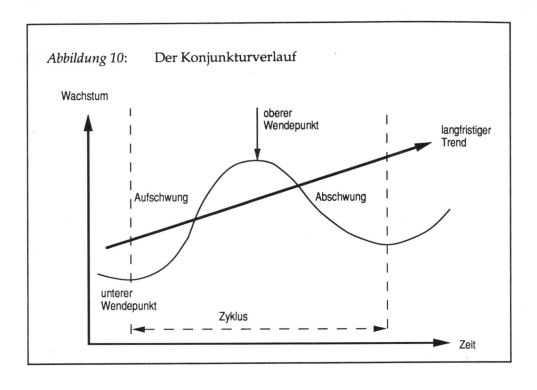

Abbildung 10:   Der Konjunkturverlauf

(Produktionshöchststand) erreicht hat, wobei die Extremwerte bei 4 und 14 Monaten gelegen haben. Es darf deshalb nicht erstaunen, dass die Aufwärtsbewegung der Aktienbörsen bereits im Verlauf einer Wirtschaftsrezession einsetzt und die Baisse-Phase bei laufender Hochkonjunktur eingeläutet wird.

Die wichtigsten Aktiengruppen partizipieren in der Regel in folgender zeitlichen Reihenfolge an einem **Börsenaufschwung**:

Phase 1 (Schlussphase der Rezession):   nicht-zyklische Wachstumswerte,
                                         defensive Aktien mit hoher,
                                         gesicherter Rendite.
Phase 2 (Beginn der Erholung):   zinssensitive Titel und
                                         zyklische Konsumgüteraktien.
Phase 3 (Konjunkturanstieg):   Kapitalgüter / Technologiewerte.
Phase 4 (Hochkonjunktur):   Basisindustrie / Rohstoffwerte.

Zu Beginn einer **Baissephase** kommen meistens sämtliche Aktiengruppen unter Druck. Besonders hohe Kusverluste erleiden vor allem zyklische Wachstumswerte mit hohen p/e-Ratios und Titel von Gesellschaften mit einer geringen Eigenkapitalbasis. Im Verlaufe des Börsenabschwungs erleiden Wachs-

Abbildung 11: Merkmale der einzelnen Konjunkturphasen

Faktoren	1. Phase Unterer Wendepunkt	2. Phase Aufschwung	3. Phase Oberer Wendepunkt	4. Phase Abschwung
Investitionen	Investitionen gering und auf Ersatz und Unterhalt ausgerichtet. Brachliegende Produktionsanlagen	Sie nehmen kontinuierlich zu infolge optimistischer Zukunftsaussichten. Produktionskapazitäten werden erweitert	Sie verlangsamen sich infolge Ueberproduktion und Kapitalverknappung. Rationalisierungsinvestitionen dominieren	Investitionen sinken markant. Produktion und Nachfrage schrumpfen. Kapazitätsauslastung sinkt
Unternehmensgewinne	Gewinne auf Tiefstpunkt. Knappe Margen bei geringen Umsätzen. Betriebsschliessungen, Konkurse	Sie steigen deutlich an. Sowohl Umsätze als auch Margen nehmen zu	Ertragslage immer noch gut / sehr gut. In einzelnen Branchen bereits abnehmend infolge sinkender Margen	Erträge deutlich rückläufig. Konkurrenzkampf nimmt zu. Unternehmen mit hohen Fixkosten benachteiligt
Lagerhaltung	Lager weitgehend geräumt	Anfänglich Auffüllen der Lager, später leichter Abbau infolge Güterknappheit	Anwachsende, unerwünschte Lager aufgrund von Ueberproduktion	Abbau der Lager zwecks Kosteneinsparungen
Löhne und Arbeitsmarkt	Tiefe Löhne und hohe Arbeitslosenrate	Steigerung der Einkommen im Ausmass der Mehrbeschäftigung, später infolge der Teuerung. Rückgang der Arbeitslosigkeit	Leicht steigende Löhne bei Voll- bis Ueberbeschäftigung	Rückgang von Beschäftigung und Einkommen
Preise (Konsumgüter)	Tiefstand der Preise. Konsumenten erwarten weitere Preissenkungen	Zuerst zögernde, später deutliche Preiserhöhungen	Hohe und vorerst noch weiter steigende Preise	Zuerst leicht, dann deutlicher fallende Preise
Zinssätze	Infolge geringer Kapitalnachfrage, beschränkter Ersparnisbildung und meist expansiver Geldmengenpolitik tiefe Zinsen	Allmählich steigende Zinssätze infolge geringer Sparneigung und erhöhter Kapitalnachfrage der Wirtschaft. Zinsdifferenz zwischen kurz- und langfristigen Zinsen steigt	Noch kurzfristig weiter anziehende Zinssätze vor allem im kurzfristigen Bereich. Ansätze zu einer restriktiveren Geldmengenpolitik	Zunehmende Spartätigkeit und geringer Kapitalbedarf der Wirtschaft bewirken tiefere Zinsen
Allgemeine Stimmung	Gedrückt. Produzenten bangen um Existenz und Arbeitnehmer um Arbeitsplätze. Geringe Kaufneigung. Politische Spannungen	Zuversichtlich, später übertrieben optimistisch. Gewinne, Umsätze, Löhne und Preise steigen. Kauf- und Investitionsneigung gross	Optimismus weicht einer zunehmenden Skepsis. Verknappung der Produktionsfaktoren. Letzte Lohnkämpfe	Pessimistisch. Nachfrage geht anfänglich infolge hoher Preise und später rezessiver Tendenzen zurück. Unternehmer agieren vorsichtig

tumswerte aus weniger zyklischen Branchen (z.B. Nahrungsmittel- und Pharmabereich) und Immobilienfonds mit hoher gesicherter Rendite oft deutlich geringere Kurseinbussen als der Gesamtmarkt.

Der **zeitliche Vorlauf** der Aktienbörsen kann durch Entwicklungen im monetären Bereich und politische oder strukturelle Veränderungen verkürzt bzw. verlängert werden. Bei stark exportorientierten Ländern sind oft auch exogene Faktoren (z.B. wirtschaftliche und politische Lage in wichtigen Abnehmerstaaten) von grosser Bedeutung. Um die einzelnen Phasen des Wirtschaftsverlaufs (und damit auch die Entwicklung an den Finanzmärkten) rechtzeitig voraussehen zu können, müssen die verschiedenen Frühindikatoren intensiv verfolgt und/oder analysiert werden. Dazu zählen neben den im Kapitel 3.1.3.3 aufgeführten Frühindikatoren der Wirtschaft u.a. noch folgende Elemente:

— Wechselkursentwicklung
— Investitionspläne der Industrie und des Staates
— Konsum- und Spareigung
— Umfrageergebnisse, Arbeitsangebot (Inserate, Statistiken)

Falls der Leser den zeitlichen Aufwand zum Studium dieser Daten nicht aufbringen will oder kann (also nicht in der Lage ist, sich ein Bild über die aktuelle und die zu erwartende Wirtschaftsentwicklung zu machen), sollte er sich auf konservative Prognosen aus Kreisen der Wirtschaft und Wissenschaft abstützen. Besonders erwähnenswert ist diesbezüglich die halbjährlich (Juni/ Dezember) erscheinende Publikation *"OECD Economic Outlook"*. Sie enthält Studien über die Entwicklungen und Tendenzen in der Weltwirtschaft sowie in den wichtigsten Industrienationen und liefert entsprechende Prognosen für die nächsten 12 bis 18 Monate.

3.1.3.3   Frühindikatoren der Wirtschaft

In den USA wird ein Index, der 12 Frühindikatoren umfasst (US Leading Economic Indicators), auf monatlicher Basis publiziert. Er berücksichtigt die Entwicklung folgender Grössen (die meisten dieser 12 Komponenten werden saisonal und/oder inflationsbereinigt; die mit *) gekennzeichneten Indikatoren haben erfahrungsgemäss einen besonders starken Einfluss auf den Trend am Aktienmarkt.) :

1.   US-Geldmengenwachstum, gemessen an M_2 *)

2.   Prozentuale Veränderung der ausstehenden Kredite, die an amerikanische Unternehmen und private Haushaltungen gewährt wurden

44

3. Standard & Poor's-Aktienindex (S&P 500 Composite)

4. Index neuer Baubewilligungen im privaten Wohnungsbau *)

5. Neuaufträge für Konsumgüter und Halbfabrikate (exkl. Kapital- und Rüstungsgüter) *)

6. Auftragseingang für Anlagen und Ausrüstungen *)

7. Index der Netto-Betriebsgründungen (Schätzung basierend auf neuen Betriebsgründungen abzüglich der Zahl Konkursfälle sowie der Veränderung der Telefonanschlüsse)

8. Nettoveränderungen der Lagerbestände und Lagerbestellungen *)

9. Durchschnittlich geleistete Arbeitsstunden pro Woche in der verarbeitenden Industrie

10. Prozentualer Anteil von Verkaufsunternehmen, die ihre Bestellungen mit Verzögerungen erhalten (Veränderungen der Lieferfristen)

11. Anzahl erste Forderungen an die staatliche Arbeitslosenversicherung

12. Prozentuale Veränderung stark preiselastischer Güter (Produzentenpreise von 28 Roh- und Halbfabrikaten und die Spotmarktpreise von 13 Rohmaterialien) *)

Die Daten der einzelnen Frühindikatoren werden laufend (während eines Monats) veröffentlicht. Zahlreiche Wirtschaftsfachleute geben bereits vor der Publikation der offiziellen Zahlen Prognosen bezüglich der Veränderung des Indexes der Frühindikatoren ab. Ebenso werden oft auch Vorhersagen über die Entwicklung einzelner Indikatoren bekanntgegeben. Falls die offiziellen, von den entsprechenden Regierungsstellen später publizierten Zahlen nicht den Erwartungen der Prognostiker entsprechen, sind an den Wertpapier- oder Devisenmärkten entsprechende Reaktionen zu erwarten. Die einzelnen monatlichen Zahlen sollte man jedoch nicht überbewerten, da statistische Fehler, Wettereinflüsse usw. zu Verzerrungen führen können. Erst wenn der Index während drei aufeinanderfolgenden Monaten in eine bestimmte Richtung zeigt, kann sinnvollerweise ein Trend vermutet werden. Um verlässlichere Voraussagen über die Wirtschaftsentwicklung machen zu können, empfiehlt es sich jedoch, die Entwicklung der Leading Indicators über einen längeren Zeitraum zurückzuverfolgen.

3.1.3.4   Beurteilung der zukünftigen Zinssatzentwicklung

Die Zinssatzprognose stellt ein wichtiges Element bei jedem Anlageentscheid dar. Im Obligationenbereich bildet sie die zentrale Grundlage für den Titelselektionsprozess, da zwischen dem Zinstrend und dem "total return" von festverzinslichen Wertpapieren ein direkter Zusammenhang abgeleitet werden kann. Aber auch die Entwicklung der Aktienmärkte wird von der Zinssatztendenz entscheidend beeinflusst; eine Tatsache, die sich historisch gesehen immer wieder bestätigt.

Die in den letzten Jahren erfolgte signifikante Zunahme der internationalen Verflechtung im Wirtschafts- und Finanzbereich erschwert in steigendem Masse das Erstellen von Zinssatzprognosen. Neben den inländischen Faktoren, die den Zinstrend beeinflussen, sind immer häufiger exogene Momente zu berücksichtigen. Es ist heutzutage unerlässlich, die Zinssatzentwicklung in den wichtigsten westlichen Industrienationen aufmerksam zu verfolgen und entsprechende Rückschlüsse auf das Verhalten der inländischen Zinsen zu ziehen.

Bei der Beurteilung der zu erwartenden Zinssatzveränderungen ist die Entwicklung der in Abb. 12 erwähnten 6 Faktoren besonders genau zu beobachten. Eine überdurchschnittlich starke Wirkung auf das Zinsniveau haben in der Regel diejenigen Einflussmomente, die aus gesamtwirtschaftlicher Sicht am meisten Anlass zur Sorge bereiten.

Im weiteren gilt es strukturelle Prozesse wie z.B. die Veränderung der Geldumlaufgeschwindigkeit, vermehrte Mittelaufnahme der Unternehmen über den Aktienmarkt (anstelle von Krediten) usw. zu berücksichtigen. Von Bedeutung sind vor allem Entwicklungen, die im Trend oder Ausmass allgemein kaum erwartet worden sind und sich im aktuellen Zinsniveau noch nicht niedergeschlagen haben. Die Einflussstärke der einzelnen Faktoren kann von Land zu Land unterschiedlich sein und sich im Verlauf der Jahre ändern. Je ungünstiger sich die Situation in einem Bereich präsentiert, desto grösseres Gewicht erhalten in der Regel die Veränderungstendenzen.

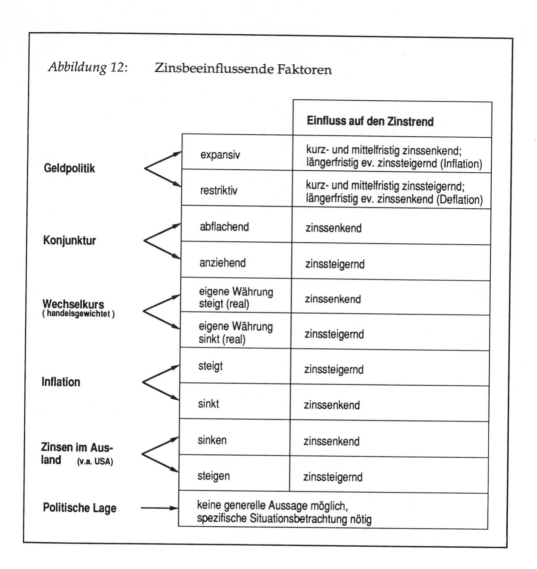

Abbildung 12: Zinsbeeinflussende Faktoren

		Einfluss auf den Zinstrend
Geldpolitik	expansiv	kurz- und mittelfristig zinssenkend; längerfristig ev. zinssteigernd (Inflation)
	restriktiv	kurz- und mittelfristig zinssteigernd; längerfristig ev. zinssenkend (Deflation)
Konjunktur	abflachend	zinssenkend
	anziehend	zinssteigernd
Wechselkurs (handelsgewichtet)	eigene Währung steigt (real)	zinssenkend
	eigene Währung sinkt (real)	zinssteigernd
Inflation	steigt	zinssteigernd
	sinkt	zinssenkend
Zinsen im Ausland (v.a. USA)	sinken	zinssenkend
	steigen	zinssteigernd
Politische Lage		keine generelle Aussage möglich, spezifische Situationsbetrachtung nötig

3.1.3.5 Realverzinsung und Inflation

Ob ein Engagement in festverzinslichen Werten lohnenswert ist oder nicht, hängt nicht nur von der nominellen Höhe des Zinses und vom erwarteten zukünftigen Zinstrend, sondern ebensosehr von der erzielbaren Realverzinsung ab. Unter dem Begriff Realzins versteht man den effektiven Zins abzüglich der Teuerung. Am Beispiel verschiedener südamerikanischer Staaten wird deutlich, dass nominell sehr hohe Zinssätze von 80 bis 100% pro Jahr (wenn sie mit noch höheren Inflationsraten verbunden sind) keinen Anreiz für festverzinsliche

Anlagen bieten, sondern eher die Flucht in Sachwerte begünstigen. Beim ausländischen Anleger wird der nominelle Zinsvorteil bei solchen Investitionen meist durch hohe Währungsverluste überkompensiert.

Es ist deshalb unerlässlich, sich ein Bild über die zu erwartende Inflation zu machen. Bei der entsprechenden Analyse sind drei unterschiedliche, teuerungsverursachende Elemente zu berücksichtigen:

1. **Die geldmengeninduzierte Inflation.** Sie entsteht durch eine übermässige Geldmengenausweitung. Diese kann durch eine langanhaltende, deutlich über dem realen Wirtschaftswachstum liegende Geldmengenschöpfung durch die Notenbank, eine überhöhte Kredittätigkeit der Geschäftsbanken und eine hohe Geldumlaufgeschwindigkeit verursacht werden.

2. **Die güterinduzierte Inflation.** Sie tritt dann ein, wenn eine hohe Güternachfrage auf ein beschränktes Güterangebot (z.B. infolge voll ausgelasteter Produktionskapazitäten) trifft und sie dadurch Preissteigerungen herbeiführt. Hohe Kosten und steigende Gewinne oder Steuern können ebenfalls anziehende Preise zur Folge haben. Zur güterinduzierten Teuerung zählt auch die sogenannte importierte Inflation, die durch steigende Preise für ausländische Importgüter hervorgerufen wird.

3. **Die psychologisch bedingte Inflation.** In Zeiten der Hochkonjunktur sind die Wirtschaftssubjekte in der Regel ausgesprochen optimistisch. Es wird wenig gespart, viel konsumiert und es werden hohe Lohnforderungen gestellt. Diese Mentalität begünstigt die Inflation ebenso wie die Erwartung einer galoppierenden Inflation, welche die Nachfrage (vor allem nach Sachwerten) zusätzlich verstärkt.

3.1.3.6 Globaler Vergleich wirtschaftlicher Daten

Nachdem die wichtigsten für Wertpapieranlagen in Frage kommenden Länder analysiert worden sind, müssen die Untersuchungsresultate im internationalen Kontext betrachtet werden. Zu diesem Zweck werden die wichtigsten historischen Wirtschaftsdaten und Prognosen vorzugsweise in tabellarischer Form aufgelistet. Dadurch werden einerseits die Entwicklungstendenzen in den einzelnen Ländern leichter ersichtlich, und anderseits können internationale Vergleiche angestellt werden. Letztere können (unter Berücksichtigung des Währungsaspekts) wiederum wichtige Hinweise für die "asset allocation" geben. Die nachfolgende Aufstellung soll als Beispiel dienen:

Ausgewählte Wirtschaftsdaten im internationalen Vergleich

	1987	1988	1989*	1990*
Reales Bruttosozialprodukt				
	(Prozentuale Veränderungen gegenüber Vorjahr)			
USA	3.4	3.9	3.00	2.25
Japan	4.5	5.7	4.75	4.25
BRD	1.8	3.4	3.00	2.75
Schweiz	2.3	3.0	2.50	2.25
Reale Inlandnachfrage				
USA	3.0	3.9	3.00	2.00
Japan	5.2	5.7	4.75	4.00
BRD	3.1	3.4	3.00	2.75
Schweiz	4.2	4.4	3.00	3.00
Inflation (BSP-Deflator)				
USA	3.3	3.4	5.00	5.25
Japan	-0.2	0.4	1.50	2.25
BRD	2.1	1.5	2.50	2.50
Schweiz	2.5	3.0	3.25	3.50
Zinssatzentwicklung				
				(in Prozent)
a) Kurzfristige Zinssätze [1]				
USA	5.8	6.7	8.9	9.1
Japan	4.2	4.5	5.0	5.1
BRD	4.0	4.3	6.7	6.7
Schweiz	2.9	4.7	**6.5	**6.0

[1]   3-Monats-Geldmarktanlagen

	1987	1988	1989*	1990*
b) Langfristige Zinssätze [2]				
USA	9.4	9.7	9.7	9.7
Japan	5.0	4.8	5.4	5.6
BRD	6.2	6.5	7.0	6.9
Schweiz	4.0	4.1	**5.2	**5.0

[2]   AAA-Bonds

49

Leistungsbilanz

(in Mrd. US$)

USA	-154.0	-135.3	-123	-116
Japan	87.0	79.6	80	83
BRD	45.2	48.5	48	53
Schweiz	7.2	6.4	5	5

Arbeitslosenquote

(in % der erwerbstätigen Bevölkerung)

USA	6.2	5.5	5.25	5.50
Japan	2.9	2.5	2.25	2.25
BRD	7.9	7.9	7.50	7.00
Schweiz	0.7	0.7	0.75	0.75

Welthandel[3]

(Prozentuale Veränderung gegenüber Vorjahr)

5.6	8.7	7.50	7.00

[3]   Arithmetisches Mittel der Wachstumsraten von Weltimport- und Exportvolumen

*   OECD-Projektionen (Annahmen: keine Veränderungen der aktuellen bzw. angekündig-
ten Politik; unveränderte Wechselkurse, Stichtag 2.5.89; Erdölpreis $16.- je Barrel.)
**   Schätzungen aus anderen Quellen

Quelle: OECD, Economic Outlook 6/89

3.2   Analyse von Aktienmärkten

Im Rahmen einer global orientierten Anlagestrategie muss der Vermögensverwalter eine fundierte Trendprognose für die wichtigsten Aktienmärkte erstellen
und die relative Attraktivität der einzelnen Börsenplätze miteinander vergleichen. Unter dem Gesichtspunkt des "Total Return"-Gedankens sollte die Analyse den Währungsaspekt beinhalten.

Die Analyse von Aktienmärkten wird unter Verwendung sowohl fundamentaler als auch technischer Methoden betrieben. Bei der ersten Verfahrensweise steht der Bewertungsgedanke im Vordergrund; man überprüft die Märkte im Hinblick auf eine Ueber- oder Unterbewertung. Um eine solche feststellen zu können, werden vergangenheitsbezogene wirtschaftliche Daten herangezogen und zukünftige Entwicklungen prognostiziert. Einen anderen Weg geht die technische Analyse, die auf der Marktbeobachtung basiert; anhand ausschliesslich historischer markttechnischer Faktoren (z.B. Charts, Umsatzvolumen, Indikatoren) will man die zukünftige Markttendenz bestimmen.

3.3   Fundamentale Aktienmarktanalyse

Als erster Schritt empfiehlt es sich eine internationale Standortbestimmung vorzunehmen. Vergleicht man die aktuelle Bewertung der wichtigsten internationalen Börsenplätze, können erhebliche Unterschiede zum Vorschein kommen. Diese müssen in der Folge im nationalen und globalen Kontext analysiert werden. Von Land zu Land divergierende Bilanzierungsgrundsätze, abweichende Zinssätze, unterschiedliche Gewinnwachstumsraten usw. sind bei der Interpretation der einzelnen Bewertungsgrössen zu berücksichtigen. Diese setzen sich meist aus folgenden Verhältniszahlen zusammen (siehe auch Kapitel 5.1 *"Fundamentale Aktienanalyse"*) :

— Kurs/Gewinn-Verhältnis KGV (p/e; price to earnigs ratio)
— Kurs/Cashflow-Verhältnis (p/ce; price to cash earnigs ratio)
— Kurs/Buchwert-Verhältnis (p/bv; price to book value ratio)
— Dividendenrendite (gdy; gross dividend yield)

Die nachfolgende Tabelle gibt einen Ueberblick über Bewertungskennzahlen wichtiger internationaler Börsenplätze. Die Daten basieren auf den letzten publizierten Unternehmenszahlen und den Börsenkursen per 31.8.1988 und 31.5.1989.

Länder	p/e-ratio 31.5.89/31.8.88		p/ce-ratio 31.5.89/31.8.88		p/bv-ratio 31.5.89/31.8.88		gdy 31.5.89/31.8.88	
Australien	9.3	12.9	6.4	8.6	1.47	1.67	5.2	3.9
Belgien	14.1	12.1	6.2	5.4	1.94	1.70	4.2	6.3
Dänemark	13.1	15.8	9.0	7.7	1.73	1.32	1.8	2.4
Deutschland	14.7	13.8	5.0	4.2	1.93	1.69	3.6	4.0
Frankreich	12.1	10.8	5.8	4.7	1.95	1.50	3.0	3.5
Grossbritannien	10.9	10.4	7.7	7.0	1.73	1.70	4.6	5.0
Holland	10.0	9.8	5.0	4.6	1.35	1.22	4.5	4.8
Hongkong	10.4	10.5	9.4	9.6	1.36	1.64	4.8	4.7
Japan	55.4	50.8	17.8	16.3	4.99	4.51	0.5	0.5
Italien	12.8	13.0	3.5	3.5	1.75	1.56	2.8	2.9
Kanada	11.3	11.3	6.7	6.4	1.59	1.54	3.3	3.4
Norwegen	17.2	20.3	5.7	4.3	2.75	1.75	1.6	2.5
Oesterreich	35.4	33.8	6.6	6.1	1.77	1.67	1.9	2.4
Schweden	13.8	12.6	8.4	7.3	2.39	1.92	2.1	2.5
Schweiz	14.3	13.1	7.4	6.5	1.56	1.33	2.4	2.5
Spanien	16.7	16.5	5.2	5.0	1.33	1.23	3.8	3.7
USA	12.5	11.3	7.0	6.3	1.97	1.71	3.5	3.9
Weltindex	**18.1**	**16.8**	**7.9**	**7.2**	**2.49**	**2.22**	**2.3**	**2.6**

Quelle: Morgan Stanley Capital International Perspective, Geneva Switzerland.

Als nächster Schritt sollten die einzelnen Bewertungskriterien im **historischen Vergleich** näher betrachtet werden. Dadurch lässt sich erkennen, ob die aktuelle Bewertung der einzelnen Märkte retrospektiv betrachtet eher hoch oder niedrig ist. Leider sind in verschiedenen Ländern nicht sämtliche erforderlichen Daten verfügbar. So fehlen beispielsweise in der Schweiz Angaben über das Kurs/Cashflow-Verhältnis und das Kurs/Buchwert-Verhältnis der letzten 15 Jahre. Die nachfolgende Abbildung 13 zeigt die Entwicklung der KGVs in der Schweiz, Deutschland und den USA. Die KGVs wurden aufgrund der letzten publizierten Gewinne berechnet.

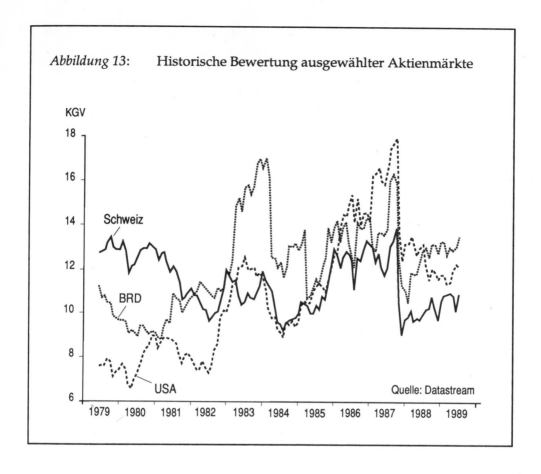

Abbildung 13:   Historische Bewertung ausgewählter Aktienmärkte

In der Folge werden einfache, auch für den Laien gut verständliche Aktienmarkt-Bewertungsmodelle vergestellt; wie alle anderen Bewertungsmethoden haben auch sie ihre Schwächen. Anlageentscheide sollten deshalb nie allein aufgrund solcher Indikatoren vorgenommen werden.

3.3.1   Marktbewertung anhand historischer KGVs

Durch Multiplikation des durchschnittlichen historischen KGVs mit der aktuellen durchschnittlichen Gewinnschätzung pro Aktie kann ein (theoretisches) Soll-Aktienindex-Niveau errechnet werden. Der Nachteil dieses Bewertungsversuchs liegt darin, dass man zur Ermittlung der KGVs auf Gewinnschätzungen (anstelle der oft wenig aussagekräftigen ausgewiesenen Gewinne) zurückgreifen muss und verschiedene Einflussfaktoren wie Zinsentwicklung, längerfristiges Ertragswachstum usw. nicht berücksichtigt werden. Da die Märkte solche Aspekte aber eskomptieren, differieren die Soll-Index-Stände oft erheblich vom aktuellen Index-Niveau. Die nachstehende Aufstellung zeigt eine solche Rechnung auf Basis der durchschnittlichen KGVs der letzten 15 Jahre.

Aktienmarkt (Index)	Ø KGV 1973-88	gesch. Ø Gewinn je Aktie in 1988	Soll-Index-Niveau (Index eff. per 31.12.88)	
USA (DJI)	11.3	175	1978	(2168.57)
Japan (TSE)	26.0	35	910	(2357.03)
BRD (FAZ)	11.5	41	472	(549.86)
England (FT)	12.0	125	1500	(1455.10)
Frankreich (CAC)	12.2	27	329	(415.60)
Schweiz (SBV Ges.)	11.9	50	595	(559.80)

3.3.2 Die Gewinnrendite/Obligationenrendite-Relation

Mit einer einfachen Methode lässt sich die **relative Attraktivität** von Aktien im Vergleich zu Obligationen (als wichtigste alternative Anlageform) messen. In den USA gilt als Faustregel, dass der Kehrwert des durchschnittlichen Kurs/Gewinn-Verhältnisses (Gewinnrendite) ungefähr der Rendite von langfristigen Staatsanleihen entsprechen sollte. Empirische Untersuchungen der Fluktuationen dieser zwei Renditen über einen Zeitraum von 25 Jahren haben diese Aussage weitgehend bestätigt; allerdings waren temporäre Renditeverzerrungen ebenfalls festzustellen.

Beispiel, USA

Geschätztes durchschnittliches KGV 1988 (gemessen am DJI)	=	11.6%
Gewinnrendite (100/11.6)	=	8.6%
Rendite Treasury Bonds (30 Jahre Restlaufzeit)	=	9.4%

Anhand der Obligationenrendite lässt sich ein durchschnittliches Soll-KGV von 10.6 (100/9.4) berechnen. Durch Multiplikation des Soll-KGV mit dem geschätzten durchschnittlichen Gewinn pro Aktie gemessen am DJI (175) ergibt sich ein Soll-Aktienindex-Niveau von 1855 Punkten.

Diese Bewertungsmethode lässt sich erfahrungsgemäss nicht ohne weiteres auf die ausseramerikanischen Aktienmärkte übertragen. Besonders in den traditionellen Niedrigzinsländern (wie der Schweiz, Deutschland und Holland) würde sich auf Basis der inländischen Zinssätze für langfristige Staatsanleihen erfahrungsgemäss ein zu hohes Soll-KGV bzw. Soll-Aktienindex-Niveau ergeben.

3.3.3 Dividenden-Diskontierungsmodelle

In den USA werden Dividenden-Diskontierungsmodelle (wie z.B. das nachfolgend beschriebene) auch in der Praxis recht häufig angewandt. Dagegen konnten sie sich im ausseramerikanischen Raum bisher kaum durchsetzen. Sie führen dort erfahrungsgemäss meistens zu unrealistischen Ergebnissen. Eine unterschiedliche Ausschüttungspolitik der Unternehmen und eine andersgelagerte Kapitalnachfrage- und -angebotsstruktur im Obligationenbereich erklären zumindest teilweise diesen Sachverhalt.

Dividenden-Diskontierungsmodell von Gordon

$$p = d \times \frac{(1+g)}{(r-g)}$$

p = Kurs (Index-Sollwert)
d = Dividende
g = Wachstumsrate (der Dividenden bzw. Gewinne je Aktie)
r = Diskontierungssatz (Rendite langfristiger Staatsanleihen)

Beispiel, USA

d = geschätzte durchschnittliche Dividende 1988 (DJI-Titel)	=	US$ 74
g = geschätzte Wachstumsrate der Dividenden	=	6%
r = Rendite langfristiger Staatsanleihen	=	9.4%

$$p = 74 \times \frac{(1+0.06)}{(0.094-0.06)} = 74 \times \frac{1.06}{0.034} = 74 \times 31.18 = \mathbf{2307}$$

Diesem Modell entsprechend wäre das Soll-Niveau des Dow-Jones Ind. Index somit 2307 Punkte.

3.4 Technische Aktienmarktanalyse

Gute Kenntnisse der Methoden der technischen Analyse sind in zunehmendem Masse unerlässlich für ein erfolgreiches Operieren an den Börsen. Diese Aussage ist allein schon deshalb begründet, weil viele Marktteilnehmer technische Faktoren bei Anlageentscheiden berücksichtigen, was wiederum Auswirkungen auf die Kursgestaltung im Sinne einer "Selffullfilling Prophecy" hat. Der massive Einsatz von Computern im Bereich der technischen Analyse hat in den letzten Jahren dazu geführt, dass das Informations- und Analysematerial sowohl qualitativ als auch quantitativ stark zugenommen hat. Auch der Anwenderkreis hat sich deutlich ausgeweitet, wodurch die technischen Analysemethoden zusätzlich aufgewertet wurden.

Während die fundamentale Analyse in erster Linie Auskunft gibt, **welche** Märkte, Titelkategorien und Einzelanlagen interessant erscheinen, beschäftigen sich die technisch orientierten Methoden vor allem mit der Frage des richtigen "Timing", d.h. des geeigneten **Zeitpunkts** für eine Transaktion. Der Markttechniker geht davon aus, dass die Kursveränderungen bestimmte Muster bilden, die sich in ähnlicher Form wiederholen und dadurch vorhersehbar sind. Ein Grundsatz der technischen Analyse besagt, dass sich die Kurse in Trends bewegen. Diese können aufwärts-, seitwärts- oder abwärtsgerichtet sein. Entscheidend ist, dass man die Richtung, die Intensität und die Dauer des jeweiligen Trends möglichst frühzeitig erkennt. Dann bewahrheitet sich auch der amerikanische Leitspruch "The trend is your friend !". Die Analyse von Börsenzyklen und Markttrends basiert auf Aktienindizes. Dabei handelt es sich um Preisindikatoren, welche die Schwankungen des durchschnittlichen Kursniveaus an einem Aktienmarkt wiedergeben. Die Aussagekraft der Indizes hängt von der Anzahl erfasster Titel, der branchenmässigen Ausgewogenheit und der Gewichtung ab. Bei der Wahl des Indexes sollte man darauf achten, dass er den Gesamtmarkt möglichst gut repräsentiert und die Berechnungsgrundlagen über einen möglichst langen Zeitraum nicht wesentlich verändert wurden.

3.4.1 *Trendanalyse*

Bei der Beobachtung des Entwicklungsverlaufs von Aktienindizes über längere Zeiträume hat man verschiedenartige Trends von unterschiedlicher Dauer feststellen können, die sich überlagern und zyklisch ablaufende Bewegungen vollziehen. Der längste und somit auch stabilste Trend wird als **Basistrend** bezeichnet. Mit einer Dauer von 15 bis 100 Jahren umfasst er mehrere langfristige **Primärbewegungen**, die um den Basistrend schwanken. Die mittelfristigen **Sekundärbewegungen** und die kurzlebigen **Tertiärtrends** pendeln um die Primärtrends.

56

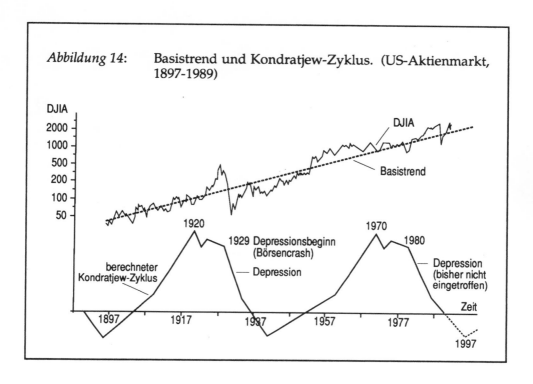

Abbildung 14: Basistrend und Kondratjew-Zyklus. (US-Aktienmarkt, 1897-1989)

Der Anstieg des Basistrends erklärt sich durch das langfristige durchschnittliche Wirtschaftswachstum eines Landes und die Zunahme des Ertrags- und Substanzwertes der Unternehmen. In der Abbildung 14 beträgt der Neigungswinkel des Basistrends rund 30°. In diesem Jahrhundert wurden Abweichungen des DJIA vom Basistrend über kurz oder lang immer wieder korrigiert.

Kondratjew-Zyklen

Der russische Nationalökonom Nikolay D. Kondratjew analysierte in den 20er Jahren die Zusammenhänge zwischen Geldwert, Krieg und Konjunktur für die Periode von 1720 bis 1920. Dabei entdeckte er die Existenz von rund 50jährigen Konjunkturzyklen, die sich in ähnlichem Muster viermal wiederholt haben. Seine teilweise bereits vergessenen Theorien fanden Anfang der 80er Jahre wieder vermehrt Beachtung. Dies ist darauf zurückzuführen, dass die Weltkonjunktur zwischen 1980 und 1982 rezessive Tendenzen aufwies und gewisse Kreise deshalb befürchteten, dass die Weltwirtschaft gemäss den Kondratjew-Zyklen in eine langanhaltende Depression abgleiten könnte. Zudem bestand eine gewisse Uebereinstimmung zwischen der Kondratjew-Zyklentheorie und der damals vielbeachteten Elliott-Wave-Theorie (siehe Kap. 3.4.1.2). Der Börsencrash 1987 brachte die Kondratjew-Wellen wieder ins Gespräch.

3.4.1.1   Die Dow-Theorie / Primär-, Sekundär- und Tertiärtrends

Charles H. Dow, als geistiger Vater der technischen Analyse, veröffentlichte im Jahr 1884 erstmals einen Aktienindex, dieser wurde später im Wall Street Journal als Dow Jones Averages publiziert. Anhand des Indexverhaltens konnten Primär-, Sekundär- und Tertiärtrends eruiert werden, und in der Folge entstanden die Dow-Theorien, die eigentlich von W.P. Hamilton (*"The Dow Theory, The Stockexchange Barometer"*) an die Oeffentlichkeit gebracht wurden. Der grosse Erfolgsdurchbruch für die Dow-Theorie entstand durch einen Leitartikel im Wall Street Journal vom 23. Oktober 1929 *"The tides are changing"*, der kurz vor dem Börsenkrach erschien.

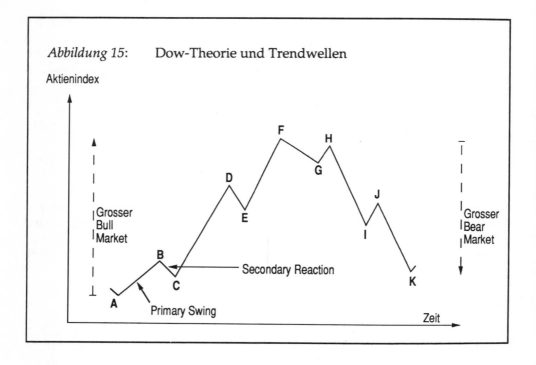

Abbildung 15:   Dow-Theorie und Trendwellen

Die Primärwellen zeigen den langfristigen Trend an und dauern durchschnittlich 3 bis 5 Jahre. In der Abbildung 15 bildet die Verbindung der Punkte A zu F den aufwärtsgerichteten und F zu K den abwärtsgerichteten Primärtrend. Der Primärtrend lässt sich wieder in verschiedene Sekundärbewegungen aufteilen (A zu B, B zu C, C zu D usw.). Die Sekundärtrends dauern in der Regel 2 Monate bis anderthalb Jahre; B-C und D-E sind Korrekturen in einem Bull-Markt und G-H sowie I-J Reaktionen in einem Bear-Markt. Meistens werden in einer solchen Gegenbewegung etwa 1 bis 2 Drittel des Anstiegs bzw.

Rückgangs der vorausgegangenen Bewegung wieder ausgeglichen. Die kurzlebigen Tertiärwellen, die nur einige Tage/Wochen anhalten, werden bei der Dow-Theorie (Index-Formel) vernachlässigt. Diese besagt, dass der Haupttrend so lange intakt ist, als in einer Bull-Phase jede neue Spitze (D, F) die vorangegangene Höchstmarke übertrifft oder in einem Bear-Markt jeder neue Tiefststand (I, K) den letzten unterbietet. Ein Trendwechsel gilt nur dann als bestätigt, wenn sowohl der Industrie- als auch der Transportindex einen solchen anzeigen. (Das Erkennen eines neuen Trends gibt jedoch noch kein eigentliches Kauf- oder Verkaufssignal für einzelne Titel; diese müssen durch entsprechende Kauf-/Verkaufssignale bei der jeweiligen Aktie bekräftigt werden.)

3.4.1.2   Elliott Wave Principle

Ralph Nelson Elliott begründete mit seinen Publikationen in der Financial World (1938) über den Ablauf eines Börsenzyklus eine neue Gesamtmarkttheorie. Diese basiert teilweise auf der Zahlenreihe des Mathematikers Leonardo Fibonacci (Pisa, 1180-1250) bzw. seinem Werk *"Liber abati"*. Diese zahlenmystische und für den Laien nicht leicht interpretier- und nachvollziehbare Theorie fand u.a. aufgrund von zwei Sachbüchern von R.C. Beckmann und dem Werk *"Elliott Wave Principle - Key to Stock Market Profits"* (1978) in den 70er Jahren vermehrt Beachtung.

Aehnlich wie bei der Dow-Theorie bewegen sich nach Elliott die Aktienmärkte in unterschiedlich grossen, aber gleichgerichteten Wellenbewegungen. Ein kompleter Börsenzyklus, der unterschiedlich lang ausfallen kann, besteht aus zwei Zykluswellen und einer bestimmten Anzahl Primär-, Sekundär- und Tertiärwellen.

	Hausse-Zyklus	Baisse-Zyklus
Anzahl Primärwellen	5	3
Anzahl Sekundärwellen	21	13
Anzahl Tertiärwellen	89	55

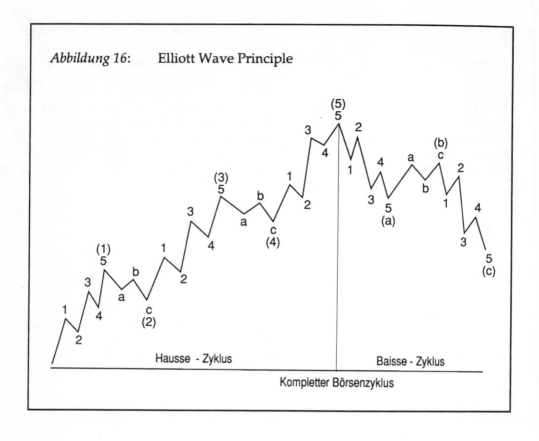

Abbildung 16:   Elliott Wave Principle

3.4.1.3   Theorie von Akkumulation und Distribution

Bei dieser Theorie dient die Anlegerstruktur als Orientierungsmassstab. Während der Akkumulationsphase (1) gehen die Aktien von "schwachen" in "starke" Hände über. Letztere sind in der Regel potente, institutionelle Anleger, welche die Titel von vermehrt tradingorientierten Investoren während der Bodenbildungsphase eines Börsenzyklus abkaufen und die Papiere auf längere Sicht horten. Am Ende einer Baissephase befinden sich die ausstehenden Titel in den Händen von relativ wenigen, finanzstarken Aktionären. Wenn das Anlageinteresse in der Folge (z.B. aufgrund besserer Konjunkturaussichten, sinkender Zinssätze usw.) wieder zunimmt, entsteht eine Materialverknappung, und die Kurse beginnen zu steigen (2). Vorübergehende Kurskorrekturen werden von den "starken Händen" zu einem weiteren Aufbau der Bestände genutzt (Reakkumulationsphase [3]), was dem Markt neue Auftriebsimpulse verleiht. Gegen Ende des Aufwärtszyklus (Topphase) geben die "Starken" wieder vermehrt Material ab und leiten damit die Distributionsphase (4) ein. In dieser treten die "Schwachen", eher kurzfristig orientierten Anleger als Käufer auf; sie werden von der Titelflut jedoch bald überrollt, so dass die Kurse weiter sinken (5). Temporäre Kurserholungen werden von den "starken Händen" zum weiteren Titelabbau ausgenützt (Redistributionsphase [6]), und der Baisse-Trend setzt sich weiter fort. Wenn der Markt allmählich wieder festen Boden findet (Bottom, Base Building Phase), beginnt der nächste Zyklus.

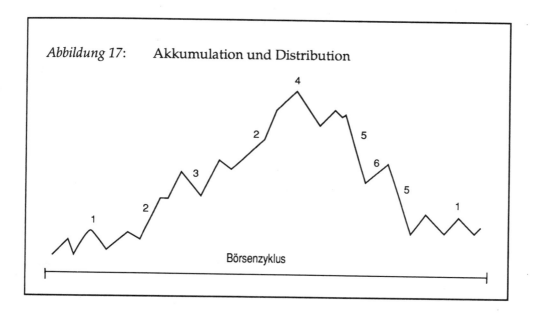

Abbildung 17:   Akkumulation und Distribution

Je länger die Bottom-Bildung ausfällt, desto grösser ist die Wahrscheinlichkeit, dass sich ein kräftiger und langanhaltender Aufwärtstrend etablieren wird. Je ausgeprägter die Distributionsphase ausfällt, um so heftiger ist die nachfolgende Abwärtsbewegung.

Anmerkung: Ob ein Markt von überwiegend "schwachen oder starken Händen" beherrscht wird, können in der Regel die Börsenhändler der führenden Banken am besten beurteilen. Entsprechende Kontakte können sich für den Anleger einmal mehr als wertvoll erweisen.

3.4.1.4   Gleitende Durchschnitte

Die Methode der Gleitenden Durchschnitte (Moving Averages) findet in professionellen Kreisen grosse Beachtung; sie kann sowohl für die Trendanalyse des Gesamtmarktes als auch zur Beurteilung einzelner Aktien angewendet werden.

61

Gleitende Durchschnitte sind Mittelwerte von Index- oder Kursnotierungen, die ständig fortgeschrieben werden; dabei werden die zeitlich am weitesten zurückliegenden Daten weggelassen und dafür die neuesten hinzugefügt. Ueblicherweise berechnet man 38-Tage-, 100-Tage- und 200-Tage-Durchschnitte, wobei mit "Tage" Börsenhandelstage gemeint sind. Je mehr Tage erfasst werden, desto stärker werden kurzfristige Preisverzerrungen geglättet. Während die kurzfristigen Gleitenden Durchschnitte vor allem für Tradingoperationen eingesetzt werden, dienen die 200-Tage-Durchschnittslinien vor allem zur Bestimmung von Sekundärtrends.

Zur Erstellung von Prognosen muss der Verlauf der Gleitenden Durchschnittslinie mit der entsprechenden Kurve des Indexes (bzw. der Aktie) verglichen werden. In der Regel verlaufen die Gleitenden Durchschnittslinien bei progressiv steigendem Index unterhalb, bei sinkender Tendenz oberhalb der Indexkurve. Wenn sich die Aufwärtsbewegung des Index in eine Abwärtsbewegung wandelt, schneidet die Indexkurve die Gleitende Durchschnittslinie von oben nach unten, im umgekehrten Fall von unten nach oben.

Kaufsignale

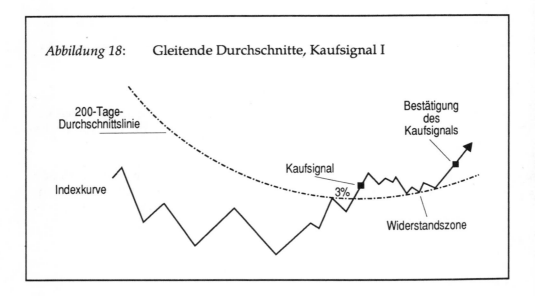

Abbildung 18:   Gleitende Durchschnitte, Kaufsignal I

200-Tage-Durchschnittslinie

Bestätigung des Kaufsignals

Kaufsignal

Indexkurve

3%

Widerstandszone

Ein Kaufsignal entsteht, wenn eine weitgehend **waagrecht** verlaufende Durchschnittslinie von der Indexkurve von unten nach oben um mindestens 3%

durchstossen wurde. Die 3%-Regel bezweckt die Reduzierung von Fehlsigna-
len. Bei ausgesprochen volatilen Märkten (Aktien) sollten 5% als Schwellenwert
genommen werden. In der Praxis kommt es oft vor, dass die Indexkurve nach
einem Kaufsignal wieder auf die Gleitende Durchschnittslinie zurückfällt und
diese somit "testet" (siehe Abb. 18). Falls sich die Indexkurve oberhalb der
200-Tage-Linie behaupten kann bzw. nie mehr als 2 bis 3% darunter fällt, und in
der Folge mehr als 3% über die Gleitende Durchschnittslinie ansteigt, wird das
Kaufsignal bestätigt.

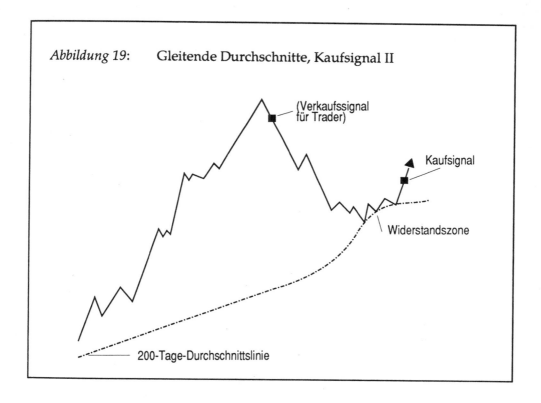

Abbildung 19:   Gleitende Durchschnitte, Kaufsignal II

(Verkaufssignal für Trader)

Kaufsignal

Widerstandszone

200-Tage-Durchschnittslinie

Entwickelt sich eine historisch gesehen extrem grosse Divergenz zwischen
Indexkurve und Gleitendem Durchschnitt (siehe Abb. 19), ist mit einer baldigen
technischen Reaktion in Richtung 200-Tage-Linie zu rechnen. Der kurzfristig
orientierte Spekulant wird diese Situation eventuell für ein Trading auszunützen versuchen, obschon sich der Markt in einer Aufwärtsbewegung befindet.
Wenn sich die Indexkurve der Gleitenden Durchschnittslinie nähert, diese aber
nicht schneidet und darnach wieder stärker ansteigt (mindestens 3% über die
200-Tage-Linie), ergibt sich ein Kaufsignal. Gleichzeitig kann der oben skizzierte Kurvenverlauf als Trendbestätigung gewertet werden.

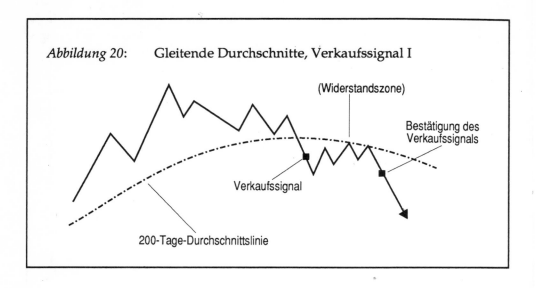

Abbildung 20: Gleitende Durchschnitte, Verkaufssignal I

Wie Abbildung 20 zeigt, entsteht dann ein Verkaufssignal, wenn eine sich ver-flachende 200-Tage-Durchschnittslinie von der Indexkurve von oben nach unten um mindestens 3% durchbrochen wird. In der Folge kommt es nicht sel-ten zu einer "Pull-Back-Reaktion", das heisst, die Indexkurve nähert sich wieder dem Gleitenden Durchschnitt (ohne letztere jedoch nachhaltig zu durchstossen) und fällt dann wieder zurück. Diese Bewegung ist als Bestätigung des Ver-kaufssignals zu interpretieren.

Nähert sich die Indexkurve der über ihr liegenden 200-Tage-Durchschnittslinie und vermag diese mehrmals nicht zu schneiden (bzw. um über 3% zu durchbrechen), ergibt sich spätestens dann ein Verkaufssignal, wenn der Abstand zwischen den beiden Linien sich auf über 3% ausweitet. Die-ser (in Abb. 21 aufgezeigte) Fall zeigt gleichzeitig eine Bestätigung für den "Down-Trend". Stellt sich nach dem Verkaufssignal eine "Blow-off-Kursbewegung" ein, in welcher der Abstand zwischen der Index- und einer sich abflachenden Gleitenden Durchschnittslinie aussergewöhnlich gross wird, kann mit einer Gegenreaktion gerechnet werden; spekulativ orientierte Trader kön-nen diese zu nutzen versuchen, sofern sich das Börsenumfeld nicht wesentlich verschlechtert hat.

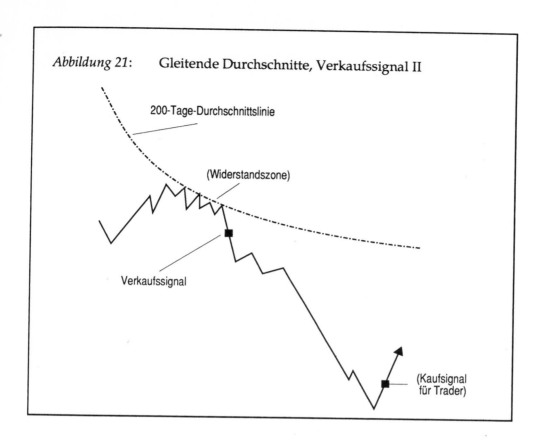

Abbildung 21:   Gleitende Durchschnitte, Verkaufssignal II

200-Tage-Durchschnittslinie

(Widerstandszone)

Verkaufssignal

(Kaufsignal für Trader)

<u>*Verfrühte Transaktionssignale*</u>

Da der erste Durchbruch der Indexkurve durch eine deutlich fallende 200-Tage-Durchschnittslinie erfolgt, ergibt sich kein eigentliches Kaufsignal. Ein solches entsteht im skizzierten Beispiel (Abb. 22) erst später, wenn die Gleitende Durchschnittslinie praktisch waagrecht verläuft.

Ebenso ergibt ein Absinken der Indexkurve unter eine ansteigende 200-Tage-Durchschnittslinie noch kein eigentliches Verkaufssignal. Ein echtes Verkaufssignal bildet sich erst beim Durchstossen der sich abflachenden Gleitenden Durchschnittslinie.

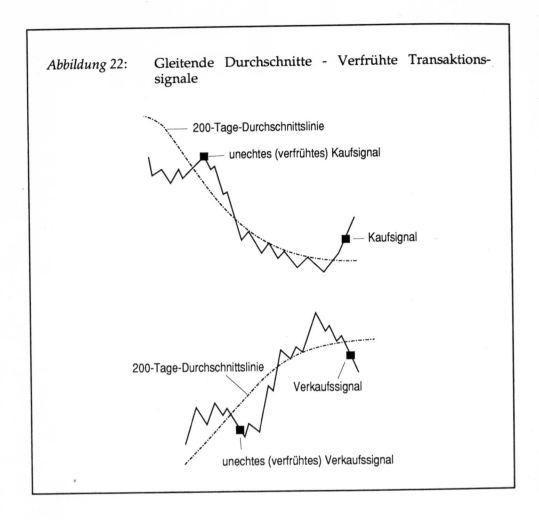

Abbildung 22: Gleitende Durchschnitte - Verfrühte Transaktionssignale

200-Tage-Durchschnittslinie

unechtes (verfrühtes) Kaufsignal

Kaufsignal

200-Tage-Durchschnittslinie

Verkaufssignal

unechtes (verfrühtes) Verkaufssignal

3.4.1.5 Trendlinien

Sie können zur Bestimmung von Trends und Trendwenden des Gesamtmarktes
oder einzelner Titel verwendet werden. Man unterscheidet zwischen Aufwärts-
trendlinien (Uptrendlines) und Abwärtstrendlinien (Downtrendlines), wobei
diese gerade oder gebogen sein können. Bei der Interpretation von Trendlinien
müssen zusätzlich die Umsatzvolumina beachtet werden. Je länger die Trendlinien Bestand haben und je öfter sie (durch den Kursverlauf) erfolgreich getestet
wurden, desto aussagekräftiger sind sie.

Sie wird **unter** der Index- bzw. Kurskurve eingezeichnet, wobei man die ersten zwei Tiefstpunkte (1+2) miteinander verbindet. Liegen die nachfolgenden Tiefststände (3+4) auf oder über der verlängerten Verbindungslinie, bestätigt dies den Aufwärtstrend. Eine Tendenzwende erfolgt, wenn die Index- resp. Aktienkurve bei steigenden Umsätzen um mehr als 3 bis 5% unter die Trendlinie fällt; damit entsteht gleichzeitig ein Verkaufssignal.

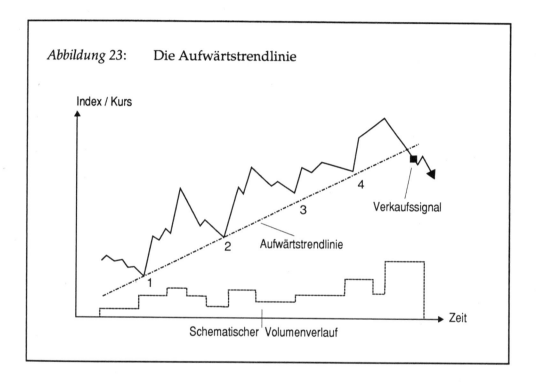

Abbildung 23:   Die Aufwärtstrendlinie

Index / Kurs

Verkaufssignal

Aufwärtstrendlinie

Zeit

Schematischer Volumenverlauf

Die Abwärtstrendlinie

Die Abwärtstrendlinie wird **oberhalb** der Index- resp. Kurskurve eingezeichnet. Sie wird vom Höchststand (1) zum darauffolgenden, tieferliegenden Hoch (2) gezogen. Liegen die nachfolgenden, in einer temporären Erholungsphase entstandenen Maxima (3,4) unterhalb der Trendlinie, wird die Abwärtsbewegung dadurch bestätigt. Eine Trendwende stellt sich dann ein, wenn die Index- bzw. Kurskurve die Abwärtslinie von unten nach oben um mehr als 3 bis 5% durchbrochen hat. Steigen bei diesem Vorgang die Umsätze deutlich an, erhöht sich die Wahrscheinlichkeit, dass eine effektive Trendwende vorliegt.

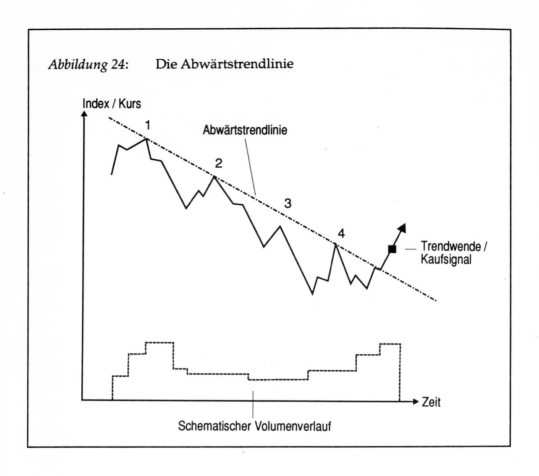

Abbildung 24:   Die Abwärtstrendlinie

Index / Kurs

Abwärtstrendlinie

Trendwende /
Kaufsignal

Zeit

Schematischer Volumenverlauf

Die gebogene Trendlinie

In einer Chart können oft auch gebogene, auf- oder abwärtsgerichtete Trendlinien eingetragen werden. Sie bringen eine Verstärkung resp. eine Abschwächung des zugrunde liegenden Trends zum Ausdruck. Gebogene Trendlinien werden nach dem gleichen Prinzip wie gerade eingezeichnet und interpretiert. Wie im nachfolgenden Beispiel aufgezeigt wird, kann auch eine gerade Trendlinie durch eine gebogene abgelöst werden. Die tieferliegenden "Erholungstops" (a-e) werden jeweils miteinander in Kurvenform verbunden. Ein Kaufsignal entsteht erst, wenn die Index- bzw. Kurskurve die gebogene Trendlinie durchbrochen hat und in der Folge bei anziehendem Umsatzvolumen um 3 bis 5% angestiegen ist. Wird die verlängerte gerade Trendlinie ebenfalls um mindestens 3% übertroffen, kann mit einem länger anhaltenden Aufwärtstrend gerechnet werden; der Trend wird bestätigt.

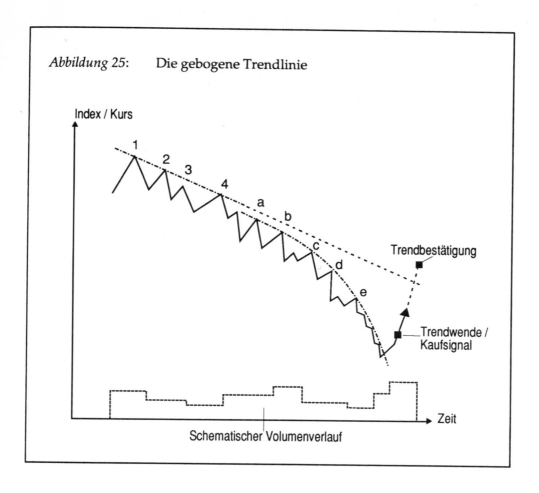

Abbildung 25:   Die gebogene Trendlinie

Index / Kurs

1
2
3
4
a
b
c
d
e

Trendbestätigung

Trendwende /
Kaufsignal

Zeit

Schematischer Volumenverlauf

3.4.1.6   Unterstützungs- und Widerstandslinien

Eine **Unterstützungslinie** (Supportline) bildet sich, wenn ein Index bzw. Kurs nach einer Abwärtsbewegung mehrmals auf ein bestimmtes Niveau absinkt, dieses aber nicht nach unten durchbricht. Eine **Widerstandslinie** (Resistance-line) ergibt sich, wenn ein Index- bzw. Kursanstieg an einem Index- oder Kurs-stand verschiedentlich gestoppt wird; es entsteht ein "Barriere". Je öfter diese getestet wird, ohne dass ein Durchbruch erfolgt, desto undurchlässiger wird sie. Das Zustandekommen von Unterstützungs- und Widerstandslinien hat an-fänglich meist fundamentale oder auch zufällige Gründe; in der Folge spielen aber in zunehmendem Masse psychologische Aspekte eine Rolle. Wird eine Unterstützungs- oder Widerstandslinie nachhaltig (d.h. um mehr als 3 bis 5% und bei anziehenden Umsätzen) durchstossen, ist mit einer Fortsetzung des Trends zu rechnen.

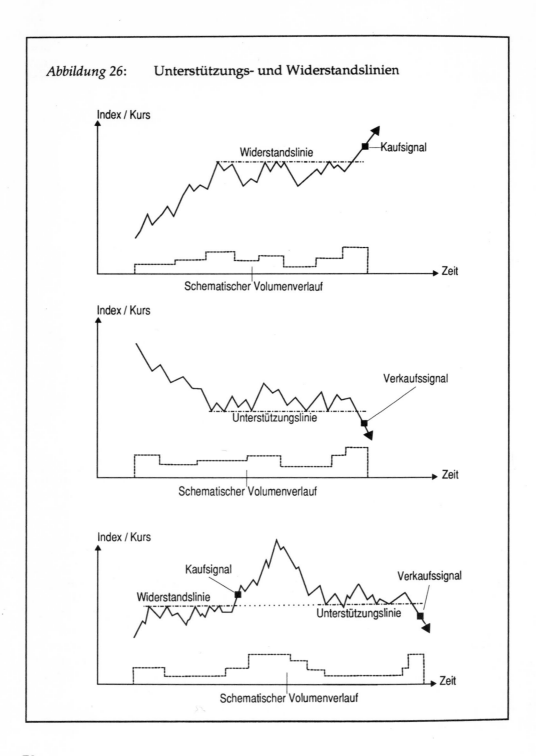

Abbildung 26:   Unterstützungs- und Widerstandslinien

Unterstützungs- und Widerstandslinien, die sich über einen längeren Zeitraum etabliert haben, können ihre Eigenschaft im Verlaufe eines Börsenzyklus ändern; **aus einer Unterstützungs- kann eine Widerstandslinie werden, und umgekehrt.**

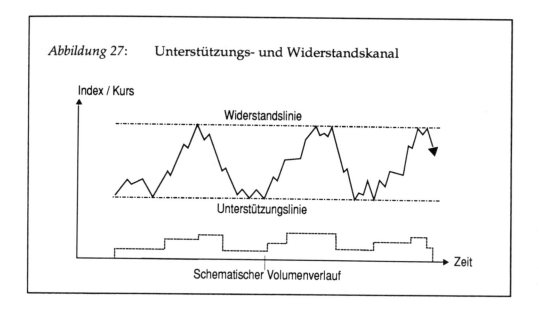

Abbildung 27:   Unterstützungs- und Widerstandskanal

In Phasen längerer Konsolidierungs- oder Seitwärtsbewegungen können sich gleichzeitig Unterstützungs- und Widerstandslinien bilden, die dann einen **Kanal** darstellen. Bei dieser Konstellation pendelt die Index- resp. Kurskurve zwischen den beiden Linien hin und her. Da sich die Zickzack-Bewegung möglicherweise fortsetzt, sollten unmittelbar unter einer Widerstandslinie Käufe zurückgestellt werden; knapp oberhalb einer Unterstützungslinie empfiehlt es sich mit Verkäufen zuzuwarten. Der Trader wird, sobald er einen solchen Kanal beobachtet hat, die Schwankungen auszunützen versuchen, sofern der Abstand zwischen der Widerstands- und Unterstützungslinie genügend gross ist (mindestens 10%). Ausbrüche aus dem Kanal können (unter Beachtung der 3-bis-5%-Regel) zu einem Kauf- oder Verkaufssignal führen, vor allem wenn sie mit steigenden Umsätzen verbunden sind.

3.4.2 Markttechnische Indikatoren

Während bei den bisher besprochenen technischen Analyse-Verfahren hauptsächlich das Erkennen von mittel- und längerfristigen Trends und Trendwenden des Gesamtmarktes im Vordergrund standen, dienen die nachfolgend beschriebenen markttechnischen Indikatoren als ergänzende Hilfen zur Bestimmung des optimalen Zeitpunktes (Timing) einer Börsentransaktion. Kürzerfristig orientierte Investoren schenken diesen Indikatoren besondere Beachtung; dies trifft vor allem für sogenannte "contrarians" (Spekulanten, die vorwiegend gegen die vorherrschenden Trends handeln) zu. Obwohl die meisten dieser markttechnischen Indikatoren bisher nur für die US-Aktienmärkte erstellt werden, möchten wir sie hier trotzdem behandeln.

3.4.2.1 Advance/Decline-Linie und -Ratio

Advance/Decline-Linie

Im Gegensatz zu den bisher besprochenen Gesamtmarkt-Analysemethoden basiert das Advance/Decline(A/D)-Verfahren nicht auf einen Index, der das durchschnittliche, gewichtete Kursniveau eines Marktes widerspiegelt; vielmehr bildet bei der A/D-Linie die kumulierte Differenz zwischen der Anzahl Aktien, die an einem Börsentag im Kurs gestiegen oder gesunken sind, die Berechnungsgrundlage. Wenn am Tag X beispielsweise 240 Titel gegenüber dem Vortag höhere und 130 Werte tiefere Schlusskurse aufweisen, ergibt sich ein Anfangsindexstand von 110. Ueberwiegen am darauffolgenden Börsentag die Kursgewinner die Verlierer um 50 Einheiten, so steigt die A/D-Linie auf 160 Punkte an.

$$\textit{Berechnungsformel:} \quad A/D_t = A/D_{t-1} + (Z_{t,h} - Z_{t,t})$$

t = *laufender Zähler der Börsentage*
$Z_{t,h}$ = *Anzahl höhere Aktienkurse*
$Z_{t,t}$ = *Anzahl tiefere Aktienkurse*

Die A/D-Linie, bei der weder die absolute Höhe der Aktienkursveränderungen noch die Börsenkapitalisierung der einzelnen Gesellschaften eine Rolle spielt, zeigt oft ein anderes Bild der Marktverfassung als die üblichen Gesamtmarkt- oder Branchenindizes. Bei den letzteren können einzelne, stark gewichtete Werte den Index übermässig beeinflussen; dies ist z.B. bei verschiedenen holländischen Gesamtmarktindizes der Fall, die von den hochkapitalisierten Royal-Dutch-Werten dominiert werden. Wichtig ist die Tatsache, dass die Aktienkurse von kleineren und mittelgrossen Gesellschaften oft eine überdurchschnittlich hohe Kursreagibilität aufweisen und die A/D-Kurve deshalb Trendwenden manchmal früher als die kursniveaubezogenen, gewichteten Indizes anzeigt. Die Interpretation der A/D-Linie bedarf eines Vergleichs mit der Entwicklung eines traditionellen Gesamtmarkt- oder Branchenindexes. Verlaufen beide Kurven in die gleiche Richtung, gilt der bisherige Trend als bestätigt. Bewegen sie sich gegenläufig, kann das ein Anzeichen für eine baldige Trendänderung sein; dann übernimmt die A/D-Linie eine "leading indicator"-Funktion. Das heisst, wenn beispielsweise die A/D-Linie zu steigen beginnt, der traditionelle Gesamtmarktindex hingegen noch sinkt, ist eine baldige Verbesserung der Marktstimmung wahrscheinlicher geworden. Eine vergleichende Studie des Kurvenverlaufs der A/D-Linie und der Kurve eines Gesamtmarktindexes sollte jedoch nicht als alleinige Grundlage für einen Anlageentscheid dienen, da Fehlinterpretationen und falsche Signale nicht auszuschliessen sind.

Advance/Decline-Ratio

Die A/D-Ratio bezeichnet das Verhältnis zwischen den höher gehandelten und den tiefer bewerteten Aktien und wird in der Regel in Prozenten ausgedrückt. Aufgrund historischer Erfahrungswerte können je nach Entwicklung dieser Verhältniszahl Trendprognosen erstellt werden. Liegt die A/D-Ratio in einem hohen Bereich, spricht man von einem "überkauften" Markt, während bei einem tiefen A/D-Ratio-Stand von einer "überverkauften" Marktverfassung die Rede ist. In der Praxis wird die A/D-Ratio meist als 25-Tage-Durchschnitt, d.h. in Form einer geglätteten Kurve, aufgezeigt.

Bei der Analyse der A/D-Ratio wird oft das Volumenverhältnis (Volume Breadth) als Zusatzindikator mitberücksichtigt. Das Volumenverhältnis errechnet sich, indem man die Umsätze der höher gehandelten Aktien dem gesamten Umsatzvolumen eines Marktes gegenüberstellt. Wenn sowohl die A/D-Ratio als auch das Volumenverhältnis parallel verlaufen, dürfte sich der bestehende Trend fortsetzen. Ein Auseinanderdriften der beiden Barometer deutet auf eine mögliche baldige Trendänderung hin.

3.4.2.2 Odd-Lot-Statistiken

In den USA werden Kauf- und Verkaufsaufträge, die weniger als 100 Aktien umfassen, als Odd-Lot-Transaktionen bezeichnet. Diese werden über spezielle Odd-Lot-Broker abgewickelt, da die anderen Broker nur "Round Lots" (100 Aktien oder ein Vielfaches davon) handeln. Odd-Lot-Geschäfte werden grösstenteils von Kleinanlegern getätigt; diese Transaktionen werden an der New York Stock Exchange (NYSE) nach Käufen, Verkäufen und Leerverkäufen unterteilt und statistisch erfasst.

Die Odd-Lot-Börsentheorien basieren auf der Annahme, dass der "kleine Anleger" Börsentrends und Trendwenden viel zu spät erkennt und deshalb jeweils erst am Ende einer Kursbewegung auf den "Zug aufspringt". Je höher die Aktienkurse steigen, desto aggressiver ist sein Anlageverhalten, und je tiefer die Preise fallen, desto stärker tritt er als Verkäufer auf. Somit kauft er in der Regel zu hohen und verkauft zu tiefen Kursen, wodurch er längerfristig zum Verlierer an den Aktienmärkten wird. In Börsenkreisen gilt deshalb die Bezeichnung "Odd-Lotter" als Synonym für einen unfähigen, unprofessionellen Anleger.

Odd-Lot Index / Odd-Lot Trading Ratio / Odd-Lot Short Sales Ratio

Der Odd-Lot-Index wird berechnet, indem man die Anzahl der Odd-Lot-Käufe durch die Anzahl der Odd-Lot-Verkäufe dividiert. Ein steigender Odd-Lot-Index deutet somit auf eine zunehmend optimistischere Lagebeurteilung seitens der Kleinanleger hin; ein sinkender Index dagegen ist Ausdruck einer pessimistischen Einschätzung des zukünftigen Börsentrends durch die Odd-Lotter. Die Odd-Lot Trading Ratio misst das Verhältnis zwischen den Umsätzen sämtlicher Odd-Lot-Transaktionen (Käufe, Verkäufe und Leerverkäufe) und dem gesamten Transaktionsvolumen an der NYSE. Bei einer hohen Verhältniszahl ist der Kleinanleger aktiv und zuversichtlich, während bei einer tiefen das Gegenteil der Fall ist. Die Odd-Lot Short Sales Ratio stellt den Quotienten aus Odd-Lot-Leerverkäufen und Odd-Lot-Verkäufen dar. Sie zeigt somit das Verhalten einer besonders spekulativ eingestellten Gruppe von Odd-Lotters auf.

Welche Schlüsse kann man aus den Odd-Lot-Statistiken ziehen? Sind sowohl der Odd-Lot-Index als auch die Odd-Lot Trading Ratio während eines Bull-Marktes auf ein überdurchschnittlich hohes Niveau angestiegen, wird der erfahrene Anlageexperte zunehmend vorsichtiger handeln, da das Engagement der Odd-Lotter am Ende einer Haussephase bekanntlich am grössten ist. Ein unterdurchschnittlich tiefer Odd-Lot-Index und eine rückläufige Odd-Lot Trading Ratio sollte hingegen eher zu Käufen ermutigen; dies gilt insbesondere in einem seit längerer Zeit andauernden Bear-Markt (abwärtsgerichteter Haupttrend), wenn die Odd-Lot Sales Ratio zusätzlich deutlich anzusteigen beginnt.

3.4.2.3   *Sentiment Index of Leading Investment Services*

Dieser Börsenklima-Indikator vermittelt ein Bild über die Beurteilung der zukünftigen Börsenaussichten durch die wichtigsten amerikanischen Börseninformationsdienste und Anlageberatungsfirmen. Auf wöchentlicher Basis wird die Anzahl von Börsenberatern ermittelt, welche die Chancen am Aktienmarkt optimistisch, neutral und pessimistisch beurteilen.

Für den Markttechniker gelten bei der Anwendung dieses Indikators folgende Basisregeln:

a. Bei einer prozentual überdurchschnittlich hohen Zahl von optimistisch gestimmten Börsenberatungsgesellschaften dürfte der Aktienmarkt bald nach unten tendieren.
b. Ueberwiegen die pessimistischen Stimmen deutlich, steigt die Wahrscheinlichkeit, dass sich der Markt nächstens nach oben bewegt.

Je einseitiger die Meinungsverteilung ausfällt und je länger dieses Ungleichgewicht anhält, desto aussagekräftiger ist dieses Börsenbarometer.

3.4.2.4   Put/Call Ratio

Die Put/Call Ratio ist ein quantitativer Optionsindikator, bei dem das täglich gehandelte Volumen der Put-Optionen (Verkaufsoptionen) mit den Umsätzen der Call-Optionen (Kaufoptionen) verglichen wird. In der Praxis werden die entsprechenden Verhältniszahlen in Form von Gleitenden Durchschnitten (meist 10-Tage-Durchschnitte) dargestellt, wodurch kurzfristige Schwankungen geglättet werden. Aufgrund von Erfahrungswerten gilt in den USA die Regel, wonach eine Put/Call Ratio von unter 35% auf einen baldigen Rückschlag am Aktienmarkt hindeutet, da der Optimismus unter den Börsianern zu gross ist. Bei einem hohen Anteil von Verkaufsoptionen (über 70%) ist der Markt hingegen überverkauft (oversold), und die allgemeine Börsenstimmung ist entsprechend gedrückt; für den "contrarian" bieten sich in solchen Börsenphasen oft günstige Kaufgelegenheiten.

3.4.2.5   High-Low Index

Beim High-Low Index wird verglichen, wie viele Aktien täglich einen neuen Jahreshöchstkurs und einen neuen Tiefststand erreichen. In Haussephasen nimmt die Zahl der "new highs" zu, während in Baissephasen die Anzahl Titel, die auf neuen Tiefstständen notieren ("new lows"), deutlich ansteigt. Dabei ist zu berücksichtigen, dass jeweils am Anfang einer Messperiode (meistens ab März) der Index noch relativ wenig aussagekräftig ist. Für den Markttechniker stellt ein aussergewöhnlich hohes Vorkommen von neuen Jahreshöchstkursen ein Warnsignal dar, während er eine Anhäufung von "new lows" als ein Zeichen für einen überverkauften Markt deutet. Vielfach wird der High-Low Index auch im Vergleich zu einem Gesamtmarktindex analysiert. Werden die einzelnen Zwischenhochs des Gesamtmarktes nicht von einer entsprechenden Zunahme von "new highs" begleitet, ist dies als eine Verschlechterung der technischen Marktverfassung zu interpretieren.

3.4.2.6 Last-Hour Indicator

An zahlreichen internationalen Aktienmärkten wird ein Gesamtmarkt-Index im Verlaufe eines Handelstages mehrmals (bzw. laufend) berechnet. Anhand der Indextendenz während einer Börsensitzung kann man bereits Prognosen bezüglich der Eröffnungsphase des nachfolgenden Börsentages erstellen; dabei ist vor allem der Markttrend während der letzten Börsenstunde von besonderer Bedeutung. Falls keine anderen wichtige Einflussfaktoren zwischen den beiden Börsensitzungen auftauchen, können anhand des "last-hour indicator" folgende Vorhersagen gemacht werden:

a. Schwächt sich der Index in der letzten Stunde deutlich ab, ist am nächsten Handelstag mit tieferen Eröffnungskursen zu rechnen. Falls zudem das Umsatzvolumen heftig anschwillt, ist für den nächsten Börsentag generell mit einer eher schwächeren Marktverfassung zu rechnen.

b. Ein steigender Index während der letzten 60 Börsenminuten eines Tages deutet dagegen auf höhere Eröffnungskurse am nächsten Tag hin, wobei auch in diesem Fall ein anziehendes Umsatzvolumen die (positiven) Erwartungen untermauern.

Der Last-Hour Indicator findet vor allem im Berufshandel und bei kurzfristig orientierten Tradern grosse Beachtung. Er liefert eine Timinghilfe für das Plazieren der Aufträge während einer Börsensitzung und erleichtert das Setzen von realistischen Kurslimiten bei Orders, die vor der Börseneröffnung aufgegeben werden.

3.4.2.7 Weitere Indikatoren - Schlussbemerkung

In den USA stehen dem Anleger noch zahlreiche weitere technische Indikatoren zur Verfügung; zu den wichtigsten zählen:

— Momentum Index
— Upside-Downside Volume
— Short Term Trading Index
— Short Interest Ratio

- Coppock-Indicator
- Barron's Confidence Index
- Short Range Oscillator
- Institutional Cash Positions
- NYSE Seat Price Index
- ASE/NYSE Volume Index

Abschliessend muss nochmals darauf hingewiesen werden, dass **Kauf- oder Verkaufsentscheide nicht aufgrund einzelner technischer Indikatoren gefällt werden sollten**, da zu häufig Fehlsignale auftreten. Sie sollten in erster Linie als zusätzliche Timinghilfe dienen. Bevor Börsentransaktionen getätigt werden, müssen zuerst die fundamentalen Faktoren und die technischen Trends abgeklärt werden. In der Folge sollte für die einzelnen Titel eine Formationsanalyse vorgenommen werden. Diese wird im Kapitel 5.2 *"Technische Aktienanalyse"* eingehend behandelt. Erst als abschliessender Schritt sollten die technischen Indikatoren genauer untersucht werden.

3.5 Finanzmarkt- und Portfolio-Theorien

Im Verlaufe der letzten 25 Jahre haben sich neben Wirtschaftswissenschaftern zunehmend auch Akademiker anderer Fachrichtungen (z.B. Mathematiker, Statistiker und Informatiker) dem Gebiet des Portfolio-Managements zugewandt und aus der Kunst bzw. dem Handwerk des Geldanlegens eine Wissenschaft gemacht. Dieses vermehrte wissenschaftliche Interesse erklärt sich u.a. aus folgenden Gründen:

- Die anlagesuchenden Gelder haben in den letzten Jahrzehnten weltweit enorm zugenommen und werden in steigendem Masse von Institutionen verwaltet.
- Der Wettbewerbs- und Performancedruck im lukrativen Wertpapiergeschäft ist stark gestiegen.
- Die Anlagestrategien haben immer mehr eine globale Ausrichtung. Dadurch hat sich auch der Aufgabenschwerpunkt der Finanzanalyse in Richtung globaler Strategien verschoben.

Diese Umstände zwingen auch den erfahrenen "Senior-Portfolio-Manager" der alten Schule, sich mit den neuen Denkmodellen zu befassen und sich das notwendige theoretische Rüstzeug anzueignen, um die modernen Hilfsmittel optimal nützen zu können. Zwar geben auch die neuen Theorien und Modelle keine Erfolgsgarantie, zumindest jedoch zusätzliche Denkanstösse. Ohne Intuition, umfassendes Sachwissen, Erfahrung und zuverlässige Informationen wird auch in Zukunft keine gute Anlageperformance zu erreichen sein.

Ausgangspunkt der neuen Finanzmarkt- und Portfolio-Theorien ist die Erfahrung, dass zwischen dem Risiko einer Anlage und dem Ertrag (Rendite) ein kausaler Zusammenhang besteht. Ein höheres Risiko muss längerfristig mit einem höheren Ertrag belohnt werden. Empirische Untersuchungen über längere Zeiträume haben diese These untermauert. Die Kernelemente der modernen Portfolio-Theorie (MPT) bestehen in der Normierung des Risikos, der Reduktion des Risikos durch Depotdiversifikation sowie in der Hypothese der Markteffizienz und der Theorie der Optionenbewertung. Zu den Begründern der modernen Portfolio-Theorie zählen vor allem J. Tobin mit seiner 1958 veröffentlichten Arbeit *"Liquidity Preference as a Behavior towards Risk"*, H. Markowitz mit seinem 1959 erschienenen Buch *"Portfolio Selection"*, die Begründer des *"Capital-Asset-Pricing Modell"* (CAPM), W.F. Sharpe und J. Lintner, S. Ross, der 1976 die *"Arbitrage Pricing Theory"* (APT) publik machte, sowie F. Black und Scholes mit ihrer Optionsbewertungstheorie.

Die Forschungsarbeiten und die Anwendung der Theorien beschränkten sich in den 60er und 70er Jahren fast ausschliesslich auf die USA; seit Beginn der 80er Jahre und unter dem Einfluss der zunehmenden Globalisierung der Vermögensanlagen haben gewisse Elemente der modernen Portfolio-Theorie auch in Europa einen festen Platz im Bereich des "Asset Management" eingenommen. Seit dem Börsencrash 1987 und aufgrund der Tatsache, dass sich einzelne Theorien insbesondere kurz- und mittelfristig nicht mit der praktischen Erfahrung decken (und zur Messung des Risikos instabile Vergangenheitswerte herangezogen werden müssen), hat die moderne Portfolio-Theorie zumindest in Teilbereichen an Einfluss eingebüsst. Mit neuen und noch komplizierteren Modellen und Theorien wird man voraussichtlich in Zukunft die Schwachstellen der bisherigen Arbeiten auf diesem Gebiet (wohl vergeblich) zu eliminieren versuchen.

Da eine ausführliche Beschreibung der einzelnen Methoden im Rahmen dieses Buches nicht möglich ist, beschränke ich mich auf einen Kurzbeschrieb wichtiger Elemente der MPT; zusätzliche Angaben zu diesem Thema finden sich in den Kapiteln 4.6.10 und 5.3. Einen umfassenden und zugleich amüsanten Ueberblick zu diesem Thema vermittelt die Lektüre des 1985 erschienenen Buches von Burdon G. Malkiel *"A Random Walk Down Wall Street"*.

3.5.1 Rendite/Risiko-Beziehung

Grundsätzlich gilt die Regel, dass die Marktpreise von Wertpapieren die Erwartungen hinsichtlich der Höhe der zukünftigen Erträge und des damit verbundene Risiko widerspiegeln. Das Risiko kann als Mass der Unsicherheit bezeichnet werden, dem die Zielsetzung (erwarteter Ertrag) unterliegt. Ein Anleger ist nur dann bereit ein höheres Risiko einzugehen, wenn er eine entsprechend höhere Rendite erwarten darf. Historisch betrachtet wurde eine erhöhte Risikobereitschaft meistens in Form einer höheren Risikoprämie belohnt. Dies trifft jedoch nur auf gut diversifizierte Portfolios und über eine lange Betrachtungsperiode zu. Bei Einzelanlagen waren unausgewogene Beziehungen zwischen den Elementen Kurs/Risiko/Ertrag häufig anzutreffen; das gleiche gilt auch für Depots, wenn die Kontrollzeiträume bzw. die Anlagedauer zu kurz bemessen waren. Zahlreiche empirische Untersuchungen an verschiedenen internationalen Anlagemärkten haben den Zusammenhang zwischen Risiko (gemessen an der Standardabweichung der Rendite) und (erwartetem) Ertrag überprüft und sind zu ähnlichen Ergebnissen gekommen wie die breitangelegte Studie von Ibbotson, Sinquefield (1979). Diese vermittelt aufschlussreiche Erkenntnisse über die US-Wertpapiermärkte in der Zeitperiode 1925 bis 1978:

Depot	Durchschnittsverzinsung	Durchschnittl. Standardabweichung
bestehend aus	(F)	(σ)
Aktien (500 Aktien; entspr. S&P Composite Index)	11.2%	22.2%
Industrieanleihen (mind. 10 Jahre Restlaufzeit)	4.1%	5.6%
Staatsanleihen (mind. 10 Jahre Restlaufzeit)	3.4%	5.7%
Treasury Bills (max. 90 Tage Restlaufzeit)	2.5%	2.2%

(Die Ausschüttungen wurden ohne Berücksichtigung von Steuern und Transaktionskosten reinvestiert. Die höhere Standardabweichung der Staatsobligationen im Vergleich zu Industrieobligationen ist wahrscheinlich konzeptionell bedingt und auf unterschiedliche Couponhöhe/Laufzeiten zurückzuführen.)

Anhand dieser Daten wird der Zusammenhang zwischen (erwarteter) Rendite und Risiko offensichtlich. Beim Aktiendepot war die Unsicherheit bzw. das Risiko im Hinblick auf die erwartete Rendite am grössten, beim Treasury-Bill-Portfolio am kleinsten; dementsprechend unterschiedlich fiel auch die effektive Durchschnittsverzinsung aus.

In derselben Studie wurde die Durchschnittsverzinsung noch in die Komponenten Kapitalerfolg sowie Ausschüttung bzw. Zins unterteilt:

Depot	Kapitalerfolg	Ausschüttung bzw. Zins
bestehend aus		
Aktien	6.2%	5.0%
Staatsanleihen	-0.5%	3.9%
Treasury Bills	0.0%	2.5%

Da die Kapitalgewinne in zahlreichen Ländern im Vergleich zu den Zins- und Dividendenerträgen steuerlich günstiger behandelt werden, erhöht sich die erzielte Risikoprämie weiter zugunsten des Aktiendepots.

Die bisherigen Ausführungen zu diesem Thema sollten jedoch nicht zur Annahme verleiten, dass Aktien permanent einen höheren "Total return" als festverzinsliche Anlagen erbringen. **Im Verlaufe eines Konjunkturzyklus stellen sich immer kürzere oder längere Phasen ein, in denen die durchschnittliche Rendite von Obligationen diejenige von Aktien übertrifft und negative Risikoprämien zu beobachten sind.**

3.5.2   Markowitz-Diversifikation

Ein wichtiger Bestandteil der "Modern Portfolio Theory" bildet das Ende der 50er Jahre von Markowitz vorgestellte Portfoliooptimierungsverfahren. Es verfolgt das Ziel, eine erwartete Depotrendite mit dem kleinstmöglichen Risiko zu erreichen; zu diesem Zweck muss die optimale Depotzusammensetzung bzw. Diversifikation gefunden werden. Das nachfolgende hypothetische Beispiel verdeutlicht den Sachverhalt. Angenommen, es gäbe nur zwei Kaffeeproduzenten auf der Welt: das Unternehmen A in Südamerika und die Gesellschaft B in Afrika. Die Kaffeenachfrage bleibt stabil. Je nach den Witterungsverhältnissen fallen in einem Jahr die Ernten bei der Firma A und im nächsten Jahr bei B äusserst gering aus. Reduziert sich das Kaffeeangebot durch den Ernteausfall beim Unternehmen A, so steigen die Kaffeepreise, und der Produzent B kann seine gesamte Ernte mit entsprechend hohem Gewinn verkaufen, während A Verluste erleidet; im nächsten Jahr ist die Situation umgekehrt. Die Ertragsentwicklung ist demnach gegenläufig:

	1.Jahr	2.Jahr	3.Jahr	4.Jahr	Ø=erwarteter Ertrag
Unternehmen A	+60%	-15%	+40%	-5%	20%
Unternehmen B	-20%	+55%	-0%	+45%	20%

Den Ertragsschwankungen entsprechend verläuft auch der Aktienkurs gegenläufig und sehr volatil. Da das Aktienkursrisiko bei beiden Unternehmen isoliert betrachtet sehr hoch ist, ist auch der erwartete Ertrag überdurchschnittlich hoch. Kauft der Anleger nun Aktien von beiden Gesellschaften, so bleibt der erwartete Ertrag bei (durchschnittlich) 20%, das Gesamtrisiko sinkt jedoch dadurch, dass die Aktienkurse der beiden Firmen konträr verlaufen und sich die Schwankungen gegenseitig teilweise ausgleichen; sie haben statistisch ausgedrückt eine **negative Kovarianz**.

In der Praxis ist eine derart perfekte Risikominderung selten möglich. Trotzdem sollte man bei der Portfoliozusammensetzung berücksichtigen, dass die Variabilität (Varianz) der Erträge von einzelnen Aktien zwar von Bedeutung ist, dass aber für die Beurteilung des Risikos eines Depots die Kovarianzeigenschaften der Anlagen noch entscheidender sind. Dabei muss man sich jedoch bewusst sein, dass die aus ex-post-Daten gewonnenen Parameter nur eine beschränkte Stabilität aufweisen. Besonders sinnvoll ist die Anwendung dieses Portfoliooptimierungsverfahrens bei international orientierten Depots (siehe auch Kap. 2.3 - *Korrelation zwischen internationalen Märkten*).

3.5.3 *Capital-Asset-Pricing-Modell (CAPM)*

Das CAPM dient der Bestimmung des Preises oder Risikos eines Wertpapiers; es enthält wichtige Grundgedanken der modernen Portfolio-Theorie. Die beiden Hauptinitianten dieses Modells, der Stanford-Professor William Sharpe und der verstorbene Harward-Professor John Lintner, untersuchten zuerst, welcher Anteil des Risikos einer Aktie durch Diversifikation eliminiert werden kann und welcher nicht. Sie unterschieden zwischen dem systematischen und dem unsystematischen Risiko, das als Summe das Gesamtrisiko eines Titels ausmacht. Das **unsystematische Risiko** ist jener Teil des Gesamtrisikos, der nur für ein spezifisches Wertpapier zutrifft und durch Diversifikation weitgehend ausgeschaltet werden kann (siehe Kap. 2.3, Abb. 4); es beinhaltet die Ertragsveränderungen eines Titels, welche unabhängig vom Gesamtmarkttrend erfolgen und durch komplementäre Abweichungen der Erträge anderer Aktien wieder aufgewogen werden. Das **systematische Risiko**, auch Marktrisiko genannt, ergibt sich aus der Tatsache, dass zwischen dem Ertrag einer Aktie und dem Ertrag des Gesamtmarktes in der Regel ein direkter Zusammenhang besteht; in der Regel verlaufen sie zwar nicht parallel, aber doch in der gleichen Trendrichtung. Es zeigt die Empfindlichkeit bzw. relative Volatilität einer Aktie gegenüber Schwankungen des Gesamtmarktes auf. Beim CAPM wird diese anhand des **Beta-Faktors** (siehe Kap. 6.5, *Berechnung des Beta-Faktors*, und Kap. 5.3, *Aktienselektion anhand des Beta-Faktors*) gemessen, der aufgrund des historischen Verhaltens berechnet wird. Beim CAPM bestimmt nicht das Gesamtrisiko, sondern nur das Marktrisiko bzw. das Beta den (erwarteten) Ertrag einer Aktie; je höher dieses ist, desto höher fällt der Ertrag aus. Weist das Depot einen Beta-Faktor von 0 auf (kleinstes Marktrisiko; z.B. Anlagen in kurzfristigen Geldmarktpapieren des US-Schatzamtes), so muss der Investor mit einer tiefen Ertragsrate rechnen; diese wird auch als **risikofreier Zinssatz** bezeichnet. Die Zusammenhänge im CAPM können durch folgende Formel verdeutlicht werden:

$$E_x = R + (E_m - R) \times \beta$$

Erwarteter Ertrag von Aktie X = risikoloser Zinssatz + Risikoprämie

Risikoprämie = *Risikopreis × Risikomenge*
Risikopreis = *Ertrag des Marktes (E_m) – risikoloser Zinssatz (R)*
Risikomenge = *Beta (β)*
E_x = *Erwarteter Ertrag (Kursgewinn + Dividende)in Prozent des Aktienkurses*

Zahlenbeispiel : $10.8 = 8 + (10 - 8) \times 1.4$

Wenn der risikolose Zinssatz 8%, der Marktertrag 10% und der Beta-Faktor der Aktie 1.4 beträgt, ergibt sich für die Aktie X ein Ertrag von 10.8%.

Die **Bewertung einer Aktie** über das CAPM kann durch die Verwendung einer Diskontierungs- oder einer Kapitalisierungsformel vorgenommen werden. Beide Bewertungsansätze basieren auf bestimmten Schätzungen bzw. Annahmen, von denen letztlich das Resultat (der aktuelle Soll-Aktienkurs) entscheidend beeinflusst wird. Bei der Diskontierungsmethode muss der zukünftige Aktienkurswert (z.B. in 3 Jahren) abgeschätzt und in der Folge auf den gegenwärtigen Zeitpunkt diskontiert werden. Die Bestimmung des zukünftigen Aktienkurses wird man in der Regel anhand des erwarteten Gewinnwachstums des Unternehmens und unter Berücksichtigung des sich wahrscheinlich verändernden Kurs/Gewinn-Verhältnisses vornehmen. Die Kapitalisierungsformel geht dagegen vom erwarteten Jahresertrag (Kursgewinn + Dividende usw.) aus und kapitalisiert diesen. Bei beiden Methoden wird der Zinssatz für risikolose Anlagen sowie die Risikoprämie berücksichtigt.

a) Diskontierungsformel

$$P_0 = \frac{P_z}{(1 + R + (E_m - R) \times \beta)^n}$$

P_0 = *aktueller Soll-Aktienkurs*

P_z = *zukünftiger, erwarteter Aktienkurs in n Jahren*

R = *Zinssatz für risikolose Anlagen*

E_m = *Ertrag des Gesamtmarktes*

β = *Beta–Faktor*

n = *Anzahl Jahre*

Angenommen, der Aktienkurs wird in 3 Jahren schätzungsweise US\$ 50.- betragen, der Marktertragssatz liegt bei 10%, der Zinssatz für risikolose Anlagen beträgt 8% und der Beta-Faktor der Aktie ist 1.4, so lässt sich ein aktueller Soll-Aktienkurs von US\$ 36.76 berechnen :

Zahlenbeispiel : $P_0 = \dfrac{50}{1 + 0.08 + (0.10 - 0.08) \times 1.4} = \dfrac{50}{(1.108)^3} = \dfrac{50}{1.360} = \mathbf{36.76}$

b) Kapitalisierungsformel

$$P_0 = \frac{E_x}{R + (E_m - R) \times \beta}$$

E_x = *betragsmässiger erwarteter Gesamtertrag der Aktie X*

Angenommen, der geschätzte Jahresertrag (erwartete Kursveränderung + erwartete Dividendenausschüttungen) der Aktie beträgt US\$ 3.97, der Marktertragssatz stellt sich auf 10%, der Zinssatz für risikolose Anlagen liegt bei 8% und der Beta-Faktor hat den Wert 1.4, so ergibt sich wiederum ein aktueller Soll-Aktienkurs von US\$ 36.76.

Zahlenbeispiel : $P_0 = \dfrac{3.97}{0.08 + (0.10 - 0.08) \times 1.4} = \dfrac{3.97}{0.108} = \mathbf{36.76}$

83

3.5.4   Arbitrage-Pricing Theory (APT)

Das Arbitrage/Preis-Modell wurde im Jahre 1976 vom Amerikaner Stephen Ross erstmals vorgestellt; es handelt sich um eine Weiterentwicklung und Ergänzung des CAPM. Zwecks besserer Verständlichkeit der komplexen Materie werden die nachfolgend erläuterten Zusammenhänge etwas vereinfacht dargestellt. Bei der APT ist der erwartete Ertrag einer Aktie von mehreren Einflussfaktoren wie Wirtschaftswachstum, Zinssatzentwicklung und Inflation abhängig. In einem ersten Schritt wird die (historische) Sensitivität des Aktienkurses auf die Veränderungen der einzelnen Risikoelemente untersucht. Anhand der errechneten Sensitivitäts-Faktoren der Aktien in bezug auf die einzelnen Einflusselemente sowie Prognosen über die Entwicklung der preisbeeinflussenden Faktoren wird ein Soll-Aktienkurs berechnet. Vergleicht man diesen mit der aktuellen Kursnotierung, so tritt eine Ueber- oder Unterbewertung zutage. Voraussetzung für eine erfolgreiche Anwendung des APT ist also, dass man die Veränderungstendenz eines oder mehrerer Einflussfaktoren richtig und frühzeitig abschätzen kann. Erwartet man beispielsweise sinkende Zinssätze (in der unten aufgeführten Aufstellung: Faktor 1) und ein neutrales Verhalten der übrigen Risikokomponenten, so kauft man Aktien, die überdurchschnittlich empfindlich auf Faktor 1 reagieren - und verkauft Aktien, die zinsunempfindlich sind und sich gegenüber den anderen Einflussfaktoren im Depotbezug neutral verhalten. Dadurch wird eine positive Risikokomponente innerhalb des Depots verstärkt und die übrigen nicht tangiert. Mit entsprechenden Leerverkäufen kann der gewünschte Effekt besonders wirkungsvoll erzielt werden. Falls das Depot aus einer ausreichenden Anzahl Titel zusammengestellt ist, können zusätzlich noch die titelspezifischen Risiken grösstenteils wegdiversifiziert werden.

| | Sensitivität [*)] auf die verschiedenen Riskofaktoren | | |
	Faktor 1	Faktor 2	Faktor 3
Kauf Aktie A	1.5	0.4	0.3
Leerverkauf Aktie B	0.0	0.4	0.3
Wirksamer Faktor	**1.5**	**0.0**	**0.0**

[*)] 1.0 = durchschnittlich; 0.0 = tief; deutlich über 1.0 = hoch.

Die APT-Formel geht vom risikolosen Zinssatz (R) aus. Dank dem Eingehen von (systematischen) Risiken, die durch die Faktoren (F) ausgedrückt werden, lässt sich ein Mehrertrag (E_1-R) gegenüber dem risikolosen Zinssatz erzielen. Je sensibler eine Aktie auf eine Veränderung der Risikofaktoren (F) reagiert, desto grösser wird im positiven Falle der erwartete Mehrertrag $(F(E_1-R))$ sein, sofern man das sogenannte titelspezifische oder nicht-systematische Risiko (dieses ist in einem gut diversifizierten Depot gering) unberücksichtigt lässt.

84

$$E_T \;=\; R + F_1\,(\,E_1 - R\,) + F_2\,(\,E_2 - R\,) + Rest$$

E_T = *erwarteter Totalertrag einer Aktie*

E_1 = *erwarteter Ertrag einer Aktie, wenn der 1. Faktor 1.0 beträgt*

 (wie Beta-Faktor 1.0 des Marktportefeuilles)

E_2 = *erwarteter Ertrag einer Aktie, wenn der 2. Faktor 1.0 beträgt*

R = *risikoloser Zinssatz*

F_1 = *Sensitivität des erwarteten Ertrages (E_1) einer Aktie auf Veränderungen des 1. Faktors*

$Rest$ = *titelbezogenes Risiko bzw. Ertrag*

$E_1 - R$ = *Risikoprämie, wenn der 1. Faktor 1.0 beträgt*

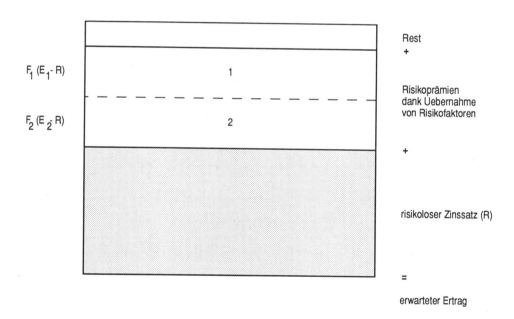

Beispiel :

Für die betreffende Aktie nehmen wir jeweils folgende Sensitivitäten an: F_1 = 1.5, F_2 = 0.5, F_3 = 2.0; die faktorbezogenen erwarteten Erträge seien: E_1 = 8%, E_2 = 10%, E_3 = 9%. Der risikolose Zinssatz (R) betrage 7%; durch das Eingehen dieser Faktorrisiken erhöht sich der erwartete Ertrag von 7% (risikolos) auf 14%.

$$E_T \;=\; 7 + 1.5(8\text{-}7) + 0.5(10\text{-}7) + 2.0(9\text{-}7) \;=\; \mathbf{14\%}$$

Kapitel 4

ANLAGEINSTRUMENTE IM WERTPAPIERBEREICH

4.1 Obligationen

Die Obligation (Straight Bond) ist eine in ein Wertpapier gekleidete Schuldverpflichtung, die eine Geldleistung zum Inhalt hat. Sie lautet in der Regel auf den Inhaber, und die Zinskonditionen werden bei der Anleihensemission fixiert. Die Tilgung erfolgt entweder am Fälligkeitstermin (Endfälligkeit bzw. Kündigungstermin) oder durch Teilrückzahlungen. Letztere werden mittels Auslosungen oder Rückkäufen am Markt bei Kursen unter pari vorgenommen. Zahlreiche Anleihen sind mit einer Kündigungsklausel ausgestattet, die eine vorzeitige Rückzahlung der gesamten Restschuld erlaubt. In gewissen Fällen kann auch der Gläubiger die Obligation vorzeitig kündigen (Put-Option).

Obligationen sind weltweit gesehen nach wie vor das bedeutendste Anlagevehikel. Der Betrag der global ausstehenden Anleihen übertrifft die Weltbörsenkapitalisierung von Aktien deutlich, und andere Anlagemedien wie Geldmarktpapiere, Optionen, Futures, Gold usw. erreichen wertmässig lediglich einen Bruchteil des Obligationenvolumens. Dieses Verhältnis kommt denn auch in der Zusammensetzung der meisten Wertpapierdepots wieder zum Ausdruck. Um so erstaunlicher ist die Tatsache, dass die Analyse von festverzinslichen Anlagen in den meisten Ländern (mit Ausnahme der USA) immer noch recht stiefmütterlich behandelt wird. Wertpapieranalyse wird nach wie vor mit Aktienanalyse gleichgesetzt, und viele Investoren erachten selbst ein sorgfältiges Studium der Zinsentwicklungen und des Titelangebotes an den Bondmärkten als Zeitverschwendung. Diese Mentalität stammt wohl noch aus früheren Jahrzehnten, in denen die Wechselkurse fixiert, die Zinsen relativ stabil und die Inflationsraten vergleichsweise niedrig waren; damals galten Obligationenanleihen teilweise zu Recht als risikoarm. Spätestens seit 1973 (Zusammenbruch des Bretton-Woods-Währungssystems) hat sich die Lage aber dramatisch geändert. Weltweit heftige Zinsschwankungen in den Perioden 1972-74 und 1979-82 sowie die seither eingetretenen enormen Fluktuationen im Wechselkursbereich haben inzwischen den Mythos der risikolosen Veranlagung von Obligationen tief erschüttert. Das bekannte Bonmot *"Wer gut essen will kauft Aktien, wer gut schlafen will kauft Obligationen"* ist längst passé und zudem im längerfristigen historischen Rückblick falsch. Kriege, Hyperinflation und Wirtschaftszusammenbrüche haben bereits in der Vergangenheit riesige in Obligationen angelegte Vermögen vernichtet. Deshalb bildet ein seriöses, fachkundiges Obligationenmanagement die Grundvoraussetzung für eine erfolgreiche Vermögensverwaltung. Mit einem vergleichsweise bescheidenen Zeitaufwand kann der Gesamtertrag von festverzinslichen Anlagen oft erheblich gesteigert werden.

4.1.1 *Unterscheidungsmerkmale verschiedener Obligationenkategorien*

Im Obligationenbereich unterscheidet man zwischen Inland-, Ausland- und Euroanleihen. Die wichtigsten Unterscheidungsmerkmale sind in der nachfolgenden Tabelle aufgeführt:

Abbildung 28: Unterscheidungsmerkmale verschiedener Obligationenkategorien

Wichtige Unterscheidungskriterien	Inland-obligationen	Ausland-obligationen	Euro-obligationen
Domizil des Schuldners	Inland	Ausland	Ausland
Emissionskonsortium	Inland	Inland	International
Quellensteuerabzug auf Zinsen	In der Regel: Ja (Schweiz: 35%)	nein	nein
Sekundärmarkt / häufigste Handelsart	Kotierung und Handel an inländ. Börsen	Kotierung und Handel im Emissionsland	Internationaler Telefonhandel (Richtl. AIDB)
AIBD = Association of International Bond Dealers			

4.1.2 Obligationenstrategie

Der Marktwert einer Obligation wird einerseits von wertpapierindividuellen Eigenschaften bzw. Faktoren (Zinscoupon, Anleihenslaufzeit und Schuldnerqualität) und anderseits vom aktuellen Marktzinssatz bestimmt. Abgesehen vom Zinscoupon, der beim traditionellen "Straight Bond" fixiert ist, müssen die übrigen drei kursbestimmenden Grössen als variabel angesehen werden. Die Anleihenslaufzeit kann (z.B. infolge vorzeitiger Kündigung) unterschiedlich lang ausfallen, und die Schuldnerqualität verändert sich je nach Geschäfts- und Finanzlage des Schuldners resp. des Garanten. Schwankungen des allgemeinen Zinsniveaus beeinflussen die Kursgestaltung sämtlicher Obligationen; sie stellen das Marktrisiko dar. **Steigt das Zinsniveau, so wird der Zahlungsstrom stärker diskontiert und die Marktwerte der Obligationen sinken; bei sinkenden Zinssätzen werden die Zahlungen geringer abgezinst als bisher, weshalb die Marktwerte steigen.**

In der Anlagepraxis bildet die Zinssatzprognose (siehe Kap. 3.1.3.4) das Fundament für die Obligationenstrategie. **Die Wahl der Anleihenslaufzeit, die Höhe des Zinscoupons und die Schuldnerqualität sind durch entsprechende Börsenoperationen auf die zu erwartenden Zinsveränderungen auszurichten!** Bei Fremdwährungsanleihen müssen zusätzlich noch die Wechselkurs- und Transferrisiken beachtet werden. Die nachfolgende Tabelle soll vor allem auch dem in Obligationenfragen weniger versierten Leser als leichtverständliche Strategiehilfe dienen. Im Rahmen einer Ceteris-Paribus-Analyse werden die einzelnen wertbestimmenden Variablen in der Folge näher erläutert.

Abbildung 29:   Obligationenstrategie

Variablen	Massnahmen bei steigender Zinstendenz	Massnahmen bei sinkender Zinstendenz
Laufzeit	Laufzins verkürzen. (Floating Rate Bonds, Geldmarktanlagen und Liquidität sind jedoch erste Wahl)	Laufzeiten verlängern. (Auf Kündigungsklauseln besonders achten; unkündbare Titel bevorzugen)
Zinscoupon	Hohen Coupon wählen	Tiefen Coupon bevorzugen. (Discount und Zero Coupon Bonds stehen im Vordergrund)
Schuldner-qualität	Qualitätsstandard tendenziell verbessern. (Obl. von zyklischen Gesellschaften mit hohem Fremdkapitalanteil meiden)	Leichte Qualitätsminderung kann erwogen werden.

4.1.2.1 Einfluss von Laufzeit und Zinscoupon auf den Marktwert

Zwischen der **Restlaufzeit** einer Obligation und ihrem Marktwert besteht ein kausaler Zusammenhang. Sofern keine anderen Einflussgrössen den Marktwert beeinflussen, tendiert das Kursniveau einer Anleihe unter dem Einfluss der sich ständig verkürzenden Restlaufzeit immer in Richtung des Rückzahlungspreises. Liegt der Marktwert einer Anleihe über dem Tilgungsbetrag, verringert er sich im Zeitablauf sukzessive, bis er diesen am Fälligkeitstag schliesslich erreicht. Umgekehrt nimmt der Marktwert bis zum Rückzahlungsdatum ständig zu, wenn er kleiner als der Tilgungsbetrag ist.

Die Länge der Restlaufzeit hat auch bei Aenderungen des Marktzinsniveaus einen entscheidenden Einfluss auf den Marktwert. **Je länger die Restlaufzeit eines Titels und je grösser das Ausmass der Zinsveränderung ist, um so stärker sind die Auswirkungen auf den Marktwert.**

Das nachfolgende Zahlenbeispiel verdeutlicht die Zusammenhänge. Als Berechnungsgrundlage wird von einem aktuellen Zinsniveau von 8% und einem Rückzahlungskurs von 100% ausgegangen; der Marktwert der beobachteten Anleihen präsentiert sich wie folgt:

Anzahl Jahre	Anleihenscoupon			
Restlaufzeit	4%	8%	12%	
2	92.9	100.0	107.1	
6	81.5	100.0	118.5	Marktwert (in%)
10	73.2	100.0	126.8	

Wenn das Zinsniveau von 8% auf 6% sinkt oder die Zinssätze um 2% auf 10% ansteigen, verändern sich die Marktwerte je nach Obligationenlaufzeit sehr unterschiedlich:

Aenderung des Zinsniveaus	Anleihens-coupon in %	Theoretische[*], relative und absolute () Marktwert-veränderung in % bei Obligationenlaufzeiten von:		
		2 Jahren	6 Jahren	10 Jahren
	4	+3.8 (3.5)	+10.6 (8.7)	+16.6 (12.1)
-2%	8	+3.7 (3.7)	+9.8 (9.8)	+14.7 (14.7)
	12	+3.6 (3.9)	+9.3 (11.0)	+13.7 (17.3)
	4	-3.6 (3.3)	-9.4 (7.6)	-13.7 (10.0)
+2%	8	-3.5 (3.5)	-8.7 (8.7)	-12.3 (12.3)
	12	-3.4 (3.7)	-8.3 (9.8)	-11.5 (14.6)

[*] unter Annahme einer flachen Renditekurve (gleiche Zinssätze für unterschiedliche Fristigkeiten)

Wie das oben aufgeführte Beispiel zeigt, hat auch die **Couponhöhe** bei Veränderungen des Marktzinssatzes einen entscheidenden Einfluss auf den Marktwert einer Obligation. **Wenn die Zinssätze sinken, ist die relative Marktwertsteigerung bei tiefen Zinscoupons am grössten; anderseits sind die relativen Marktwertverluste bei einem Anstieg des allgemeinen Zinsniveaus am kleinsten, wenn hohe Zinscoupons gewählt werden.** Dies hängt mit der unterschiedlichen Duration (siehe Kap. 4.1.7) zusammen.

Da die Zinscoupons von neuemittierten "Straight Bonds" untereinander meist nur geringfügig variieren und weitgehend dem aktuellen Marktzinssatz entsprechen, muss der Anleger, der überdurchschnittlich hohe oder tiefe Coupons wünscht, sich in der Regel am Sekundärmarkt (Börse) eindecken. Die grössere Titelauswahl bezahlt er in Form von Transaktionskosten. Diese sind jedoch nicht überzubewerten, wenn der Anleger dadurch Obligationen erwerben kann, die auf seine persönlichen Bedürfnisse abgestimmt sind. Welche Vorteile kann man von tiefen oder hohen Anleihenscoupons erwarten?

a. Falls am Steuerdomizil des Investors Kursgewinne steuerlich günstiger behandelt werden als Zinserträge, sind Tiefzinsobligationen für ihn meist vorteilhafter.

b. Bei einem sinkenden Zinstrend empfiehlt sich ebenfalls ein tiefer Anleihenscoupon, da die mittlere Anlagedauer des in einer Anleihe investierten Kapitals (Duration) länger ausfällt als bei einem hohen Obligationenzinssatz und damit der Gesamtertrag (Kapitalgewinn + Zinsen) entsprechend ansteigt. (Der Couponhöhe entsprechend erfolgen über die Zinszahlungen bereits vor der Fälligkeit kleinere oder grössere Kapitalrückzahlungen.) Die grössten Marktwertschwankungen registrieren deshalb die Zero-Bonds, bei denen die Duration der gesamten Laufzeit entspricht.

c. In Zeiten sinkender Zinssätze steigt die Wahrscheinlichkeit von vorzeitigen Anleihenskündigungen seitens der Schuldner. Titel mit einem sehr tiefen Zinssatz, sogenannte "Discount Bonds", werden in der Regel davon nicht betroffen, was entsprechende Kursvorteile mit sich bringt.

Ein hoher Anleihenscoupon ist dann opportun, wenn die Zinssätze steigen und/oder deutliche Renditevorteile gegenüber vergleichbaren Tiefzinsobligationen bestehen. Es können aber auch andersgelagerte Gründe für die Wahl von hohen Zinscoupons bestehen, wie dies möglicherweise bei gewissen Nutzniessungsdepots der Fall sein kann.

4.1.2.2   Schuldnerqualität

Unter Schuldnerqualität (Bonität) versteht man die Kreditfähigkeit und Kreditwürdigkeit eines Schuldners. Die traditionelle Bonitätsprüfung basiert auf einer
quantitativen Analyse historischer Bilanz- und Erfolgszahlen eines Unternehmens, wobei sogenannte Kennzahlen (siehe Kap. Fundamentalanalyse) errechnet und verglichen werden. Bei der modernen, erweiterten Kreditprüfung werden zusätzlich qualitative, zukunftsorientierte Faktoren berücksichtigt. Dazu
zählen u.a.

- Qualität des Managements
- Entwicklungstrends auf den Absatz- und Beschaffungsmärkten
- Marktposition und Expansionsmöglichkeiten
- Qualität und Entwicklungsfähigkeit der Produkte
- Risikoverteilung und Diversifikationsmöglichkeiten
- Innovationsfähigkeit

Im Bereich der Bonitätsbeurteilung von festverzinslichen Wertpapieren sind
in Europa die Grossbanken und in den USA Kreditbewertungsunternehmen
wie *Standard & Poor's, Moody's, Duff and Phelps* usw. führend. Die letzteren
erstellen sogenannte Ratings für Anleihen, die in Amerika oder am Euromarkt
ausgegeben werden. Das Rating ist ein Indikator für die Wahrscheinlichkeit,
dass ein Schuldner Zinszahlungen und Kapitalrückzahlungen fristgerecht aus-
führen wird. Im wöchentlich erscheinenden *"Eurobond Guide of the Association of
International Bond Dealers"* werden die bestehenden Ratings von Standard &
Poor's und Moody's für den Bereich der Euroanleihen aufgeführt. Wird das
Rating einer Obligation durch ein führendes Kreditbewertungsinstitut
verändert, so hat das in der Regel direkte Auswirkungen auf den Börsenkurs
der entsprechenden Obligation. Dieser reagiert allerdings oft bereits schon vorher, nämlich dann, wenn der Titel auf die sogenannte "credit watch list" gesetzt
wird.

Seit Mitte 1989 hat Standard & Poor's begonnen, für einzelne Obligationen
(im Hinblick auf feindliche Uebernahmen und "leveraged buy-outs") ein soge-
nanntes "event-risk-ranking" zu erstellen; die Bewertungsskala umfasst die
Bandbreite von E1 - E5. Für E1-Titel besteht kein event risk; E5 bedeutet, dass
der Obligationär einem solchen Ereignis praktisch ungeschützt ausgeliefert ist.

Obligationen-Ratings von Moody's und Standard & Poor's

Moody's	Standard & Poor's	Rating-Definition
Aaa	AAA	Beste Qualität; Fähigkeit des Emittenten, Zinsen und Tilgung zu leisten, ist sehr stark; Papiere sind faktisch mündelsicher.
Aa	AA	Gute Fähigkeit des Emittenten, die Anleihe zu bedienen. Zusammen mit der ersten Kategorie bilden derartige Obligationen die Gruppe qualitativ hochgradiger Titel.
A	A	Obligationen verfügen über hohe Bonitätsattribute, die jedoch durch äussere Einflüsse politischer oder konjuntureller Art beeinträchtigt werden können.
Baa	BBB	Die Chancen einer fristgerechten Bedienung der Schuld sind adäquat. Eine Veränderung der konjunkturellen Rahmenbedingungen oder der Branchenstruktur kann jedoch die Tilgungsfähigkeit eines Schuldners beeinträchtigen. Wertpapiere der Kategorien **Baa** und tiefer sind für Moody's **spekulativ**
Ba	BB	Obligationen dieser Kategorie haben spekulative Elemente. Die Bedienung der Schuld scheint nur gesichert, wenn das konjunkturelle Umfeld stabil bleibt bzw. besser wird. Wertpapiere der Kategorie **BB** und tiefer sind für Standard & Poor's **spekulativ**
B	B	Die Charakteristiken für ein dauerhaftes Investment sind nicht vorhanden. Die Sicherheit der Schuldenbedienung während einer langen Periode ist klein.
Caa	CCC	Das Standing derartig bewerteter Obligationen ist tief. Es besteht die Gefahr, dass die Schuld notleidend wird bzw. während der Laufzeit Zins- oder Tilgungszahlungen nur mit Mühe geleistet werden können.
Ca	CC	Obligationen dieser Kategorie sind hochgradig spekulativ. Derartige Titel werden oft notleidend.
C		Sehr geringe Wahrscheinlichkeit, vollständig bedient zu werden.
	C	Mindestens eine Zinszahlung ist bereits in Verzug.
	D	Notleidend
1,2,3		Moody's charakterisiert Bonds der Kategorien Aa bis B manchmal mit Zahlen zwischen 1 und 3. 1 bedeutet, dass die betreffenden Papiere besser sind als der Durchschnitt der Kategorie, 2 charakterisiert eine mittlere Qualität. 3 ist Bonds vorbehalten, welche die Qualitätskriterien der Kategorie nur knapp erfüllen.
	+,-	Standard & Poor's kennzeichnet Bonds der Kategorien AA bis B oft mit den Zeichen + oder -. Damit wird die relative Güte eines Papiers innerhalb der Kategorie auf- bzw. abgewertet.

In Japan hat sich das Ratinginstitut *"Mikuni"* für die Bewertung auch kleinerer japanischer Gesellschaften, die in Europa wenig bekannt sind, einen guten Namen geschaffen. Das Kreditrisiko wird (ähnlich wie bei den amerikanischen Firmen Standard & Poor's und Moody's) in einem System von AAA bis CC eingeordnet. Die Schuldnerqualität von zahlreichen Staaten bewertet das *"Institutional Investors Magazine"* periodisch in Form einer Rangliste, die auf einer Umfrage unter rund 100 international tätigen Banken beruht. Eine ähnliche Bewertung erfolgt beim "Beri-Index".

Falls der Leser die Bonität eines bestimmten Schuldners nicht selbst beurteilen kann oder die genauen Anleihensbedingungen nicht kennt, sollte er sich an die Obligationenspezialisten einer Grossbank wenden.

In Schweizer Finanzkreisen wird zurzeit erwogen, ob eine unabhängige Agentur geschaffen werden soll, welche die Bonität von SFr.-Anleihen und Notes untersucht und Ratings ermittelt. Die Internationalisierung des Kapitalmarktgeschäftes, die deutliche Zunahme von Gesellschaftsaufkäufen und Abwehrmassnahmen zur Verhinderung feindlicher Uebernahmen haben die Bonitätsbeurteilung von Schuldnern weiter erschwert. Deshalb ist die Gründung einer unabhängigen Rating-Gesellschaft aus der Sicht des privaten Investors sicher wünschenswert.

Im Zusammenhang mit der Schuldnerqualität werden anlagestrategisch oft folgende Fehler gemacht:

a. Die gewählte Schuldnerqualität entspricht nicht der Risikofähigkeit des Investors. Ueberhöhte Sicherheitsansprüche führen längerfristig zu einem ungenügenden "Total Return", während risikoreiche Anlagen mit einer erhöhten Wahrscheinlichkeit von Totalverlusten belastet sind. Je schwächer die Schuldnerqualität, desto höher sind die Anforderungen an die Urteils- und Analysefähigkeit des Investors. Die Suche nach der optimalen Schuldnerqualität ist eine Gratwanderung zwischen zu hoher und zu niedriger Sicherheit.

b. Die Bonitätsauswahl wird lediglich aufgrund vergangenheitsbezogener Daten resp. Ratings getroffen. Die konjunkturellen und unternehmensspezifischen Aussichten werden nicht gebührend berücksichtigt.

c. Die Höhe der bestehenden Risikoprämien (Renditedifferenz zwischen den verschiedenen Bonitätsstufen) wird bei der Titelauswahl zu wenig berücksichtigt.

d. Die Schuldnerqualität wird nur titelbezogen betrachtet; die bonitätsmässige Risikoverteilung und Risikooptimierung innerhalb des Depots wird vernachlässigt.

4.1.3 Berechnung der Laufzeiten

Die Restlaufzeit einer Obligation kann durch vorzeitige Kapitalrückzahlungen verkürzt werden, was wiederum einen wesentlichen Einfluss auf die Rendite eines festverzinslichen Wertpapiers hat. Bei der Renditeberechnung ist deshalb die Verwendung der "richtigen" Laufzeit von entscheidender Bedeutung. Die Restlaufzeit einer Anleihe wird je nach den unten aufgeführten Rückzahlungsmodalitäten unterschiedlich stark **verkürzt**.

- Rückzahlungen in mehreren Raten können erfolgen durch:
  — Auslosungen
  — Teilrückzahlungen
  — Auslosungen oder Rückkäufe
  — Rückkäufe unter pari

- Vorzeitige Rückzahlungen des gesamten Anleihensbetrages können erfolgen durch:
  — Kündigung seitens des Schuldners
  — Kündigung seitens des Gläubigers
  — Kündigung seitens des Schuldners, falls bestimmte steuerliche Aenderungen eintreten

Bei einzelnen Obligationen ist auch eine **Laufzeitverlängerung** möglich, wenn der Gläubiger eine entsprechende Option ausübt.

Die Abhängigkeit der Restlaufzeit von den verschiedenen Rückzahlungsmöglichkeiten und die für die Renditeberechnung massgebliche Restlaufzeit werden im nachfolgenden Abschnitt behandelt.

a) **Feste Laufzeit,** ohne Auslosungen und/oder Rückkäufe und Kündigungsmöglichkeit

Die Restlaufzeit setzt sich aus der Differenz zwischen dem heutigen und dem Rückzahlungsdatum zusammen.

Beispiel 1

Heutiges Datum 10.8.1988; Rückzahlungsdatum 30.4.1993
⇒ Restlaufzeit: **4.72 Jahre**

b) Kündigungsmöglichkeit des Schuldners

In diesem Fall kann eine Restlaufzeit auf Verfall und eine Restlaufzeit auf den nächsten Kündigungstermin berechnet werden:

Beispiel 2

Heutiges Datum 10.8.1988; Endverfall 30.4.1993; nächster Kündigungstermin 30.4.1990
⇒ Restlaufzeit auf Verfall: **4.72 Jahre**
⇒ Restlaufzeit auf nächsten Kündigungstermin: **1.72 Jahre**
Bei einem aktuellen Börsenkurs, der deutlich über dem Rückzahlungskurs liegt, muss mit einer vorzeitigen Kündigung gerechnet werden.

c) Rückzahlungen in mehreren Raten durch obligatorische Auslosungen oder Teilrückzahlungen

Diese Rückzahlungen können nicht durch Rückkäufe am Markt ersetzt werden, weshalb sie als obligatorisch bezeichnet werden. Bei dieser Variante muss die Restlaufzeit auf mittleren Verfall berechnet werden. Dabei kann folgende Formel verwendet werden:

$$\textit{Restlaufzeit auf mittleren Verfall} \ = \ \frac{R_1{\times}L_1 + R_2{\times}L_2 + \ldots + R_n{\times}L_n}{\textit{ausstehender Anleihensbetrag}}$$

R_1 = *nächste Rückzahlungsrate*
L_1 = *Restlaufzeit bis zur nächsten Rückzahlungsrate*
R_2 = *übernächste Rückzahlungsrate*
L_2 = *Restlaufzeit bis zur übernächsten Rückzahlungsrate*

Beispiel 3

Emissionsbetrag 100 Mio.; 6 Rückzahlungsraten zu je 10 Mio. und 1 Schlussrate zu 40 Mio.; Rückzahlungen erfolgen vom 30.4.1986 bis zum 30.4.1992; der noch ausstehende Anleihensbetrag beträgt 70 Mio.; heutiges Datum 10.8.1988.

$$\frac{\textit{Restlaufzeit auf}}{\textit{mittleren Verfall}} = \frac{10{\times}0.72 + 10{\times}1.72 + 10{\times}2.72 + 40{\times}3.72}{70} = \textbf{2.86 Jahre}$$

Falls zusätzlich eine Kündigungsklausel bestehen sollte, muss man noch die Restlaufzeit auf nächsten Kündigungstermin berechnen; insbesondere bei einem über pari liegenden Börsenkurs ist eine vorzeitige Kündigung wahrscheinlich.

d) Rückzahlungen durch Auslosungen oder Rückkäufe am Markt

Bei einer "sinking fund"-Anleihe wird der Schuldner bei einem aktuellen Obligationenkurs, der über dem Rückzahlungskurs liegt, Auslosungen anstelle von Rückkäufen vornehmen. Liegt der Börsenkurs darunter, wird er voraussichtlich Rückkäufe tätigen.

Falls der Obligationenkurs unter pari liegt, sollte man die Restlaufzeit auf Verfall berechnen (siehe Beispiel 2). Bei einem aktuellen Kurs, der über dem Rückzahlungskurs liegt, kommt die Restlaufzeit auf mittleren Verfall (siehe Beispiel 3) zur Anwendung; sollte zusätzlich eine Kündigungsmöglichkeit für den Schuldner bestehen, muss noch die Restlaufzeit auf den nächsten Kündigungstermin berechnet werden (siehe Beispiel 2), da der Schuldner wahrscheinlich vom Kündigungsrecht Gebrauch machen wird.

e) Rückzahlungen durch obligatorische Rückkäufe am Markt durch den Schuldner bei Kursen unter pari

Dieser Typ wird als "purchase fund"-Anleihe bezeichnet. Für den Gläubiger ergibt sich durch die Rückkäufe keine Laufzeitverkürzung. Die Restlaufzeit wird deshalb auf Endverfall bzw. nächsten Kündigungstermin (sofern eine vorzeitige Kündigungsmöglichkeit vorgesehen ist und der Obligationenkurs zurzeit über dem Rückzahlungskurs liegt) gerechnet (vgl. Beispiel 2).

f) Kündigungsmöglichkeit oder Laufzeitverlängerung durch den Gläubiger

Falls eine vorzeitige Kündigungsmöglichkeit für den Gläubiger besteht, muss die Restlaufzeit auf mittleren Verfall und die (mittlere) Restlaufzeit bis zum Kündigungstermin (bei Kursen unter pari) kalkuliert werden. Wenn für den Gläubiger eine Option auf eine Laufzeitverlängerung vorgesehen ist, wird die (mittlere) Restlaufzeit bis zum verlängerten Endverfall (bei Kursen über pari) gerechnet, während bei Kursen unter 100%, bzw. dem Rückzahlungskurs, die (mittlere) Restlaufzeit bis zum ersten Verfallsdatum zu ermitteln ist.

4.1.4 Rendite-Berechnungen

4.1.4.1 Direkte Rendite

Die direkte Rendite (current yield) kommt fast ausschliesslich dann zur Anwendung, wenn man die Rendite einer Wandelanleihe (über pari) mit der Rendite der betreffenden Aktie vergleichen will. Daneben kann sie zur Renditeberechnung von ewigen Renten angewendet werden, wobei allerdings ungenaue Resultate entstehen.

$$Direkte\ Rendite\ =\ \frac{Z}{K} \times 100\%$$

Z = *Obligationenzinssatz*
K = *Kurs der Anleihe*

4.1.4.2 Renditen auf (mittleren) Verfall und auf Kündigung

Diese Renditeberechnungen werden bei "Straight Bonds" am häufigsten angewandt. Sie berücksichtigen neben dem laufenden Ertrag auch die bei der Kapitalrückzahlung entstehenden Kapitalgewinne oder -verluste. Es wird der Zinssatz berechnet, mit dem die während der Restlaufzeit der Obligation anfallenden Zahlungen (Coupon- und Rückzahlungen) diskontiert werden müssen, um den aktuellen Obligationenkurs zu erhalten. Je nach Anzahl jährlicher Couponzahlungen muss als Grundperiode für die Diskontierung beispielsweise ein oder ein halbes Jahr genommen werden. Auf dem europäischen Kontinent ist eine 1jährige Grundperiode üblich (annual compounding yield), während in den angelsächsischen Ländern meist halbjährige Grundperioden (semi-annual compounding yield) verwendet werden. Die exakten Formeln zur Definition der Renditen bzw. des entsprechenden Kursniveaus lauten :

annual compounding yield

$$K + M\ =\ \frac{z_1}{\left(1+\dfrac{r}{100}\right)^{L_1}} + \ldots + \frac{z_i}{\left(1+\dfrac{r}{100}\right)^{L_i}} + \ldots + \frac{z_n}{\left(1+\dfrac{r}{100}\right)^{L_n}}$$

$$semi\text{-}annual\ compounding\ yield$$

$$K + M = \cfrac{z_1}{\left(1+\cfrac{r}{200}\right)^{2L_1}} + \ldots + \cfrac{z_i}{\left(1+\cfrac{r}{200}\right)^{2L_i}} + \ldots + \cfrac{z_n}{\left(1+\cfrac{r}{200}\right)^{2L_n}}$$

K = aktueller Obligationenkurs in %
M = aufgelaufener Marchzins (= 0, falls flat gehandelt)
r = Rendite in %
n = Anzahl zu erwartender Zahlungen (Coupon- und Rückzahlungen)
z_i = i-te Zahlung
L_i = Restlaufzeit bis zur i-ten Zahlung in Jahren

Eine Berechnung der Renditen nach diesen Formeln ist praktisch nur per Computer möglich. Falls die Renditen manuell berechnet werden müssen, wird man sich einfacheren Näherungsformeln bedienen. Die nachfolgende Formel liefert zwar ungenauere Werte, da die zukünftigen Zahlungen nicht auf den Gegenwartswert diskontiert werden, doch genügt sie meistens für die alltägliche Anlagepraxis:

$$Rendite\ auf\ Verfall = \cfrac{Z + \left(\cfrac{R-K}{L}\right)}{\cfrac{K+R}{2}} \times 100$$

Z = Obligationenzinssatz
R = Rückzahlungskurs
K = aktueller Obligationenkurs
L = Restlaufzeit (auf [mittleren] Verfall bzw. Kündigungstermin)

4.1.4.3 Realrendite

Die Realrendite wird berechnet, wenn man einen internationalen Renditenvergleich vornehmen will. Dabei werden die Nominalrenditen um die Inflationsraten bereinigt und dann verglichen. Die Berechnungsformel lautet:

$$Realrendite = \left(\frac{100+r}{100+i} - 1\right) \times 100$$

r = Nominalrendite
i = durchschnittliche Inflationsrate über die Restlaufzeit der Anleihe

4.1.5 Bar- und Endwert

4.1.5.1 Der Barwert

Der Barwert einer Obligation entspricht sämtlichen auf den Betrachtungszeitpunkt abgezinsten Zahlungen. Ist die Abzinsungsrate bekannt und geht man von der Annahme aus, dass künftige Zahlungen pünktlich und in der vereinbarten Höhe eingehen, dann entspricht der Barwert sämtlicher erwarteter Rückflüsse dem Marktwert. Dieser kann wiederum dem Börsenkurs gegenübergestellt werden. Die folgende Betrachtung bezieht sich nur auf unkündbare Anleihen und schliesst das Bonitätsrisiko aus. Zudem wird eine flache Zinskurve unterstellt.

$$\text{Barwert } (PV = present\ value) \ = \ \frac{Z}{r} + (1 + r)^{-N} \left(T - \frac{Z}{r} \right)$$

Z = Obligationenzinsssatz
r = Marktzinssatz p.a.
N = Restlaufzeit in Jahren
T = Rückzahlungskurs

Beispiel:

8%-Anleihe; Restlaufzeit 4 Jahre; Rückzahlungskurs 101; Marktzinssatz 8.5% p.a.

$$\text{Barwert } = \ \frac{8}{0.085} + (1.085)^{-4} \left(101 - \frac{8}{0.085} \right) \ = \ \mathbf{99.08}$$

4.1.5.2 Der Endwert

Soll der Endwert einer Obligation bzw. ihres Zahlungsstroms ermittelt werden, sind alle zukünftigen Zahlungen auf das Fälligkeitsdatum aufzuzinsen:

$$\text{Endwert } (FV = future\ value) \ = \ \frac{Z}{r} \left((1 + r)^{N} - 1 \right) + T$$

Anhand des oben aufgeführten Beispiels lässt sich folgender Endwert für die 8%-Anleihe berechnen:

$$\text{Endwert } = \ \frac{8}{0.085} \left((1.085)^{4} - 1 \right) + 101 \ = \ \mathbf{137.32}$$

4.1.6 Synthetische Renditekurve

Die synthetische Renditekurve stellt graphisch dar, wie sich die Renditen in Abhängigkeit der Restlaufzeit innerhalb einer Obligationen-Kategorie verteilen. In der Regel weisen langfristige Anleihen höhere Renditen auf als "Kurzläufer", weil das Zinssatzrisiko mit zunehmender Restlaufzeit steigt. Deshalb zeigen die meisten Renditekurven einen ansteigenden Verlauf an, der sich allerdings in einer späteren Phase allmählich abflacht. Sind die Obligationenrenditen in allen Laufzeitbereichen gleich hoch, was an freien Kapitalmärkten allerdings praktisch nie der Fall ist, ergibt sich eine flach verlaufende Renditekurve. Wenn die Renditekurve mit zunehmender Restlaufzeit abfällt, das heisst, kurzfristige Obligationen höhere Renditen abwerfen als "Langläufer", spricht man von einer inversen Renditestruktur.

Der Verlauf einer synthetischen Renditekurve wird grundsätzlich vom Verhältnis zwischen Kapitalangebot und Nachfrage geprägt. Dieses wiederum wird u.a. durch konjunkturelle Faktoren und von der Geldmengenpolitik beeinflusst. Eine ausgeprägt restriktive Geldmengenversorgung bewirkt in einer ersten Phase Renditeerhöhungen (vor allem im kurzfristigen Bereich); die Renditen der langfristigen Anleihen werden dadurch meist wesentlich geringer berührt, da eine Mittelverknappung über die Konjunkturdämpfung die Inflationsgefahr verringert, was längerfristig wiederum einen zinssenkenden Effekt hat.

Welchen praktischen Verwendungszweck haben synthetische Renditekurven? Primär können sie als Beurteilungskriterium für ausstehende Anleihen am Sekundärmarkt dienen; sie zeigen nicht marktkonforme Renditen an. Liegt die Rendite einer Obligation (mit vergleichbaren Anleihenskonditionen) über der Renditekurve, ist die Anleihe tiefer als der Marktdurchschnitt bewertet und es bietet sich möglicherweise eine günstige Kaufgelegenheit. Wenn sich die untersuchte Obligationenrendite deutlich unter der synthetischen Renditekurve befindet, muss der Titel als teuer erachtet werden. Neuemissionen sollten bei einem fairen Pricing eine der Renditekurve entsprechende Verzinsung aufweisen, sofern die übrigen Konditionen ähnlich gelagert sind.

Die synthetische Renditekurve dient auch als Indikator für die Zins- und Inflationserwartungen des Marktes. Sind die Zinssätze niedrig und verläuft die Renditekurve steil nach oben, werden längerfristig deutlich höhere Zinssätze und Inflationsraten erwartet. Zeigt die Renditekurve nach unten, d.h. die Renditen von kurzfristigen Obligationen sind höher als diejenigen von "Langläufern", wird längerfristig mit sinkenden Zinsen und einer nachgebenden Teuerung gerechnet.

Aufschlussreich ist auch der Vergleich zweier Renditekurven von bonitätsmässig unterschiedlichen Titelkategorien. Je nach Verlauf des Rendite-Spread

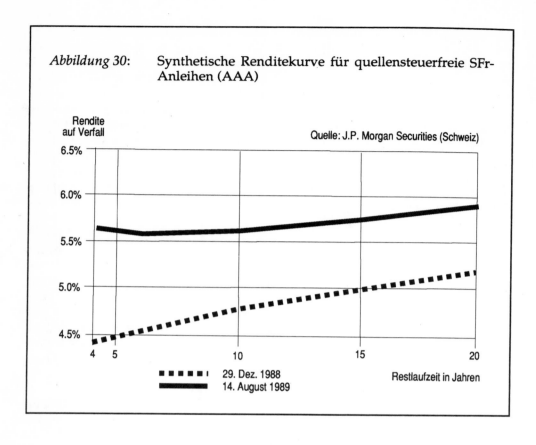

Abbildung 30: Synthetische Renditekurve für quellensteuerfreie SFr-Anleihen (AAA)

können in bestimmten Laufzeitbereichen attraktive Titel in der tieferen oder höheren Schuldnerqualitätsstufe gefunden werden. Eine deutliche Ausweitung des Renditeunterschieds zwischen Titeln mit sehr guter und ungenügender Schuldnerqualität kann auf eine Verschlechterung der Wirtschaftskonjunktur hindeuten.

4.1.7 Duration- und Varianzanalyse

Anhand der Duration kann die Empfindlichkeit des Marktwerts einer Anleihe oder eines Obligationendepots auf Veränderungen des allgemeinen Zinsniveaus gemessen werden. Je länger die Duration, desto stärker reagiert der Marktwert einer Obligation auf Aenderungen des Zinsniveaus. Aus der Berechnung der Duration resultiert die mittlere Anlagedauer des investierten Kapitals, die oft auch als "Selbstliquidierungsperiode" bezeichnet wird. Der Finanzmathematiker wird dagegen die Duration eher als die mit dem Gegenwartswert gewichtete durchschnittliche Restlaufzeit sämtlicher Zahlungen umschreiben. Jeder vorzeitige Kapitalrückfluss (z.B. in Form von Couponzahlungen) vermindert die durchschnittliche Anlagedauer des eingesetzten Kapitals. Je später der einzelne Kapitalrückfluss erfolgt, desto geringer ist sein Wert, da auf diesem Betrag geringere Zins- und Zinseszinsen anfallen. Mit zunehmender Höhe des Couponsatzes einer Anleihe (bzw. des durchschnittlichen Couponsatzes eines Obligationen-Depots) verringert sich die Duration; anderseits wird sie bei einem tiefen Zinscoupon länger. Ein Extrembeispiel dafür ist die Null-Prozent-Anleihe, bei der die Duration genau der Restlaufzeit entspricht. Die Wachstumsrate der Duration nimmt mit zunehmender Restlaufzeit ab, was am Beispiel einer ewigen Rente deutlich zum Ausdruck kommt. Rentiert eine solche 6%, errechnet sich eine Duration von "lediglich" 17.66 Jahren. Die Duration kann auf verschiedene Arten berechnet werden; nachfolgend ein einfaches Berechnungsbeispiel:

$$Duration \; = \; \frac{(PV_1 \times n_1) + (PV_2 \times n_2) + (PV_3 \times n_3) + \ldots}{Summe\;aller\;PV}$$

PV = *Gegenwartswert der Zahlung*
n = *Restlaufzeit*

Zahlenbeispiel:

US$ 10% Anleihe, fällig 1.3.1992; Rückzahlungskurs 100%; Jahrescoupon; Berechnungstag 1.3.1989

Jahr	Spot Rate [*] (%)	Diskontierungs-faktor [**]	Cash Flow (US$)	Gegenwarts-wert PV (US$)	Jahre × PV (US$)
1	8.2	0.9242	100.--	92.42	92.42
2	9.0	0.8417	100.--	84.17	168.34
3	9.4	0.7637	1100.--	840.07	2520.21
				1016.66	**2780.97**

$$Duration \; = \; \frac{US\$\;2780.97}{US\$\;1016.66} \; = \; \textbf{2.74 Jahre}$$

[*] *Annahme*

[**] *Berechnung:* $\dfrac{1}{1.082} = 0.9242$; $\dfrac{1}{(1.09)^2} = 0.8417$; $\dfrac{1}{(1.094)^3} = 0.7637$

In der Praxis wird die Duration meistens per Computer berechnet. Anhand der Duration lässt sich nun das Zinssatzrisiko dieser Anleihe nach folgender Formel berechnen:

Duration × Veränderung des Marktzinssatzes = Veränderung des Obligationenkurses in%

Falls der Marktzinssatz von 8% auf 9.5% ansteigt, ist bei einer Duration von 2.74 Jahren ein Kursrückgang der Obligation von ungefähr 4.1% (2.74 × 1.5%) zu erwarten. Ein genaueres Resultat erhält man, wenn man die Duration durch einen Korrekturfaktor (Duration dividiert durch (1 + Marktzinssatz)) ergänzt. Dadurch reduziert sich die Duration in diesem Beispiel von 2.74 auf 2.53 Jahre und der Kursrückgang auf 3.8%.

Im Gegensatz zur Duration, die lediglich ein Mass für das Zinsrisiko darstellt, kann man mit der **Varianzanalyse** das **Gesamtrisiko** einer Anleihe oder eines Depots erfassen; sie kann auch bei komplexen "Multi-Currency-Portfolios" und Titeln mit Eventualcharakter (Obligationen mit Kündigungsklausel, Wandel-, Optionsanleihen usw.) angewendet werden. Die Varianz (quadrierte Standardabweichung) ist ein statistisches Streumass, das im Rahmen der modernen Portfoliotheorie eine wichtige Rolle spielt. Die Standardabweichung der Rendite ist ein Mass für die Volatilität.

Definition von Varianz und Standardabweichung der Rendite:

$$Var(r) = \frac{1}{T} \sum_{t=1}^{T} (r_t - \bar{r})^2$$

$$\delta\,(r) = \sqrt{Var(r)}$$

T = *Anzahl beobachtete Renditen*
r = *Rendite*
$\bar{r}$ = *mittlere Rendite*
Var = *Varianz*
δ = *Standardabweichung*

Depots und Titel mit hoher Varianz (oder Standardabweichung) sind risikoreich, während solche mit geringer Varianz ein kleines Risiko aufweisen. Das Problem der Varianzanalyse liegt vor allem darin, dass die Varianz anhand historischer Daten ermittelt wird und deshalb nicht als verlässliches Mass für zukünftige Risiken angesehen werden kann. Deshalb wird in der Praxis anhand der (historischen) Varianz und unter Verwendung neuester Information oft die erwartete Varianz abgeschätzt und als Risikomass genommen.

Die Verbindung mit Substanz.

Die Wahl der richtigen Bankverbindung führt auch in Zukunft zum Erfolg. Als Schweizer Privatbank mit internationaler Ausrichtung und als Börsenbank verfügen wir über starke Pfeiler. Und die fundierte Beratung bildet den Bogen zur Mehrung Ihrer Werte. Massgeschneiderte Dienstleistungen bieten wir Ihnen in den folgenden Bereichen:

- Anlageberatung

- Vermögensverwaltung

- Kapitalmarktfinanzierungen

- Direkte Abwicklung von Börsenaufträgen im In- und Ausland

- Devisenhandel

- Pensionskassenberatung

- Erbschafts- und Steuerangelegenheiten

- Treuhandgeschäfte

PBZ PRIVATBANK ZÜRICH

die wertvolle Beziehung.

Bärengasse 29 · Postfach · CH-8022 Zürich   Telefon 01/228 91 11   Telefon Börse 01/228 92 01   Telex 812 435 PBZ   Telefax 01/228 92 13

4.2 Wandelanleihen

4.2.1 Grundsätzliche Aspekte der Wandelanleihen

Die Wandelanleihe (Convertible Bond) besitzt einerseits die Eigenschaften einer einfachen Obligation (Straight Bond); sie ist ein festverzinsliches, auf einen bestimmten Nominalwert lautendes Wertpapier, das bei Fälligkeit zurückgezahlt wird. Anderseits erhält der Gläubiger zusätzlich das Recht, die Wandelobligation während eines bestimmten Zeitraums (Wandelperiode) und zu einem festgesetzten Preis in ein Beteiligungspapier (z.B. Aktie oder Partizipationsschein) umzutauschen. Wird vom Wandelrecht Gebrauch gemacht, findet beim Anleihensschuldner eine Umwandlung von Fremd- in Eigenkapital statt. Das Wandelrecht erlaubt dem Schuldner einen im Vergleich zur gewöhnlichen Obligation tieferen Anleihenszinssatz (Coupon) festzusetzen und kann dadurch die Fremdfinanzierungskosten senken.

Die meisten Convertible Bonds weisen bei der Emission und im späteren Wertpapierhandel eine positive **Wandelprämie** auf. Diese entspricht dem Mehrpreis in Prozenten ausgedrückt, der beim Erwerb der Aktie über die Wandelanleihe gezahlt wird (im Vergleich zum direkten Aktienkauf). Die Höhe der Wandelprämie hängt unter anderem von der Dauer der Wandelperiode, der Attraktivität der zu beziehenden Titel, vom Zinssatz der Wandelanleihe und der allgemeinen Marktstimmung ab. Um die Höhe der Wandelprämie mit derjenen anderer Convertible Bonds besser vergleichen zu können, ist es ratsam, die Wandelprämie pro Jahr Restlaufzeit zu berechnen.

Der **Wandelpreis** ist der Betrag, der das zu beziehende Beteiligungspapier bei der Konversion kostet. Die Bezahlung erfolgt durch Rückgabe der Wandelobligation und oft durch eine zusätzliche Barvergütung seitens des Schuldners oder Obligationärs.

Der **Wandeleinstandspreis** stellt den Erwerbspreis der zu beziehenden Aktien (oder PS) dar, falls diese über den Kauf der Wandelobligation und die anschliessende Konversion erworben werden. In diesem Fall müssen neben dem Börsenwert der Wandelanleihe auch die aufgelaufenen Marchzinsen (Accrued Interest), die bei der Wandlung verlorengehen, sowie allfällige Barzahlungen berücksichtigt werden.

Die nachstehenden Berechnungsformeln helfen Ihnen bei der Beurteilung der Attraktivität einzelner Wandelobligationen:

$$Wandelpreis = \frac{Nominalwert\ der\ Wandelobligation}{Anzahl\ zu\ beziehender\ Aktien} \pm Barzahlung\ je\ Aktie$$

$$\text{Wandel-einstandspreis} = \frac{\text{Nominalwert} \times \dfrac{\text{Kurs der W.obl.}}{100} + \text{Marchzins} \pm \text{Barzahlung}}{\text{Anzahl zu beziehender Aktien}}$$

$$\text{Marchzins} = \frac{\text{Nominalwert (Kapital)} \times \text{Zinssatz in \%} \times \text{Laufzeit in Tagen}}{100 \times 360}$$

$$\text{Wandelprämie} = \frac{\text{Wandeleinstandspreis} \times 100}{\text{Börsenwert der zu beziehenden Aktien}} - 100$$

$$\text{Wandelprämie, pro Jahr Restlaufzeit} = \frac{\text{Wandelprämie}}{\text{Anzahl Jahre verbleibender Wandelfrist}}$$

Beispiel:

Die \$ 6.25% SBV Wandelanleihe 1980-90 notiert 142%, der SBV PS SFr. 405 und der US\$/SFr Wechselkurs beträgt 1.54. Zinsdatum ist der 31.12. und es sind 190 Marchzinstage zu berücksichtigen. Die Wandelbedingungen lauten: nom. US\$ 1'000 berechtigen zum Bezug von 5 PS und US\$ 165 in bar.

Berechnung des Marchzinses

$$\frac{1000 \times 6.25 \times 190}{100 \times 360} = \textbf{32.99}$$

Berechnung des Wandeleinstandspreises

$$\frac{1000 \times \dfrac{142}{100} + 32.99 - 165}{5} \times 1.54 = \textbf{SFr 396.70}$$

Berechnung der Wandelprämie

$$\frac{396.70 \times 100}{405.00} - 100 = \textbf{-2.05\%}$$

4.2.2 Anlagecharakter und Titelauswahl bei Wandelanleihen

Bei den Wandelobligationen unterscheidet man - ihrem Anlagecharakter entsprechend - drei Typen :

- Wandelobligationen mit Obligationencharakter
- Wandelobligationen mit Wandelobligationencharakter
- Wandelobligationen mit Aktiencharakter

4.2.2.1 Wandelobligationen mit Obligationencharakter

Sie besitzt einen tiefen Kurs (meist unter pari), eine hohe Wandelprämie und eine Rendite, die derjenigen von vergleichbaren Straight Bonds nahe kommt. Je höher die Wandelprämie pro Jahr Restlaufzeit und je geringer das Kurspotential der zu beziehenden Werte beurteilt wird, desto weniger ist das Konversionsrecht wert. Wandelobligationen, bei denen ein lohnender Umtausch in Aktien bis Ende der Wandelfrist kaum möglich erscheint, müssen nach den für Straight Bonds geltenden Kriterien beurteilt werden. Dieser Wandelanleihenstyp reagiert auf Kursschwankungen der zugrunde liegenden Aktie vorerst kaum.

Insbesondere nach einer ausgeprägten Baisse-Phase (resp. einem seit längerer Zeit anhaltenden "Bear Market") kann sich der Erwerb von Wandelanleihen auch mit hohen Wandelprämien für den langfristig orientierten Anleger lohnen. Es ist jedoch darauf zu achten, dass die Rendite einer solchen Wandelanleihe mit derjenen eines Straight Bond vergleichbar ist und somit auch bei einer möglichen Fortsetzung des Baisse-Trends am Aktienmarkt kursmässig nicht mehr wesentlich tangiert wird. Im weiteren sollte die Schuldnerqualität gut sein und die Wandelfrist noch mindestens 4 bis 5 Jahre dauern. Wenn die der Wandelanleihe zugrunde liegende Aktie über ein längerfristig interessantes Kurspotential und eine hohe Volatilität verfügt, ist längerfristig auch eine Wandelprämie von beispielsweise 50 bis 100% durchaus aufholbar. Bei einem beschränkten Kursrisiko können sich dadurch auf **lange Sicht zusätzliche Kursgewinnchancen** eröffnen.

4.2.2.2 Wandelobligationen mit eigentlichem Wandelobligationencharakter

Es handelt sich dabei um Wandelanleihen mit einem Kurs von 100 bis 120% und einer Wandelprämie, die mittelfristig eine Wandlung möglich erscheinen lässt; d.h. einer Prämie von 20 bis 35% je nach verbleibender Wandelfristdauer und erwarteter Volatilität bzw. Attraktivität der entsprechenden Aktie. Dieser Typ von Convertible Bond reagiert kursmässig vorerst nur in beschränktem

Ausmass auf Kursveränderungen der betreffenden Aktie; ein Teil der Aktienkursschwankungen wird über die Veränderung der Wandelprämie ausgeglichen.

Diese Titelart ist für den eher **mittelfristig orientierten** und risikofreudigeren Anleger geeignet. Einerseits ist das Kursrisiko insofern limitiert, als die Wandelanleihe höchstens auf das Niveau eines vergleichbaren Straight Bond absinken kann, anderseits wird sich die Wandelobligation bei einem Kursanstieg der entsprechenden Aktie prozentual weniger stark verbessern, da sich die Wandelprämie bis gegen Ende der Wandelfrist in Richtung 0% abbauen wird. Insbesondere wenn der Hausse-Zyklus am Aktienmarkt schon einige Jahre angedauert hat, ist es oft vorteilhaft, eine Wandelanleihe mit relativ kurzer Restlaufzeit zu wählen, die dafür anderseits eine kleine Wandelprämie und einen nicht wesentlich über pari liegenden Kurs (100 bis 110%) aufweist. Dadurch bleiben die Kurschancen bei einem weiteren Anstieg der Aktien vorerst intakt, während die Verlustrisiken weiter verringert werden.

4.2.2.3   Wandelanleihen mit Aktiencharakter

Diese Titelkategorie ist durch hohe Kurse und Wandelprämien um oder unter 0% (negative Wandelprämie) gekennzeichnet. Die Kursveränderungen dieser Convertible Bonds verlaufen annähernd parallel zur Aktie. Der Erwerb einer Wandelanleihe mit Aktiencharakter ist nur dann sinnvoll, wenn die Kurschancen der zugrunde liegenden Aktie günstig beurteilt werden. Dieser Typus von Wandelanleihen ist der direkten Aktienanlage in folgenden Fällen vorzuziehen:

- wenn der Convertible Bond eine deutlich höhere Rendite als die Aktie aufweist
- wenn die Aktiendividende einem nicht rückforderbaren Quellensteuerabzug unterliegt, während der Zinscoupon der Wandelanleihe ohne Steuerabzug erfolgt (z.B. Euro-Wandelobligationen)
- wenn die Transaktionsspesen deutlich tiefer sind als bei der Direktanlage
- wenn die Wandelprämie deutlich negativ ist und somit eine Wandlung in die Aktie ohne nennenswerte Verluste (trotz Einbusse der Marchzinsen und Spesen) vorgenommen werden kann.

Zusätzliche Ratschläge

- Studieren Sie die Anleihensbedingungen genau, und prüfen Sie, ob ein ausreichender Verwässerungsschutz vorhanden ist. Bei Kapitalerhöhungen muss der Wandelpreis entsprechend reduziert werden.
- Als letzter Punkt ist die Möglichkeit einer vorzeitigen Anleihenskündigung zu beachten.

4.3 Innovationen am Obligationenmarkt

4.3.1 *Anleihen mit künstlicher Währung*

Bisher sind zwei Arten von Anleihen mit künstlicher Währung am Euromarkt ausgegeben worden:

- Die ECU-Anleihen (ECU = European currency unit / Europäische Währungseinheit)
- Die SDR-Anleihen (SDR = Special Drawing Right / Sonderziehungsrecht)

Seit 1981 wurden über 300 Ecu-Obligationen am Euromarkt plaziert, während die erstmals 1975 ausgegebenen SDR-Bonds nur auf geringes Interesse stiessen. Die Währung wird als "künstlich" bezeichnet, weil sie nicht von einer Zentralbank ausgegeben wird und nicht in Form von Münzen oder Noten besteht, sondern Buchgeld darstellt. (Angesichts der geringen Verbreitung der SDR-Bonds beschränken sich die nachfolgenden Ausführungen auf die Ecu-Anleihen.)

Der Ecu wurde 1979 mit der Gründung des Europäischen Währungssystems als offizielle Rechnungseinheit der EG geschaffen. Er verkörpert einen Währungskorb, in dem die Währungen der EG-Staaten entsprechend den gewichteten Anteilen der einzelnen Volkswirtschaften am Bruttosozialprodukt der EG und am innergemeinschaftlichen Handel vertreten sind. Die Zusammensetzung des Ecu wird am 21.9.1989 geändert; neu werden die spanische Peseta und der portugiesische Escudo in den Währungskorb aufgenommen. 1 Ecu setzt sich aus der Summe folgender Währungsbeträge zusammen:

Währung *) = Schätzung	Währungsbetrag im Ecu-Währungskorb per 16.6.89	21.9.89*)	% Anteil der einzelnen EWS-Währungen am Ecu per 16.6.89	21.9.89
DM	0.719	0.6230	34.90	30.10
FFr.	1.31	1.3350	19.00	19.00
£	0.0878	0.0888	11.90	13.00
Hfl.	0.256	0.2192	11.00	9.40
Lit.	140.0	151.88	9.40	10.15
Bfr./Lfr.	3.85	3.4175	9.10	7.90
Dkr.	0.219	0.1972	2.80	2.45
Ir £	0.00871	0.0086	1.10	1.10
Drachme	1.15	1.4262	0.80	0.80
Pta.	—	6.9709	—	5.30
Esc.	—	1.3847	—	0.80

Bei den Ecu-Anleihen erfolgen Liberierung, Zinszahlungen und Rückzahlung in der Regel in Ecu. Verschiebungen in der Zusammensetzung (Korbwährungen, Währungsanteil, Leitkurse) eines Ecu bewirken eine entsprechende Veränderung der Währungsgrundlage einer Anleihe. Der bei der Emission festgesetzte Zinssatz richtet sich nach dem gewichteten Durchschnitt der marktüblichen Verzinsungen der im Währungskorb vertretenen Währungen.

Anleger aus Hartwährungsländern müssen primär die Vorteile einer überdurchschnittlichen Verzinsung bei Ecu-Bonds gegen das (zumindest historisch gesehen) ungünstige Chance/Risiko-Verhältnis im Währungsbereich abwägen. Für den in einer weichen Währung kalkulierenden Investor liegt der Reiz der Ecu-Anleihen vor allem in der Hoffnung auf Wechselkursgewinne. Zudem kann er dadurch allfällige Devisenrestriktionen legal umgehen.

4.3.2   Anleihen mit variablem Zinssatz (Floating Rate Notes)

Bei Anleihen mit variablem Zinssatz wird der Zinssatz nicht für die ganze Laufzeit festgelegt, sondern nach im voraus bestimmten Kriterien jeweils 2 Tage vor dem Coupontermin neu angepasst. Die Zinsausstattung richtet sich nach einem bestimmten Basiszinssatz, der bei der Neufestsetzung des variablen Zinssatzes als Bezugsgrösse gilt. In der Praxis haben sich folgende Zinssätze als Massstab für die Verzinsung von Floatern durchgesetzt:

a. LIBOR = London Interbank Offered Rate
b. LIBID = London Interbank Bid Rate
c. LIMEAN = London Interbank Mean Rate
d. FIBOR = Frankfort Interbank Offered Rate

Unter LIBOR versteht man den Zinssatz, zu dem kurzfristige Gelddepositen unter erstklassigen Banken in London ausgeliehen werden. Da er innerhalb eines Tages Schwankungen unterworfen ist, wird oft die Referenzbank und die Tageszeit näher bezeichnet. Beim LIBOR handelt es sich also um einen "Brief"-Satz im Gegensatz zum LIBID, der einen "Geld"-Satz verkörpert. LIBID ist der Zins, den eine Bank für eine Einlage zu zahlen bereit ist. In der Regel liegt der LIBOR-Satz etwa 0.125 bis 0.1875 % über LIBID. Der LIMEAN ist der Mittelwert zwischen LIBOR und LIBID. FIBOR nennt sich der in Frankfurt gehandelte Interbank "Brief"-Satz.

Der Zinssatz der Floating Rate Notes (FRN) liegt meistens über dem jeweiligen Referenzsatz. Die Höhe der Differenz (Spread) zwischen diesen beiden Sätzen gibt oft einen Hinweis auf die Schuldnerqualität des Emittenten, bei denen es sich übrigens meist um Banken handelt. Bis im Jahre 1985 wurden die meisten Floater in US-Dollar ausgegeben; seither hat sich die Währungspalette jedoch stark verbreitet. Die Börsenkurse von Anleihen mit variablem Zinssatz bewegen sich meist um den Ausgabepreis. Kleinere Kursabweichungen lassen sich oft dadurch erklären, dass sich der aktuelle Referenzzinssatz gegenüber der letzten Zinssatzanpassung des Floaters verändert hat; bei der nächsten Zinsfestsetzung müsste die Anleihe jedoch wieder rund 100% notieren. Anhaltende, bedeutende Kurseinbussen deuten in der Regel auf eine Verschlechterung der Schuldnerbonität hin.

In der Folge werden einige Varianten von Anleihen mit variablem Zinssatz kurz beschrieben:

1. **Floaters mit Mindestzinssatz:** Bei diesem Anleihenstyp kann der Zins nicht unter einen für die gesamte Laufzeit festgelegten Mindestzinssatz sinken, d.h. dem Anleger wird eine Mindestrendite garantiert. Falls die Zinssätze am Kapitalmarkt oder der Basissatz (z.B. LIBOR) deutlich unter den Mindestzinssatz sinken, wird der Börsenkurs des Floaters über pari steigen.

2. **Capped floaters:** In diesem Fall wird ein Höchstzinssatz festgelegt, während die Verzinsung nach unten lediglich durch den variablen Basissatz begrenzt ist. Diese Anleihensform ist für den Anleger meist unattraktiv.

3. **Drop lock bonds:** Sobald der Basiszinssatz inkl. Aufschlag (Spread) auf einen bestimmten Mindestzinssatz absinkt, wird der Floater automatisch in eine festverzinsliche Anleihe umgewandelt - meist nicht zur Freude des Investors.

4. **Mini-max floaters:** Bei dieser Mischform wird sowohl ein Höchst- und ein Mindestzinssatz festgelegt. Je kleiner die Bandbreite, desto grösser ist die Aehnlichkeit zu einer gewöhnlichen, festverzinslichen Anleihe.

Aus der Sicht des Anlegers hat die gewöhnliche Floating Rate Note den Charakter einer Geldmarktanlage, die sich automatisch erneuert. Er erspart sich somit den Aufwand der Wiederanlage und nimmt dagegen in Kauf, dass die Zinsen auf ein meist tieferverzinsliches Konto gutgeschrieben werden. Die sofortige Reinvestierung des Couponbetrages ist zwar möglich, doch relativ kosten- und arbeitsaufwendig. Je nach Courtage- und Spesenstruktur der involvierten Bank und der Dauer der Anlage ist es durchaus möglich, dass der Investor mit Floating Rate Notes eine etwas höhere Rendite erwirtschaftet als mit Geldmarktanlagen. Floating Rate Notes sind für den Anleger **attraktiv, wenn die Zinssätze steigen** bzw. ein längerfristiger Zinssatzanstieg erwartet wird. Im Gegensatz zu gewöhnlichen Obligationen kommen sie in solchen Börsenphasen nicht unter Kursdruck, sondern bewegen sich nur geringfügig unter pari.

4.3.3   Doppelwährungsanleihen (DWA) - Dual Currency Bonds

Bei diesem Anleihenstyp erfolgen Titelliberierung und Zinszahlungen in einer anderen Währung als die Rückzahlung. In Ausnahmefällen ist die Währung für Zins- und Rückzahlung identisch. Meistens wird die Titelrückzahlung in der Währung des Schuldnerdomizils vorgenommen, während der Emissionspreis und die Zinszahlungen in den Devisen eines Tiefzinslandes (z.B. SFr; Yen; DM) erstattet werden. Doppelwährungen sind eine Art von Discountbonds. Zum Zeitpunkt der Emission ist der Rückzahlungsbetrag höher als der in Dollars umgerechnete Zeichnungspreis.

Nachdem seit dem Jahre 1982 zahlreiche öffentlich aufgelegte Doppelwährungsanleihen in der Kombination US$/SFr aufgelegt wurden, erschienen 1985 erstmals US$/Yen-Anleihen am Euromarkt. In den letzten Jahren sind auch Obligationen mit anderen Währungsverbindungen emittiert worden, doch stiessen diese nur auf geringes Interesse. Die nachfolgenden Erläuterungen befassen sich mit US$/SFr-DWAs, haben jedoch auch für Anleihen mit anderen Währungskombinationen Gültigkeit.

Die DWA ist primär auf Anleger aus dem Gebiet der Zinszahlungswährung zugeschnitten. Da sie die Kombination einer Dollar- und Schweizerfranken-Anleihe darstellt, wird bei der Emission eine Rendite angestrebt, die etwa zwischen den Rendite von SFr-Auslandanleihen und Dollar-Bonds liegt. Um dies zu erreichen wird der Zinssatz etwa 1 bis 2% über demjenigen vergleichbarer SFr-Auslandanleihen festgesetzt; gleichzeitig wird bei der Emission ein um 20 bis 40% (je nach Laufzeit) über dem Ausgabepreis liegender Rückzahlungsbetrag - allerdings in einer Fremdwährung (US$) - geboten. Dadurch wird ein bestimmter zukünftiger Wechselkursverlust des US-Dollars gegenüber dem Schweizerfranken eskomptiert. Je länger die Laufzeit der Obligation, desto grösser muss der einkalkulierte Abschlag sein. Diese Wechselkursabsicherung in Form eines erhöhten Rückzahlungsbetrages ist geringer als der Abschlag bei einem entsprechenden Devisen-Termingeschäft; zudem verbleibt dem Anleger ein gewisses Wechselkursrisiko. Aus diesem Grund muss der Emittent dem Gläubiger eine überdurchschnittliche Verzinsung in SFr gewähren, um die Anleihe ausreichend attraktiv zu gestalten. Falls sich die SFr/US$-Parität während der Laufzeit weniger stark als erwartet verändert, d.h. die im Verhältnis des Emissionspreises zum Rückzahlungskurs enthaltene Wechselkursabsicherung nicht übersteigt, erzielt der Anleger eine höhere Rendite als bei einer normalen SFr-Anleihe. Zudem besteht für den Gläubiger auch die Chance eines Währungsgewinns, falls sich der US$ gegenüber dem SFr entgegen den allgemeinen Markterwartungen aufwerten sollte. Aus Schweizer Sicht beschränkt sich das Wechselkursrisiko auf den Rückzahlungsbetrag, da die Zinsen bekanntlich in SFr ausgezahlt werden. Je kürzer die Anleihenslaufzeit bis zum Verfall- oder Kündigungsdatum, desto unbedeutender sind die Zinszahlungen in SFr, bzw. desto wichtiger wird der Rückzahlungsbetrag in US$. Mit zunehmender Nähe des Rückzahlungsdatums ändert sich der Charakter der DWA in Richtung eines US$ Straight Bond.

Doppelwährungsanleihen werden an der Börse in Prozenten des Dollar-Rückzahlungsbetrages gehandelt. Die aufgelaufenen Zinsen (accrued interest) sind im Kurs enthalten; die Notierung erfolgt somit "flat". Der Emissionsbetrag ist in der Regel SFr 5000. Wie der Marktwert einer Doppelwährungsanleihe in SFr gerechnet wird, soll am Beispiel des ersten Titels in Abbildung 31 gezeigt werden : 6.75% AMI 82/97. Der Kurs von 50% am 22. September wird mit dem entsprechenden Rückzahlungsbetrag von $ 6200 und dem Dollarkurs von SFr. 1.68 multipliziert, was SFr 5208 ergibt oder eben 104% des Emissionspreises von SFr 5000. Die direkte Rendite von 6.5% in der letzten Kolonne ergibt sich aus dem Zinsertrag von 6.75% auf dem Emissionsbetrag von SFr 5000 - also SFr. 337.50 -, geteilt durch den in Franken umgerechneten Kurs von SFr 5208.

Zur Titelbeurteilung bedarf es jedoch zusätzlicher Berechnungen. Die Bewertung einer DWA ist selbst für den Finanzmathematiker eine nicht einfache Angelegenheit; meist wird sie durch bestehende Put- und Call-Optionen (Kündigungsklauseln) zusätzlich erschwert. Diese Tatsache hat zusammen mit der Dollarschwäche der letzten Jahre dazu geführt, dass das Interesse an diesen Titeln stark gesunken ist und selbst die Grossbanken auf ein aktives Trading meistens verzichten. Für Anleger, die keinen Kontakt zu fachkundigen Spezialisten haben, erscheint es deshalb ratsam, gewöhnliche US$ oder SFr Straight Bonds (je nach Währungs- und Zinseinschätzung) vorzuziehen.

Bei der Beurteilung einer DWA sind folgende Kriterien zu beachten, bzw. mit anderen Titeln zu vergleichen:

- Die **Dollarparität**. Sie drückt den Dollarkurs aus, bei dem der Erstkäufer bei Endfälligkeit der Anleihe das eingesetzte Kapital zurückerhält. Beispiel: Emissionspreis SFr 5000 dividiert durch Rückzahlungsbetrag US$ 3250 = SFr/US$-Kurs von 1.54.
- Der **Break Even Point**. Dabei handelt es sich um denjenigen SFr/US$-Wechselkurs am Anleihensverfalltag, bei dem der DWA-Besitzer trotz Kapitalverlusten auf dem Rückzahlungsbetrag die gleiche Rendite erzielt, die er auf einer gewöhnlichen SFr-Auslandanleihe desselben Schuldners erwarten könnte. Je länger die Anleihenszeit, desto tiefer wird der Break Even Point.
- Der **Barwert**. Siehe auch Kapitel 4.1.5. Die nötigen Wechselkursvorhersagen können gegebenenfalls anhand von Terminkursen vorgenommen werden.
- Die **Rendite** auf (mittleren) Verfall/Kündigung. Die Rendite einer DWA stellt eine rechnerische Verknüpfung der zukünftigen Zinszahlungen in SFr und der Rückzahlung in US$ mit dem aktuellen Kurs dar. Da die Rückzahlung in Dollar erfolgt, muss eine Wechselkursannahme getroffen

Abbildung 31: Doppelwährungsobligationen im Vergleich

Rückzahlung in US$ 2)		Coupon-verfall	Rück-zahlungs-betrag	Vorzeitige Rückzahlung Jahr	Betrag	Kurs am 22.9.89 in % 1)	Entsprechender Frankenbetrag *)		Dir. Rend. bezogen auf Kaufpreis
6.75%	AMI (BBB-)	82/97	18. Nov.	6200	1991	4115	50.00	5208 (104%)	6.5%
7.25%	IC Ind. Finance (Baa3)	82/97	27.Sept.	6200	1991	4159	60.00	6250 (125%)	5.8%
7%	Transam Finance (A+)	82/93	9.Juli	5400			82.00	7439 (149%)	4.7%
7%	Transam Overseas Fin.	82/94	30.Aug.	5600			76.00	7150 (143%)	4.9%
7.75%	GTE Fin. N.V. (A-)	83/93	26.Sept.	3000	1991	2817	96.50	4864 (97%)	8.0%
8%	Hudson's Bay	83/93	27.Okt.	3000	1991	2781	84.50	4259 (85%)	9.4%
7.5%	IC Ind. Finance (Baa3)	83/93	27.Okt.	3250	1991	3025	86.50	4723 (94%)	7.9%
7%	Baxter (BBB+)	83/93	8.Nov.	3000	1991	2805	94.00	4738 (95%)	7.4%
6.5%	GTE Finance (A-)	86/06	15.Sept.	3870	1998	3600	61.50	3998 (80%)	8.1%
7%	Sears Over. Fin. (AA)	83/93	10.Nov.	3000	1990	2770	96.00	4838 (97%)	7.2%
7.25%	Amex (AA)	83/91	17.Nov.	2825			101.50	4817 (96%)	7.5%
9%	GTE Fin. N.V. (A-)	84/94	16.Jan.	2350	1992	2467.5	109.00	4303 (86%)	10.0%
7%	Eli Lilly O. Fin. (AAA)	84/96	9.Jan.	3350	1994	3100	86.50	4868 (97%)	7.2%
8.75%	First City	84/94	21.Feb.	3000	1992	2750	78.50	3956 (79%)	11.0%
7%	Svensk Exportkr. (AAA)	84/94	21.März	3250	1991	2855	88.00	4805 (96%)	7.3%
5.25%	GMAC Overseas (AA-)	84/96	3.April	4000	1991	3074	72.25	4855 (97%)	5.4%
6%	Commerzbank	84/94	28.März	3625	1991	3095	82.50	5024 (100%)	6.0%
6.25%	Export Dev. (AAA)	84/92	4.April	3120	1990	2855	92.50	4848 (97%)	6.4%
7.125%	Household Fin. (AA-)	84/94	17.April	3400	1991	2920	85.00	4855 (97%)	7.3%
7.75%	GTE Finance (A-)	84/94	1.Nov.	3000	1992	2780	92.00	4637 (93%)	8.4%
6.75%	Unisys (A-)	85/95	27.Feb.	2800	1992	2385	83.00	3904 (78%)	8.6%
6.5%	AMI 4) (BBB-)	85/97	30.Mai	2500			48.00	2016 (52%)	12.0%
7.75%	First City	85/95	6.Aug.	2800	1993	2585	71.50	3363 (67%)	12.0%
7%	Colgate-Palm. (A+)	85/95	29.Aug.	2600	1992	2445	87.00	3800 (76%)	9.2%
7.25%	Philip Morris (A)	85/93	12.Sept.	2350	1992	2310	95.00	3751 (75%)	9.7%
7%	Mobil (AA)	85/95	5.Sept.	2475	1992	2335	93.00	3867 (77%)	9.1%
7%	GTE Finance (A-)	85/00	7.Nov.	3200	1997	3100	76.25	4099 (82%)	8.5%
7.25%	Ford Motor C. (AA)	85/95	6.Nov.	2765	1992	2585	96.00	4459 (89%)	8.1%
7.5%	Charter Medical (B+)	86/01	25.März	3420	1998	3300	66.00	3792 (76%)	9.9%
6%	R.J.R. Nabisco (Ba2)	86/94	1.April	3100	1991	2800	83.00	4323 (86%)	6.9%
6%	Anheuser B. (AA-)	86/94	7.April	3100	1991	2780	87.50	4557 (91%)	6.6%
6%	IBM Credit (AAA)	86/94	4.April	3000	1991	2759	90.00	4536 (91%)	6.6%
5.375%	R.J.R. Nabisco 5) (Ba2)	86/01	17.Juni	3000			68.00	3427 (69%)	7.8%

Rückzahlung in Kan.$ 3)

6.875%	Chrysler C.Can (BBB)	86/91	16.Sept.	4400			90.00	5623 (112%)	6.1%
6.75%	Montreal Urban (A+)	86/96	11.Aug.	5000			72.00	5112 (102%)	6.6%
6.75%	Montreal Trustco	86/91	10.Sept.	4400			83.00	5186 (104%)	6.5%
6.5%	Ford Credit Can. (A)	86/91	29.Aug.	4350			87.50	5405 (108%)	6.0%
6%	Unilever Can. (AAA)	86/91	5.Sept.	4350			90.50	5590 (112%)	5.4%

DW-Wandelobligationen, Rückzahlung in US$ 2)

6.5%	Coleco (D)	85/93	20.Juni	2780			14.00	654 (13%)	0%
8.5%	Pan Am	85/95	19.Juli	2000	1990	5000[6]	70.50	2369 (47%)	18.0%
7%	Nat. Patent Dev.	86/96	18.März	3000			58.00	2923 (58%)	12.0%
7.5%	AM Health Prop.	88/98	1.Dez.	4500			81.00	6124 (122%)	6.1%

*) in Klammern Kurs in % vom Emissionspreis

1) bezogen auf den Rückzahlungsbetrag   2) auf Basis des aktuellen US$-Kurses von 1.68 SFr
3) auf Basis des aktuellen Kan.$-Kurses von 1.42 SFr   4) Emissionspreis SFr 3846
5) ab dem 12. Jahr 10% Zins in US$ 6) in SFr

Datenquelle:
Finanz und Wirtschaft

werden, die z.B. auf Devisen-Terminkursen basieren kann. Die auf diese Weise ermittelte Rendite kann nun mit der Marktrendite der Zinswährung verglichen werden.

4.3.4 Foreign Interest Payment Securities - FIPS

Bei den FIPS handelt es sich um Schweizerfrankenanleihen mit Zinszahlungen in einer Fremdwährung (v.a. US$). Sie verfügen in der Regel über eine ewige Laufzeit, die jedoch durch eine Put- und eine Call-Option relativiert wird; diese erlaubt dem Schuldner und dem Obligationär, die Anleihe auf einen bestimmten Zeitpunkt zu kündigen. Die Börsenkurse der in der Schweiz gehandelten FIPS werden in Prozenten des SFr-Nominalwertes ausgedrückt.

Im Frühjahr 1986 wurde erstmals eine solche Obligation am Schweizer Kapitalmarkt plaziert, und bis Ende 1987 folgten gut ein Dutzend weitere Anleihen dieses Typs. Die für den Anleger meist unvorteilhaften Anleihensbedingungen (v.a. Kündigungsklauseln) und der tendenziell sinkende US-Dollar haben jedoch bald zu einem deutlich nachlassenden Kaufinteresse geführt, so dass die an der Börse gehandelten FIPS im Verlaufe der letzten Jahre unter starken Kursdruck gerieten. Die zurzeit massiv unter pari notierenden Titel haben weitgehend den Charakter von US$-Straight-Bonds. Da verschiedene FIPS am Sekundärmarkt bei Ausübung der Put-Option manchmal höhere Renditen als vergleichbare US$-Obligationen aufweisen, sollten sie regelmässig auf ihre Anlagetauglichkeit geprüft werden.

Anhand des nachfolgenden Beispiels wird ersichtlich, weshalb sich die FIPS in dieser Form nicht durchzusetzen vermochten und der Anleger bei möglichen zukünftigen FIPS-Emissionen vorsichtig agieren sollte. Es zeigt aber auch auf, wie die Schuldner heutzutage immer wieder neue, komplizierte Anleihensformen kreieren und dabei möglichst viel eigene Vorteile herauszuholen versuchen. Die Anleihensbedingungen der ersten FIPS-Emission lauteten u.a. wie folgt:

Schuldner: Pepsico Inc., New York
Emissionsbetrag: SFr 400 Mio.
Laufzeit: unbeschränkt
Zinssatz: 7.5% auf den Nominalbetrag (SFr 5000), umgerechnet in US$, fixiert zum Wechselkurs von SFr/US$ 1.8690. Nach 10 Jahren erfolgt eine Neufestsetzung des Zinssatzes; dieser wird 0.5% unter der Rendite von 10jährigen US Treasury Bonds festgesetzt.
Zinszahlungen: jährlich in US$. Sie betragen US$ 200.64 je Obligation zu nom. SFr 5000.

Stückelung: SFr 5000 und SFr 100'000
Kündigungsmöglichkeit:
1. Seitens des Schuldners (Call-Option): auf Ende jeder 10-Jahr-Periode zum Nominalwert von SFr 5000.
2. Seitens des Gläubigers (Put-Option): auf Ende jeder 10-Jahr-Periode falls:
    a. der Wechselkurs SFr/US$ gleich oder höher ist als 1.8690 zum Nominalwert von SFr 5000
    b. der Wechselkurs SFr/US$ tiefer als 1.8690 ist, zu einem Rückzahlungspreis unter SFr 5000, der nach folgender Formel berechnet wird:

$$\frac{SFr\ Nominalwert \times aktueller\ Wechselkurs}{1.8690}$$

Beurteilung der FIPS-Anleihe zum Emissionszeitpunkt:

a. Aufgrund der Put- und Call-Option kann davon ausgegangen werden, dass die Anleihe nach Ablauf der ersten 10-Jahr-Periode entweder vom Schuldner oder vom Obligationär gekündigt wird, d.h. die Anlagedauer nicht "ewig" ist.

b. Anlagerendite bei sinkendem US-Dollar-Kurs:
    Die konservative und zugleich wahrscheinliche Annahme ist, dass sich der US$ gegenüber dem SFr längerfristig abschwächt. Dadurch verliert der Zinsertrag von US$ 200.64 in Schweizerfranken umgerechnet ständig an Wert, und auch der Rückzahlungsbetrag (siehe Kündigungsklausel 2b) wird immer geringer. Bei einem rückläufigen US$-Kurs erleidet der Schweizer Anleger somit ähnliche Kapital- und Ertragseinbussen (in SFr) wie mit einem gewöhnlichen US$-Bond. Da der Pepsico-Titel jedoch nur mit einem Zinssatz von 7.5% (im Vergleich zu zirka 9% für US$-Straight-Bonds zum Emissionszeitpunkt) ausgestattet ist, kommt der Anleger noch zusätzlich "in den Genuss" einer tiefen Verzinsung.

c. Anlagerendite bei steigendem US-Dollar-Kurs:
    Falls der SFr/US$-Kurs wider Erwarten über 1.8690 ansteigen sollte, präsentiert sich die Rechnung für den Investor günstiger. In diesem Fall verkörpern die festgesetzten Zinszahlungen von US$ 200.64 in Schweizerfranken umgerechnet einen höheren Wert; anderseits ergeben sich für den Anleger keine Kapitalgewinne, da der Rückzahlungsbetrag bei max. SFr 5000 je Anleihe festgelegt ist. Wenn dieser Sachverhalt gegen Ende der ersten 10-Jahr-Periode besteht, ist mit einer Kündigung seitens des Schuldners (Call-Option) zu rechnen. Der Investor wird aber eine im Vergleich zu einer gewöhnlichen SFr-Auslandanleihe (Rendite zum Emissionszeitpunkt: zirka 6%) deutlich höhere Verzinsung auf dem investierten Kapital erzielen.

d. Wie die nachfolgenden Rechnungen beweisen, ist der Anleger aber sowohl im Falle eines steigenden als auch eines sinkenden US$-Kurses mit einer gewöhnlichen US$-Anleihe besser bedient als mit dieser Pepsico-Obligation (zu Emissionsbedingungen). Zwar ist die Anlagerendite bei einem SFr/US$-Kurs unter 1.60 bei Ausübung der Call-Option theoretisch höher als diejenige der 9%-US$-Anleihe, doch dürfte der Schuldner die FIPS-Anleihe in diesem Fall kaum kündigen. Er wird vielmehr von den günstigen Zinskonditionen (0.5% tiefere Verzinsung als 10jährige US Treasury Bonds) weiter profitieren wollen.

Anlagerendite bei Ausübung der Call-Option
Cash Flow in SFr gerechnet

US$/SFr	1.00	1.40	1.70	1.87	2.00	2.20	2.50
Jahr							
0	-5000.00	-5000.00	-5000.00	-5000.00	-5000.00	-5000.00	-5000.00
1	200.64	280.90	341.16	375.00	401.28	441.41	501.61
2	200.64	280.90	341.16	375.00	401.28	441.41	501.61
3	200.64	280.90	341.16	375.00	401.28	441.41	501.61
4	200.64	280.90	341.16	375.00	401.28	441.41	501.61
5	200.64	280.90	341.16	375.00	401.28	441.41	501.61
6	200.64	280.90	341.16	375.00	401.28	441.41	501.61
7	200.64	280.90	341.16	375.00	401.28	441.41	501.61
8	200.64	280.90	341.16	375.00	401.28	441.41	501.61
9	200.64	280.90	341.16	375.00	401.28	441.41	501.61
10	5200.64	5280.90	5341.09	5375.00	5401.28	5441.41	5501.61
Rendite (in %)	**4.013**	**5.618**	**6.822**	**7.500**	**8.026**	**8.828**	**10.032**

Anlagerendite bei Ausübung der Put-Option
Cash Flow in SFr gerechnet

US$/SFr	1.00	1.40	1.70	1.87	2.00	2.20	2.50
Jahr							
0	-5000.00	-5000.00	-5000.00	-5000.00	-5000.00	-5000.00	-5000.00
1	200.64	280.90	341.16	375.00	401.28	441.41	501.61
2	200.64	280.90	341.16	375.00	401.28	441.41	501.61
3	200.64	280.90	341.16	375.00	401.28	441.41	501.61
4	200.64	280.90	341.16	375.00	401.28	441.41	501.61
5	200.64	280.90	341.16	375.00	401.28	441.41	501.61
6	200.64	280.90	341.16	375.00	401.28	441.41	501.61
7	200.64	280.90	341.16	375.00	401.28	441.41	501.61

8	200.64	280.90	341.16	375.00	401.28	441.41	501.61
9	200.64	280.90	341.16	375.00	401.28	441.41	501.61
10	2875.87	4026.22	4888.98	5375.00	5401.28	5441.41	5501.61
Rendite (in %)	-0.808	3.477	6.140	7.500	8.026	8.828	10.032

Anlagerendite einer vergleichbaren, 10jährigen 9%-US$-Obligation
Cash Flow in SFr gerechnet

US$/SFr Jahr	1.00	1.40	1.70	1.87	2.00	2.20	2.50
0	-5000.00	-5000.00	-5000.00	-5000.00	-5000.00	-5000.00	-5000.00
1	240.77	337.08	409.31	450.00	481.54	529.70	601.93
2	240.77	337.08	409.31	450.00	481.54	529.70	601.93
3	240.77	337.08	409.31	450.00	481.54	529.70	601.93
4	240.77	337.08	409.31	450.00	481.54	529.70	601.93
5	240.77	337.08	409.31	450.00	481.54	529.70	601.93
6	240.77	337.08	409.31	450.00	481.54	529.70	601.93
7	240.77	337.08	409.31	450.00	481.54	529.70	601.93
8	240.77	337.08	409.31	450.00	481.54	529.70	601.93
9	240.77	337.08	409.31	450.00	481.54	529.70	601.93
10	2916.00	4082.40	4957.20	5450.00	5832.00	6415.20	7289.99
Rendite (in %)	0.210	4.720	7.549	9.000	10.069	11.622	13.801

4.4 Optionsanleihen

Die Optionsanleihe hat sich in den letzten Jahren zu einem beliebten Anlage-
und Finanzierungsinstrument entwickelt. Es handelt sich bei ihr um ein festverzinsliches Wertpapier, das mit einem abtrennbaren Optionsschein (Warrant)
verbunden ist. Dieser berechtigt den Inhaber meistens zum Bezug eines Beteili-
gungspapiers (Aktie oder PS) des emittierenden Unternehmens. Bei der Emission wird die Optionsfrist und der Bezugspreis festgesetzt, wobei letzterer bei
späteren Kapitalerhöhungen meist entsprechend reduziert wird (Verwässerungsschutz). Beim Verkauf oder bei der Ausübung des Bezugsrechtes bleibt
die Optionsanleihe (ex Option) in der Regel bis zur Fälligkeit bestehen. Das ist
ein wesentlicher Unterschied zur Wandelanleihe, die immer an Zahlungsstatt
gegeben wird.

Für Optionsanleihen ergeben sich 3 Börsennotierungen:

- Optionsanleihe cum (mit) Option
- Optionsanleihe ex (ohne) Option
- Optionsschein (Warrant, Bezugsschein)

Der Börsenkurs einer Optionsanleihe (cum Option) setzt sich somit aus dem Wert der Optionsanleihe (ex Option) und dem Optionsschein zusammen.

4.4.1 Beurteilung von Optionsanleihen

Die **Optionsanleihe cum Warrant** erfordert die Beurteilung von zwei Komponenten. Einerseits sollte die Optionsobligation nach den für Straight Bonds geltenden Kriterien untersucht werden; anderseits muss die Attraktivität des Optionsscheines geprüft werden. Letzteres wird der praxisorientierte Anleger anhand folgender Gesichtspunkte vornehmen:

- Optionsprämie pro Jahr Restlaufzeit
- Hebelfaktor (Leverage Factor)
- Kurschancen des zugrunde liegenden Wertes (erwartete Volatilität)

Der für den Käufer *"ideale"* Optionsschein verfügt über eine möglichst kleine Optionsprämie, einen hohen Hebelfaktor, eine lange Optionsfrist und eine starke erwartete Kursvolatilität des zu beziehenden Aktivums. Unter Berücksichtigung dieser vier Faktoren können auch Quervergleiche mit anderen, ähnlich gelagerten Optionsscheinen nützliche Hinweise liefern. Im weiteren spielt auch die allgemeine Marktstimmung bei der Bewertung von Optionsscheinen eine Rolle. Nachstehend einige einfache, praxisorientierte Formeln zur Berechnung wichtiger Grössen im Zusammenhang mit der Beurteilung von Optionsscheinen:

$$\frac{\text{Rechnerischer Wert}}{\text{des Optionsscheins}} = (\text{Börsenkurs Aktie} - \text{Bezugspreis}) \times \frac{\text{Anzahl Aktien}}{\text{je Bezugsschein}}$$

$$\frac{\text{Options-}}{\text{prämie}} = \frac{\left(\dfrac{\text{Kurs Optionsschein}}{\text{Anzahl Aktien je Optionsschein}} + \text{Bezugspreis}\right) \times 100}{\text{Aktienkurs}} - 100$$

$$\text{Optionsprämie pro Jahr} = \frac{\text{Optionsprämie}}{\text{Anzahl Jahre Optionsfrist}}$$

$$\text{Leverage Factor} = S^* \times \frac{\text{Aktienkurs} \times \text{Anzahl Aktien je Optionsschein}}{\text{Kurs Optionsschein}}$$

S^* *für Aktienkurs / Bezugspreis-Verhältnis unter* 1.5 : $\quad S = -0.5 + \dfrac{\text{Aktienkurs}}{\text{Bezugspreis}}$

über 1.5 : $\quad S = 1.0$

Beispiel:

SFr 3.25% Spar- und Leihkasse Bern 1986-96, Kurs 115%; Optionsscheinkurs SFr 600; 1 Option = 1 Inhaberaktie zu SFr 2300; Kurs der Inhaberaktie: SFr 2600

$$\text{Rechnerischer Wert des Optionsscheins} = (\text{SFr } 2600 - \text{SFr } 2300) \times 1 = \mathbf{SFr\ 300}$$

$$\text{Optionsprämie} = \frac{\left(\dfrac{600}{1} + 2300\right) \times 100}{2600} - 100 = \mathbf{11.54\%}$$

S^* *für Aktienkurs / Bezugspreis-Verhältnis unter* 1.5 : $\quad S = -0.5 + \dfrac{2600}{2300} = \mathbf{0.63}$

$$\text{Leverage Factor} = 0.63 \times \frac{2600 \times 1}{600} = \mathbf{2.73}$$

Bei der oben aufgeführten Berechnungsart der Optionsprämie werden wichtige preisbeeinflussende Faktoren, wie die Volatilität des zugrunde liegenden Aktivums, die Dividende und der Zinssatz für risikofreie Anlagen nicht berücksichtigt. Trotzdem dürfte diese einfache Berechnung der Optionsprämie, unter Berücksichtigung des Leverage Factors zur Beurteilung der Attraktivität eines Optionsscheins für breite Anlegerkreise genügen. Spezialisten werden dagegen auf umfassendere Berechnungsformeln zurückgreifen. Mittels professioneller Optionspreismodelle (z.B. nach Black & Scholes) lässt sich ein "theoretisch richtiger" Optionsscheinpreis berechnen. Es ist jedoch zu beachten, dass durch die langen Laufzeiten der traditionellen Optionsscheine und den bei der Ausübung der Optionen entstehenden Verwässerungseffekt Verzerrungen auftreten können. Die Optionspreismodelle sind in erster Linie für Berechnungen im Bereich der "Traded Options" entstanden (vgl. auch Kap. 4.6, *"Traded Options"*) und nur unter Vorbehalten für die Bewertung der traditionellen Optionsscheine geeignet.

Zusätzliche Hinweise

- Im Börsenhandel weisen Optionsanleihen ex Warrants oft eine im Vergleich zu gewöhnlichen Straight Bonds leicht erhöhte Rendite auf. Infolge ihres tiefen Coupons können sie (je nach Steuerdomizil des Anlegers) auch aus steuerlichen Gründen interessant sein (Kapitalgewinne unterliegen oft nicht der Einkommenssteuer).

- Bei einem steigenden Börsentrend empfiehlt es sich, das Augenmerk vermehrt auch auf Neuemissionen von Optionsanleihen zu richten. Diese werden oft bereits am ersten Handelstag deutlich über dem Ausgabepreis gehandelt. Erkundigen Sie sich am letzten Tag der Zeichnungsfrist nach den "Graumarktpreisen", die für die betreffende Neuanleihe gezahlt werden, bevor Sie sich für oder gegen eine Zeichnung entscheiden.

4.5 Unterscheidungsmerkmale verschiedener Optionsarten

In den letzten 10 Jahren sind an den internationalen Finanzmärkten verschiedene neue Optionsarten kreiert worden, die im Volksmund oft verallgemeinernd und undifferenziert als "Optionsscheine", "Optionen" und "Warrants" bezeichnet werden. Solch unpräzise Titelbenennungen können leicht die Ursache von Verwechslungen werden und dem Anleger ein falsches Bild über die Beschaffenheit einer Option vermitteln. Genaue Optionsbezeichnungen sind deshalb von grosser Bedeutung, was allerdings voraussetzt, dass man die verschiedenen Optionsarten und ihre wesentlichen Unterscheidungsmerkmale auch kennt.

4.5.1   Traditionelle Optionsscheine, ex Optionsanleihe

Die seit über 25 Jahren bekannten traditionellen Optionsscheine, ex Optionsanleihen, werden mit einer Anleihe verbunden ausgegeben und an der Börse von der Obligation losgelöst gehandelt. Sie sind nicht standardisiert, d.h. wichtige Elemente des Optionsscheins werden individuell ausgestaltet. Diese Optionsscheine berechtigen jeweils zum Bezug von Aktien derjenigen **Gesellschaft**, die als **Emittent** auftritt. Bei der Ausgabe einer Optionsanleihe muss die betreffende Gesellschaft das Aktienkapital entsprechend erhöhen und die neugeschaffenen Aktien als Hinterlage für die später mögliche Ausübung der Optionsscheine reservieren. Wenn der Aktienbezugspreis der Optionsscheine unter dem inneren Wert der betreffenden Aktien liegt, so findet bei der Ausübung der Optionsscheine eine Kapitalverwässerung statt; dies ist bei den nachfolgend beschriebenen Optionen auf Aktien Dritter und den Traded Options nicht der Fall. Die Optionsfrist beträgt meistens mehrere Jahre, und der Bezugspreis wird bei späteren Kapitalerhöhungen praktisch immer entsprechend reduziert. Da Verwässerungsklauseln unterschiedlich ausgestaltet werden können, ist immer zu prüfen, ob für ausreichenden Schutz gesorgt ist; dieser Hinweis gilt auch für andere Optionsarten.

An den Schweizer Börsen werden zurzeit über 100 Optionsanleihen von Schweizer Unternehmen gehandelt, wovon etwa ein Viertel Fremdwährungsanleihen sind.

4.5.2   Optionen auf Aktien Dritter

Dieses Anlageinstrument wurde erst gegen Mitte der 80er Jahre geschaffen, hat aber bei spekulativ eingestellten Anlegern innert kurzer Zeit Furore gemacht; insbesondere in professionellen Kreisen sind die Optionen auf Aktien Dritter (neben den japanischen Optionsscheinen, ex Optionsanleihe) zum eigentlichen "new game in town" geworden. An der Emission von Optionen auf Aktien Dritter ist die **Gesellschaft**, deren Aktien mittels solcher Warrants bezogen werden können, **nicht beteiligt**, und die Optionen werden auch nicht in Verbindung mit einer Anleihe ausgegeben. Wie die traditionellen Optionsscheine sind auch die Optionen auf Aktien Dritter nicht standardisiert und verfügen meistens über einen Verwässerungsschutz und eine relativ lange Optionsfrist (zirka 1 bis 3 Jahre). Während diese Optionsart in der Schweiz eine starke Verbreitung erfahren hat und das Titelangebot mittlerweile reichhaltig geworden ist, konnte es sich in der Bundesrepublik Deutschland - wohl aus rechtlichen und steuerlichen Gründen - bisher nicht durchsetzen. Bei den Optionen auf Aktien Dritter unterscheidet man zwischen zwei Unterarten:

122

4.5.2.1 Stillhalter-Optionen

Dieser Optionstyp existiert im europäischen deutschsprachigen Raum bisher nur in Form von SFr.-Optionen, die zum Bezug von Schweizer Aktien berechtigen. Grossaktionäre, meist institutionelle Anleger, verkaufen eine festgelegte Anzahl Optionen, die auf eine bestimmte Aktie oder einen Titelkorb lauten. Diese als Stillhalter bezeichneten Aktionäre müssen die entsprechende Anzahl Aktien besitzen und sie während der gesamten Optionsfrist als Sicherstellung hinterlegen; dadurch wird ein Teil der ausstehenden Aktien dem Handel entzogen, was die Liquidität in der betreffenden Aktie beeinträchtigen kann. Die Stillhalter stehen in einem Vertragsverhältnis zur Bank, welche die Emission durchführt. Das Bankinstitut wiederum tritt gegenüber dem Anlagepublikum als Verkäuferin der Option auf und verpflichtet sich, die Titel bei der Ausübung der Option zu liefern; in der Praxis wird der Optionsinhaber aber praktisch immer auf den Aktienbezug verzichten und statt dessen die Optionen über den Markt verkaufen. Stillhalter verkaufen Optionen meistens mit der Absicht, durch das Einkassieren einer hohen Prämie den Ertrag auf den gehaltenen Aktien verbessern zu können. Stillhalter-Optionen werden in der Schweiz vorbörslich gehandelt.

4.5.2.2 Covered Options

Hierbei handelt es sich (zumindest in der bisherigen Praxis) um Optionen, die zum Bezug von Aktien ausländischer Gesellschaften berechtigen, also beispielsweise um SFr.-Optionen auf US-Aktien. Covered Options sind bisher vorwiegend von amerikanischen und japanischen Brokerhäusern verkauft worden. Als Hinterlage für die ausgegebenen Optionen dient nicht zwangsläufig die entsprechende Anzahl Aktien; oft erfolgt die nötige Absicherung durch das Emissionshaus über den Kauf bereits bestehender Warrants oder Wandelanleihen in fremden Währungen. Bei Ausübung der Option kann anstelle einer Titellieferung auch ein Barausgleich (cash settlement) vorgenommen werden. Auch diese Optionsart ist in der Regel mit einem Verwässerungsschutz ausgestattet. Der Handel findet grösstenteils per Telefon statt, wobei das Emissionshaus (Lead Manager) als Market Maker eine führende Rolle spielt; einzelne US-Optionen werden in der Schweiz auch vorbörslich gehandelt.

Stillhalter-Optionen
(Bereits ausgegebene Titel; Stand per August 1989; aktuelle Kurse siehe: Lead Manager)

Option berechtigt zum Bezug von [*]	Lead Manager	Options-frist	Ausübungs-preis[**] in SFr	Plazie-rungspreis in SFr
Substanzwert-Basket[16]	Bär	4.6.1991	6800	120
OZX-Index[9]-Option	OZ Zürich	19.9.1990	[9] 2500	300
OZX-Index[9]-Put-Option	OZ Zürich	19.9.1990	[9] 2300	113
OZX-Index[9]-Option	OZ Zürich	19.9.1990	[9] 2400	258
Basket[5]	BZ Bank	30.6.1990	19452	2000
Bergbahnen-Basket[8]	SBV	28.2.1991	2700	40
Cross-Basket[14]	ZKB	12.3.1991	47934	50
Banken-Basket[12]	SVB	4.8.1992	12500	150
Maschinen-Basket[11]	SBV	30.6.1991	4287	42
SVB Stammanteil[13]	SVB	14.7.1992	1850	200
Berner Allg.Namen[1]	SBV	15.2.1990	6108	90
Ciba-Geigy Namen	BZ Bank	20.6.1991	3300	275
Ciba-Geigy Namen	Vontobel	19.3.1992	2850	350
Ciba-Geigy Inhaber (Serie A)	BZ Bank	21.8.1991	4600	780
Ciba-Geigy Inhaber (Serie B)	BZ Bank	21.8.1991	5000	630
Pharma-Basket[7]	BZ Bank	26.10.1989	58190	700
Holderbank Inhaber[4]	Vontobel	14.11.1990	7000	200
Merkur Namen[6]	SBV	30.6.1990	1768	90
Nestlé Namen[1]	M.Lynch	6.3.1991	8700	118
Nestlé Namen[4]	Vontobel	18.6.1991	10000	170
Rück Namen[3]	SKA	30.4.1990	7700	100
Rück Namen[1]	SBG	22.8.1991	10100	140
Rück Namen[1]	Vontobel	14.2.1992	8400	100
Roche GS (Serie A)	BZ Bank	15.8.1990	2838	130
Roche GS (Serie B)	BZ Bank	15.8.1990	3038	90
Roche GS (Serie C)	BZ Bank	20.3.1991	3645	320
Sandoz Namen[1]	Vontobel	31.12.1989	4900	100
Sandoz Namen	Vontobel	17.4.1991	10000	100
SBG Inhaber	Vontobel	3.6.1991	4400	330
Sulzer Namen[4]	SKA	30.4.1990	2831	100
Swissair Inhaber	Cantrade	1.6.1990	1275	250
Winterthur Namen[15]	Vontobel	3.6.1991	4187	115
Winterthur Namen[5]	SBG	22.8.1991	4385	125
Zürich Namen	SBV	30.9.1990	3266	700
Zürich Namen[2]	SKA	15.12.1989	3466	100

[*]   1 Aktie, sofern nichts anderes angegeben ist
[**]   Verändert sich bei Kapitalerhöhungen (Verwässerungsschutz)

1)	10 Optionen zum Bezug einer Aktie	
2)	6 Optionen zum Bezug einer Aktie	
3)	12 Optionen zum Bezug einer Aktie	
4)	5 Optionen zum Bezug einer Aktie	
5)	10 Optionen zum Bezug von 10 SBV, 1 Nestlé, 1 Sandoz und 1 Zürich Namen	
6)	4 Optionen zum Bezug einer Aktie	
7)	10 Optionen zum Bezug von 5 Roche GS, 3 Sandoz Namen und 9 Ciba-Geigy Namen	
8)	2 Optionen zum Bezug von 1 Jungfrau- und 2 Wengeneralpbahn-Aktien	
9)	Diese Option berechtigt nicht zum Bezug von Aktien. Wenn der OZX-Index am Stichtag über (Call) / unter (Put) dem Ausübungspreis liegt, wird die Differenz in bar vergütet	
10)	2 Optionen zum Bezug von 1 Roche GS	
11)	10 Optionen zum Bezug von 3 PS G. Fischer, 2 PS Rieter, 1 PS Schindler + 3 PS Sulzer	
12)	10 Optionen zum Bezug von 1 SBG I, 8 SBV I, 1 CS-Holding I + 1 SVB Stamm	
13)	1 Option zum Bezug von 1 SVB Stamm	
14)	100 Optionen zum Bezug von 4 SBG, 4 BBC, 1 Elvia, 1 Zürich, 1 Sandoz, 3 Ciba-Geigy + 2 Nestle Namen	
15)	3 Optionen zum Bezug von einer Aktie	
16)	10 Optionen zum Bezug von 6 Von Roll N, 4 Oerlikon-Bührle N + 4 Alusuisse N	

Quelle: Finanz und Wirtschaft

SFr.-Optionen auf US-Aktien (covered options)
(Bereits ausgegebene Titel; Stand per August 1989;
aktuelle Kurse und Prämien siehe: Presse/Lead Manager)

Option berechtigt zum Bezug von [1]	Lead Manager	Options- frist	Ausübungs- preis in US$ [2]	Plazie- rungspreis in SFr.
Bristol Myers	Goldman Sachs	15.2.1991	41.250	105
Eastman-Kodak	Morgan Stanley	1.2.1991	41.000	105
3 M	Morgan Stanley	31.1.1991	59.000	157
Philip Morris	Bankers Trust	30.1.1991	110.000	238
Coca Cola	Bankers Trust	17.1.1991	49.375	110
Procter & Gamble	Bankers Trust	15.2.1991	81.750	199
Du Pont [3]	Morgan Stanley	25.1.1991	97.125	84
Merck	Bankers Trust	15.1.1991	60.500	127
Amoco	Morgan Stanley	25.1.1991	38.000	90
Squibb	Julius Bär	26.4.1991	70.000	162
Squibb	Goldman Sachs	2.5.1991	69.250	198
Texas Instruments	Julius Bär	19.4.1991	39.160	124
Waste Management	Bankers Trust	15.2.1991	42.375	147
Kellogg	Goldman Sachs	15.3.1991	60.000	175
Walt Disney	Bankers Trust	15.2.1991	79.750	237

Warner Lambert	Bankers Trust	19.4.1991	81.000	212
General Motors	Morgan Stanley	15.2.1991	36.000	79
Wal-Mart	Bankers Trust	15.3.1991	33.500	110
Colgate-Palmolive	Bankers Trust	15.2.1991	45.500	119
Boeing	Goldman Sachs	15.3.1991	43.125	129
Digital Equipment	Bankers Trust	15.3.1991	79.000	251
Americal Cyanamid	Shearson Lehmann	1.3.1991	45.250	150
Anheuser Busch	Goldman Sachs	15.3.1991	36.500	102
Union Pacific	Goldman Sachs	1.4.1991	65.000	166
Burlington Resources	Shearson Lehmann	1.3.1991	38.250	132
International Paper	Morgan Stanley	11.4.1991	42.000	117
General Electric	Shearson Lehmann/SBG	2.1.1991	45.000	155
Gillette	Goldman Sachs	15.5.1991	37.000	115
Dow Chemical	Bankers Trust	15.3.1991	85.250	246

[1]   5 Aktien, sofern nichts anderes angegeben ist
[2]   Verwässerungsschutz: bei Kapitalerhöhungen verringert sich meistens der Ausübungspreis; in seltenen Fällen erhöht sich die Anzahl zu beziehender Aktien
[3]   2 Aktien

Quelle: Goldman Sachs Finanz AG, Zürich

4.5.3   Traded Options

Bei den "Traded Options" handelt es sich um künstlich geschaffene Optionen, die nicht durch die entsprechende Gesellschaft herausgegeben werden. Zwecks besserer Fungibilität werden die einzelnen Kontrakte vereinheitlicht. Diese Standardisierung bezieht sich auf den Basispreis, die Anzahl Einheiten je Kontrakt und auf die Verfalldaten. Lediglich der Preis der Option wird letztlich durch den Käufer und Verkäufer bestimmt. Eine Clearingstelle tritt jeweils als Gegenpartei auf und garantiert die Vertragserfüllung sowie die Abwicklung der Lieferung bei allfälliger Ausübung der Option. Die Gewährleistung der Verpflichtungen wird nicht durch das Hinterlegen von Aktien (oder sonstigen Aktiven) abgesichert, sondern durch Zahlung von Sicherstellungsmargen durch die Marktteilnehmer. Als weiterer Unterschied zu den vorher besprochenen traditionellen Optionen und den Stillhalteroptionen werden auch Put-Optionen (Verkaufsoptionen) gehandelt. Die Kontraktdauer für Aktienoptionen beträgt in der Regel maximal 9 Monate. An der Swiss Options and Financial Futures Exchange (SOFFEX) liegt die längste Laufzeit bei 6 Monaten.

4.6 Traded Options - die moderne Option

Die Option ist grundsätzlich ein Vertrag, der das Recht oder die Pflicht beinhaltet, zu einem vorher festgelegten Preis und während einer festgesetzten Frist eine bestimmte Anzahl des zugrunde liegenden Wertes zu kaufen oder zu verkaufen. Die Kontrakte sind in bezug auf Basispreis, Anzahl Einheiten und Verfallsdaten vereinheitlicht. Während der Käufer einer Option lediglich das Recht (aber nicht die Pflicht) hat, die Option auszuüben, geht der Verkäufer (Stillhalter) die Verpflichtung ein, die entsprechenden Werte zu den vorher festgelegten Konditionen zur Verfügung zu stellen. Beim Optionsgeschäft möchte sich somit eine Partei von einem Risiko befreien, während eine andere gewillt ist, dieses Risiko (gegen Erhalt einer Prämie) einzugehen.

Entsprechend dem zugrunde liegenden Aktivum gibt es verschiedene Arten von Optionen:

- Optionen auf *"Actuals"* (Spot)
  — Stock Options
  — Stock Index Options
  — Currency Options
  — Interest Rate Options

- Optionen auf *"Futures"*
  — Stock Index Futures Options
  — Currency Futures Options
  — Precious Metal Futures Options
  — Interest Rate Futures Options
  — Commodity Futures Options

Seit der Gründung der Chicago Board of Options Exchange (CBOE) im Jahre 1973 hat der Handel mit Optionen weltweit einen rasanten Aufschwung erlebt. In der Folge begannen die American Stock Exchange, Pacific Stock Exchange, Philadelphia Stock Exchange usw. Optionen anzubieten. In Europa erfolgt der Handel in Optionen vor allem über die Amsterdamer European Options Exchange (EOE), die London Stock Exchange und neuerdings die Swiss Option and Financial Futures Exchange (SOFFEX). Im Zusammenhang mit dem Börsencrash vom Herbst 1987 hat der Optionshandel weltweit vorübergehend einen Rückschlag erlitten; dagegen hat sich das Handelsvolumen an der SOFFEX bisher erfreulich entwickelt. Nach Inbetriebnahme der deutschen Terminbörse (Frankfurt) im 1. Quartal 1990 wird das Anlagemedium "Traded Options" auch in der Bundesrepublik Deutschland voraussichtlich einen rasanten Aufschwung erleben; **die nachfolgenden Erläuterungen sind aus dieser Sicht gerade für den deutschen Leser besonders interessant.**

4.6.1 Grundbegriffe im Optionsgeschäft

Die folgenden Ausführungen beschränken sich in erster Linie auf Aktienoptionen. Für die übrigen Optionsarten gelten in der Regel die gleichen Grundsätze und Mechanismen.

Im Optionsgeschäft gibt es zwei verschiedene Optionstypen und vier unterschiedliche Transaktionsmöglichkeiten:

— Kauf einer Call-Option
— Verkauf einer Call-Option
— Kauf einer Put-Option
— Verkauf einer Put-Option

Die nachfolgende Aufstellung zeigt die aus dem jeweiligen Optionsgeschäft resultierenden Rechte und Pflichten:

	Optionstyp: CALL	Optionstyp: PUT
Käufer (Option Buyer)	Hat während der Optionsfrist das Recht, die der Option zugrunde liegenden Werte zum festgesetzten Preis zu beziehen; d.h. die Option auszuüben. Für dieses Recht zahlt er eine Prämie.	Hat während der Optionsfrist das Recht, die der Option zugrunde liegenden Werte zum festgesetzten Preis zu verkaufen. Für dieses Recht zahlt er eine Prämie.
Verkäufer (Option Writer)	Hat während der Optionsfrist die Pflicht, auf Verlangen des Optionsbesitzers (Käufers), die der Option zugrunde liegenden Werte zum festgesetzten Preis zu verkaufen. Diese Pflicht wird in Form einer Prämie entschädigt.	Hat während der Optionsfrist die Pflicht, auf Verlangen des Optionsbesitzers (Käufers), die der Option zugrunde liegenden Werte zum festgesetzten Preis zu beziehen. Diese Pflicht wird in Form einer Prämie entschädigt.

Weshalb werden Optionsgeschäfte getätigt ?

a. Die Option erlaubt dem Anleger einen erwarteten Trend mit einem relativ geringen Kapitaleinsatz ertragsmässig voll auszunutzen (Hebeleffekt). ⇒ Spekulative Funktion

b. Durch den Einsatz von Optionen kann in unsicheren Börsenphasen das Anlagerisiko limitiert werden. ⇒ Absicherungs- bzw. Hedge-Funktion

c. Optionen erlauben auch in ruhigen, seitwärtsgerichteten Marktphasen den Depotertrag zu steigern. ⇒ Ertragssteigernde Funktion

d. Kurzfristiges Trading ist durch den Einsatz von Optionen meist kostengünstiger zu bewerkstelligen als durch direkte Titelkäufe. ⇒ Kostenreduktions-Funktion

Die zitierten Funktionen einer Option leisten jedoch nur dann einen positiven Beitrag zur Gesamtperformance eines Depots, wenn die vom Anleger erwartete Kursentwicklung des Basiswertes auch effektiv eintrifft und die entsprechende Optionsstrategie angewendet wird. Der Erfolg jeder Anlagestrategie (ausser professionelle Arbitragschäfte) ist in entscheidendem Mass von der richtigen Einschätzung der zukünftigen Kursentwicklung des Basiswertes abhängig. Optionen sollten vor allem dann eingesetzt werden, wenn der Anleger einen klaren Trend, sei es Hausse-, Baisse- oder Seitwärtstrend, zu erkennen glaubt. Jedes Szenario erfordert den Einsatz eines bestimmten Optionstyps; bei gemischten Strategien sind auch Kombinationen möglich. Die optimale Wahl des Ausübungspreises und des Verfalltermins bilden das "Feintuning", das jedoch enormen Einfluss auf den Erfolg von Optionsgeschäften haben kann.

Der Optionsauftrag

Bei der Plazierung eines Optionsauftrages sind folgende Elemente zu bestimmen:

1. **Kauf / Verkauf** (Buy / Sell)

2. **Anzahl Kontrakte.** In diesem Zusammenhang ist es wichtig zu wissen, wie viele Aktien 1 Optionskontrakt umfasst! In den USA und an der EOE beinhaltet 1 Aktienoption in der Regel 100 Einheiten des der Option zugrunde liegenden Wertes. In London (LSE) steht 1 Option für 1000 englische Aktien. In Frankfurt beinhaltet 1 Option 50 Aktien, und an der SOFFEX wurde eine Kontraktgrösse von 5 Aktien festgelegt.

3. **Optionstyp:** Call-Option oder Put-Option (Kauf- oder Verkaufsoption)

4. **Basis** (Underlying Asset). Darunter versteht man das Aktivum (z.B. Aktie, Edelmetall, Devisen, Futures-Kontrakte usw.), das durch die Option bezogen oder abgegeben werden kann resp. muss.

5. **Verfalldatum** (Expiration Date). Jede Option hat nur innerhalb eines bestimmten Zeitraumes Gültigkeit. Die Laufzeiten sind standardisiert. Der Tag, an dem das Recht zur Ausübung der Option erlischt, nennt man Verfalltag. Das "amerikanische Optionshandelssystem" erlaubt die Ausübung einer Option jederzeit bis zum Verfalltag. Das "europäische Optionshandelssystem" gestattet die Ausübung einer Option nur an einem bestimmten Tag (meistens am Verfalltag), wobei dieser "Option-style" jedoch relativ selten anzutreffen ist. Der Kauf und Verkauf einer Option über die Börse ist selbstverständlich jederzeit möglich.

   Bei Aktienoptionen bestehen 3 Verfallzyklen mit jeweils 4 Verfallmonaten:
   a. Zyklus I: Januar, April, Juli, Oktober
   b. Zyklus II: Februar, Mai, August, November
   c. Zyklus III: März, Juni, September, Dezember
   An der SOFFEX werden jeweils die nächsten drei Monate plus der nächstfolgende Monat des Zyklus Januar/April/Juli/Oktober gehandelt. Die Optionen haben somit eine Laufzeit von längstens 6 Monaten. Letzter Handelstag einer fälligen Option ist jeweils der dritte Freitag im Monat, der Verfalltag ist der darauffolgende Samstag.

6. **Ausübungspreis** (Strike Price). Für jede Basis werden verschiedene standardisierte Ausübungspreise angeboten. Es handelt sich jeweils um den Preis, zu dem die Basis (z.B. Aktie) innerhalb der Optionsperiode bezogen oder abgegeben werden kann resp. muss.

7. **To Open / To Close.** Die Eröffnungstransaktion in einer bestimmten Optionsserie muss mit "To Open" deklariert werden. Mit "To Close" werden Glattstellungstransaktionen (Offset) bezeichnet.

8. **Bestens-Aufträge / Limitierte Aufträge.** Das Merkmal eines Bestens-Auftrages ist das Fehlen eines Preislimits. Der Kunde ist ungeachtet des Preises an einer raschen und sicheren Ausführung interessiert. Bei einem limitierten Auftrag wird der Optionspreis vermerkt mit: "zu ...".

9. **Gültigkeit.** Die zeitliche Dauer des Auftrags kann limitiert werden; es bestehen folgende zeitliche Abgrenzungen: Good For Day (GFD), Good Till Date (GTD), Good Till Cancelled (GTC).

4.6.2   Kauf einer Call-Option

Eine Call-Option verkörpert das **Recht zum Kauf** einer gewissen Anzahl einer bestimmten Aktie zu einem im voraus festgesetzten Kurs und während einer beschränkten Zeitdauer. Der Käufer einer Call-Option erwartet steigende Aktienkurse. Je stärker der Aktienkurs über die Gewinnschwelle (Basispreis + Optionsprämie) steigt, desto grösser wird der Gewinn. Hat der Aktienkurs bis zum Verfalltag die Gewinnschwelle nicht erreicht, entsteht dagegen ein Verlust; dieser ist jedoch auf die Optionsprämie (+ Transaktionskosten) beschränkt.

Beispiel

Mitte November 1988 liegt der Kurs der Aktie X bei SFr 2720. Der Anleger kauft eine Call-Option mit Verfalldatum April 89 und einem Basispreis von SFr 2600.

Kauf	(to open)	1	Call	Aktie X	April	2600	zu 285
Kauf/ Verkauf	to open/ to close	Anzahl Kontrakte	Call/- Put-Option	Basis- titel	Verfall- termin	Ausübungs- preis	Options- preis (limitiert/bestens)

Anhand der nachfolgenden Abbildung 32 wird ersichtlich, wie sich das Verlust- oder Gewinnpotential je nach Kursverlauf der Aktie verändert, wenn die Call-Option **bis zum Verfalltag gehalten wird** .

Bisher wurde von der Annahme ausgegangen, dass der Anleger die Option bis zum Verfall behält. In der Regel wird er sie jedoch an der Börse noch vor Ablauf der Optionsfrist verkaufen. Angenommen, der Kurs des Basiswertes erreicht das Kursziel relativ rasch und der Anleger erwartet in der Folge eine Konsolidierung auf dem erhöhten Niveau, so wird er den bisher auf der Option erzielten Buchgewinn wahrscheinlich sichern resp. realisieren wollen. Je früher der Kurs der Aktie das erhoffte Kursziel erreicht, desto höher ist der Gewinn auf der Option, da der Zeitwert (siehe Abschnitt 4.6.9) der Option noch relativ hoch ist. Theoretisch könnte der Investor die aufgelaufenen Gewinne auch durch Ausüben der Option realisieren. Das heisst, die entsprechende Anzahl Aktien zum Ausübungspreis beziehen und diese anschliessend über die Börse wieder verkaufen. Diese Variante der Gewinnsicherung ist jedoch praktisch immer weniger vorteilhaft als der direkte Verkauf der Call-Option über die Börse. Dieser Sachverhalt hängt einerseits mit der Preisbildung der Option (bzw. ihrem Zeitwert), anderseits mit den Transaktionskosten zusammen.

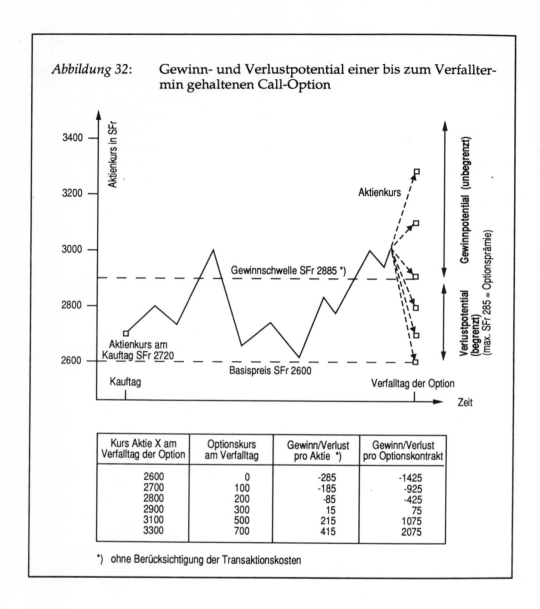

Abbildung 32: Gewinn- und Verlustpotential einer bis zum Verfalltermin gehaltenen Call-Option

Kurs Aktie X am Verfalltag der Option	Optionskurs am Verfalltag	Gewinn/Verlust pro Aktie *)	Gewinn/Verlust pro Optionskontrakt
2600	0	-285	-1425
2700	100	-185	-925
2800	200	-85	-425
2900	300	15	75
3100	500	215	1075
3300	700	415	2075

*) ohne Berücksichtigung der Transaktionskosten

4.6.2.1 Wahl des Ausübungspreises und des Verfalltermins

Bekanntlich gibt es für jede Option mehrere Ausübungspreise und Verfalldaten. Diese beiden Elemente haben einen entscheidenden Einfluss auf die Risiko/ Ertrag-Konstellation eines Optionsgeschäftes. Die Wahl des subjektiv optimalen Ausübungspreises und Verfalltermins hängt einerseits von der Risikobereitschaft des Anlegers und anderseits von der erwarteten Kursentwicklung des

Basiswertes ab. Der Käufer einer Call-Option muss sich Vorstellungen machen über das Ausmass der prognostizierten Kursavancen und den Zeitraum, in dem diese erfolgen sollten.

Ausübungspreis

Entscheidet sich der Anleger für einen Ausübungspreis, der über dem aktuellen Aktienkurs liegt (Option out-of-the-money), ist das prozentuale Gewinnpotential und damit der Leverage-Effekt grösser als bei einer Option in-the-money; anderseits ist auch das Risiko höher, dass die Option wertlos wird. Da der Kapitaleinsatz bei einem höheren Ausübungspreis relativ klein ist, ist auch das betragsmässige Verlustrisiko pro Optionskontrakt geringer als bei einer Option mit einem tiefen Ausübungspreis.

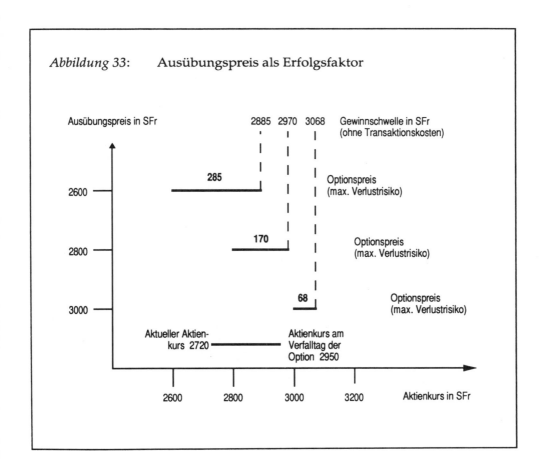

Abbildung 33:   Ausübungspreis als Erfolgsfaktor

In unserem Beispiel hätte sich für den Käufer einer Call-Option der tiefste Ausübungspreis (SFr 2600) als am vorteilhaftesten erwiesen. Da der Aktienkurs die Gewinnschwelle um SFr 65 überstieg, wäre der Optionspreis bis am Verfalltag theoretisch um SFr 65 auf SFr 350 angestiegen. Bei einem Ausübungspreis von SFr 2800 hätte die Kursavance der Aktie nicht ausgereicht, um in die Gewinnzone (SFr 2970) vorzustossen; der Optionspreis würde am Verfalltag um SFr 20 tiefer auf SFr 150 notieren. Wenn man einen Basispreis von SFr 3000 gewählt hätte, wäre sogar ein Totalverlust des Kapitaleinsatzes (Optionspreis SFr 68) entstanden, da der Aktienkurs am Stichtag unter dem Ausübungspreis von SFr. 3000 liegt.

Verfalltermin

Bei der Wahl des Verfalltermins muss der Call-Käufer abwägen, ob eine längere Optionsfrist, die mit einem hohen Optionspreis verbunden ist, oder eine kürzere und dafür billigere Laufzeit für ihn geeigneter ist. Diese Entscheidung hängt einerseits von seinen Erwartungen bezüglich der Kursentwicklung des Basiswertes und anderseits von seiner persönlichen Risikofähigkeit ab.

Glaubt er, dass die erwartete Kursavance der Aktie innerhalb weniger Tage erfolgen wird, könnte er eine Call-Option des nächstliegenden Verfallmonates kaufen. Dadurch kommt er in den Genuss eines relativ tiefen Optionspreises, der wiederum einen höheren Hebeleffekt beinhaltet; aufgrund des geringen Kapitaleinsatzes verringert sich zudem das maximale betragsmässige Verlustrisiko pro Kontrakt. Diesen Vorteilen steht allerdings ein gewichtiger Nachteil gegenüber. Wenn die Kursavance später als erwartet stattfindet, ist die Option möglicherweise bereits verfallen, und der Call-Käufer erleidet einen Verlust; hätte er einen späteren Verfalltermin gewählt, wäre dagegen ein Gewinn angefallen.

4.6.3 Verkauf einer Call-Option

Der Verkäufer einer Call-Option **verpflichtet** sich, eine bestimmte Anzahl Aktien zu einem fixierten Preis und während einer festgelegten Periode **zu verkaufen**, sofern der Käufer sein Bezugsrecht ausübt. Beim Verkauf (Schreiben) einer Call-Option muss man zwischen einer gedeckten (covered) oder einer ungedeckten (short) Transaktion unterscheiden. Im ersten Fall eines *"covered call writing"* verfügt der Stillhalter über die entsprechende Anzahl Basisaktien als Deckung; dies im Gegensatz zum ungedeckten Call-Verkauf, bei dem der Investor die zugrunde liegenden Aktien nicht besitzt.

4.6.3.1 Gedeckter Call-Verkauf

Der Verkäufer einer gedeckten Call-Option erwartet eine temporäre Seitwärts-
bewegung des Basiswertes mit relativ geringen Kursausschlägen nach oben
und unten. Während dieser Konsolidierungsphase will er durch den Erhalt
eines zusätzlichen Prämieneinkommens die Rendite seiner bestehenden Aktienbestände verbessern. Das Risiko des Stillhalters besteht darin, dass bei einem
starken Kursanstieg des Basiswertes die Option ausgeübt wird und er die entsprechende Anzahl Titel zum Ausübungspreis abgeben muss; an weiteren
Kursavancen kann er in der Folge nicht mehr partizipieren. Bei deutlichen
Kurseinbussen des Basistitels verlieren die als Deckung gehaltenen Aktienpositionen entsprechend an Wert, was möglicherweise nur teilweise durch den
Erhalt der Optionsprämie kompensiert wird.

Beispiel

Ein Anleger besitzt 5 Aktien X, deren Kurs zur Zeit bei SFr 2720 liegt. Es ist Mitte November 1988, und er rechnet mit einer etwa 4 Monate andauernden Seit-
wärtsbewegung am Aktienmarkt, weshalb er eine gedeckte Call-Option zum
Ausübungspreis von SFr 2800, mit Verfall April und einem Optionspreis von
SFr 170 verkauft.

Der Börsenauftrag lautet:
Verkauf (to open), **1 Call, Aktie X, April, 2800, zu 170** (covered).

Die nachstehende Aufstellung zeigt den unterschiedlichen Gesamterfolg dieses
Call-Verkaufs je nach Kursstand der Basisaktie am Verfalltag. Dabei werden die
Kursgewinne/-verluste auf den gehaltenen Aktien und der Option berücksich-
tigt; die verkaufte Call-Option wird zu Preisen per Verfalltag eingedeckt.
Transaktionskosten werden nicht beachtet.

Kurs Aktie X am Verfalltag der Option	Gewinn/Ver-lust pro Aktie [1]	Optionskurs am Verfalltag	Gewinn/Ver-lust pro Aktie [2]	Gesamtgewinn/-verlust	
				pro Aktie	pro Kontrakt [3]
2200	-520	0	+170	-350	-1750
2400	-320	0	+170	-150	-750
2600	-120	0	+170	+50	+250
2800	+80	0	+170	+250	+1250
3000	+280	200	-30	+250	+1250
3200	+480	400	-230	+250	+1250

[1] Aktien, die als Deckung gehalten werden
[2] Differenz zwischen erh. Optionsprämie und innerem Wert der Option am Verfalltag, je Aktie
[3] 1 Kontrakt = 5 Aktien

4.6.3.2   Ungedeckter Call-Verkauf

Das Schreiben von ungedeckten Call-Optionen ist ein äusserst spekulatives Unterfangen, weil theoretisch unbegrenzt hohe Verluste entstehen können, da der Aktienkurs beliebig hoch über den Ausübungspreis klettern kann. Der Verkäufer erwartet bzw. hofft, dass der Aktienkurs unter Druck gerät, wodurch er die Call-Optionen zu einem späteren Zeitpunkt billiger eindecken (zurückkaufen) kann. Da der Optionsverkäufer bekanntlich eine Gutschrift in Form der Optionsprämie erhält, kann er ohne einen eigentlichen Kapitaleinsatz Gewinne erzielen. Aufgrund des hohen Risikopotentials dieses Geschäftes wird allerdings vom Verkäufer die Hinterlegung von Sicherheiten verlangt.

Beispiel

Ein Spekulant ist überzeugt, dass sich in den nächsten 3 bis 4 Monaten bei einer bestimmten Aktie Kursrückschläge einstellen werden. Er besitzt diese Aktie nicht und möchte von den rückläufigen Aktienkursen profitieren; d.h. er will die Optionsprämie verdienen und nimmt dafür ein (hohes) Risiko auf sich. Er verkauft deshalb 1 Call-Option zum Ausübungspreis von SFr 2800 mit Verfall April und einem Optionspreis von SFr 170.

Der Börsenauftrag lautet:
Verkauf (to open), **1 Call, Aktie X, April, 2800, zu 170** (uncovered/short)

In der folgenden Darstellung sind Gewinne und Verluste (ohne Transaktionskosten) bei unterschiedlichen Aktienkursen per Verfalltag festgehalten:

Kurs Aktie X am Verfalltag der Option	Optionskurs am Verfalltag	Gewinn/Verlust pro Aktie[1]	Gewinn/Verlust pro Kontrakt[2]
2400	0	+170	+750
2600	0	+170	+750
2800	0	+170	+750
3000	200	-30	-150
6000	+3200	-3030	-15150

[1] Differenz zwischen erhaltener Optionsprämie und dem inneren Wert der Option am Verfalltag, je Aktie

[2] 1 Kontrakt = 5 Aktien

Wie bei jedem anderen Optionsgeschäft hat auch beim Verkauf einer Call-Option die Wahl des Verfalltermins und des Ausübungspreises einen entscheidenden Einfluss auf die Risiko/Ertrag-Konstellation. Die nachfolgende Graphik zeigt die Auswirkungen von verschiedenen Basispreisen deutlich auf; es wurden folgende Basis- und Optionspreise verwendet: 3000/68; 2800/170 und 2600/285.

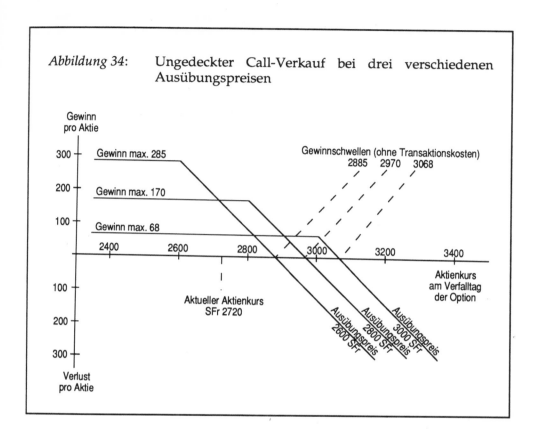

Abbildung 34: Ungedeckter Call-Verkauf bei drei verschiedenen Ausübungspreisen

4.6.4 Kauf einer Put-Option

Der Käufer einer Put-Option hat das **Recht**, eine gewisse Anzahl einer bestimmten Aktie zu einem fixierten Preis und während einer festgelegten Zeitperiode zu **verkaufen**. Er erwartet, dass der Kurs der zugrunde liegenden Aktien sinkt und dadurch der Wert der Put-Option steigt. Die Vorteile der Put-Option liegen darin, dass der Anleger mit einem geringen Kapitaleinsatz von einem (deutlichen) Kursrückschlag der betreffenden Aktie profitiert und das Verlustrisiko (z.B. bei steigenden Aktienkursen) auf die Optionsprämie (sowie Transaktionskosten) limitiert ist. Je stärker und schneller der Aktienkurs sinkt, desto höher ist der Gewinn des Put-Käufers. Das Gewinnpotential ist nur dadurch begrenzt, dass der Aktienkurs nicht unter Null fallen kann. Für dieses Recht zahlt der Put-Käufer eine Prämie. Wenn der Anleger den Kursrückgang der betreffenden Aktie für abgeschlossen hält, wird er die Option möglichst bald verkaufen, da einerseits die Aktie wieder ansteigen könnte und anderseits der Optionspreis vor dem Verfalltermin noch einen Zeitwert hat, der mit abnehmender Restlaufzeit kleiner wird.

Käufe von Puts werden aber nicht nur von "Baissespekulaten" getätigt, sondern sie dienen oft auch zur **Absicherung** von Wertpapierbeständen gegen temporäre Kursrückschläge. Eine solche Absicherung ist aber nur dann sinnvoll, wenn die mittel- und längerfristigen Perspektiven des Basiswertes günstig beurteilt werden; andernfalls sollte man die betreffenden Aktienbestände verkaufen. Das Ausmass der Absicherung, die ein Aktienbesitzer durch den Kauf eines Put erlangen kann, hängt wesentlich von der Ausgestaltung der Option ab. Eine grössere Absicherung ist nur auf Kosten von kleineren Gewinnchancen möglich.

Beispiel

Mitte November 1988 notiert die Aktie X bei SFr 2720. Der Investor rechnet damit, dass der Aktienkurs in den nächsten 2 Monaten heftig unter Druck gerät. Er kauft deshalb eine Put-Option mit einem Ausübungspreis von SFr 2600 Verfalltermin Januar zum Optionspreis von SFr 70. Da er starke Kurseinbussen bei der Aktie erwartet, wählt er einen eher tiefen Ausübungspreis; dadurch erhöht sich der Hebeleffekt, aber gleichzeitig auch die Gefahr, dass die Option nie einen inneren Wert erhält (und somit am Verfalltag wertlos ist).

Der Börsenauftrag lautet:
Kauf (to open), **1 Put, Aktie X, Januar, 2600, zu 70**

Die möglichen Gewinne oder Verluste (ohne Berücksichtigung der Transaktionskosten) verteilen sich je nach Aktienkurs am Verfalltag wie folgt:

Kurs Aktie X am Verfalltag der Option	Optionskurs am Verfalltag	Gewinn/Verlust pro Aktie[1]	Gewinn/Verlust pro Kontrakt [2]
2200	400	+330	+1650
2400	200	+130	+650
2600	0	-70	-350
2800	0	-70	-350
3000	0	-70	-350

[1] Differenz zwischen gezahltem Optionspreis und dem inneren Wert der Option am Verfalltag, je Aktie

[2] 1 Kontrakt = 5 Aktien

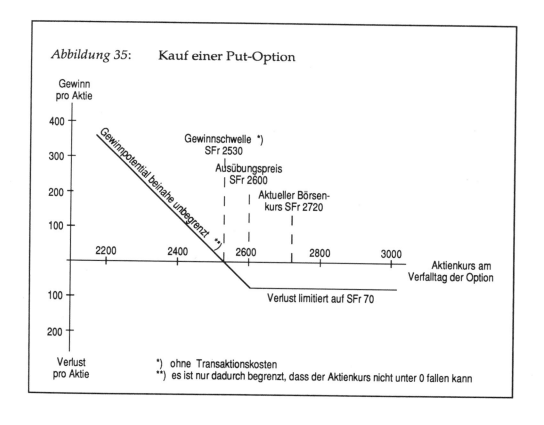

Abbildung 35: Kauf einer Put-Option

4.6.5 Verkauf von Put-Optionen

Bei einer Put-Option geht der Verkäufer die **Verpflichtung** ein, eine bestimmte Anzahl Aktien zum festgesetzten Basispreis zu irgendeinem Zeitpunkt während der Laufzeit der Option zu **kaufen**, sofern der Put-Käufer sein Recht ausübt. Dafür erhält er in jedem Fall eine Prämie, die seine maximale Gewinnmöglichkeit aus diesem Geschäft darstellt. Der Put-Verkäufer erwartet unveränderte oder leicht steigende Kurse des Basiswertes. Treten seine Prognosen ein, so wird er seine Kaufverpflichtung nicht einlösen müssen. Sinkt hingegen der Aktienkurs unter die Gewinnschwelle (Ausübungspreis - Optionspreis), entstehen Verluste, die im Extremfall nur deshalb begrenzt sind, weil der Aktienkurs nicht unter Null fallen kann. Will sich der Put-Verkäufer von seiner Verpflichtung innerhalb der Optionsfrist lösen, muss er eine identische Option zurückkaufen. Wegen des hohen finanziellen Risikos, das mit dem Verkauf einer Put-Option verbunden ist, muss der Verkäufer besondere Sicherheiten (Margin) hinterlegen.

Beispiel

Der Investor beurteilt die weiteren Kursaussichten einer Aktie für die nächsten 1 bis 2 Monate gedämpft optimistisch; d.h., er rechnet mit gleichbleibenden oder leicht höheren Preisen. Er wählt eine Optionsfrist von rund 2 Monaten und einen Ausübungspreis von SFr 2800 zum Optionspreis von SFr 165. Aktueller Börsenkurs der Aktie X per Mitte November 1988: SFr 2720. Transaktionskosten bleiben unberücksichtigt.

Der Börsenauftrag lautet:
Verkauf(to open), **1 Put, Aktie X, Januar, 2800, zu 165**

Kurs Aktie X am Verfalltag der Option	Optionskurs am Verfalltag	Gewinn/Verlust pro Aktie[1]	Gewinn/Verlust pro Kontrakt[2]
2400	400	-235	-1175
2600	200	-35	-175
2800	0	+165	+825
3000	0	+165	+825
3200	0	+165	+825

[1] Differenz zwischen erhaltener Optionsprämie und dem inneren Wert der Option am Verfalltag, je Aktie

[2] 1 Kontrakt = 5 Aktien

140

Das Motiv für den Verkauf einer Put-Option kann u.a. auch darin liegen, dass der Anleger die betreffende Aktie eigentlich unter längerfristiger Optik kaufen möchte, doch erscheint ihm das heutige Kursniveau zu hoch. Er verkauft deshalb eine Put-Option mit einem Basispreis, der unter dem aktuellen Aktienkurs liegt. Sinkt dieser bis am Verfalltag unter den Ausübungspreis, wird die Option ausgeübt, und er kauft die Aktie zum Basispreis. Der effektive Einstandspreis des Dividendenpapiers wird durch die erhaltene Optionsprämie zusätzlich reduziert. Liegt der Kurs der Aktie jedoch permanent über dem Ausübungspreis, wird der Put nicht ausgeübt, und der Anleger kommt nicht in den Besitz der Titel; als Entschädigung hat er wenigstens die Optionsprämie kassieren können.

4.6.6 Die 4 Grundstrategien mit Optionen im Ueberblick

Abbildung 36:

Transaktion		Call-Option (Kaufoption)	Put-Option (Verkaufsoption)
Kauf	Trendprognose	Steigender Aktienkurs	Sinkender Aktienkurs
	Recht	Kauf der Aktie zum Basispreis	Verkauf der Aktie zum Basispreis
	Pflicht	Zahlung der Optionsprämie	Zahlung der Optionsprämie
	Verlustrisiko	Limitiert auf Optionspreis	Limitiert auf Optionspreis
	Gewinnchancen	Unbeschränkt	Sind nur dadurch begrenzt, dass der Aktienkurs nicht unter Null fallen kann.
Verkauf	Trendprognose	Stabiler oder sinkender Aktienkurs	Stabiler oder steigender Aktienkurs
	Recht	Inkasso der Optionsprämie	Inkasso der Optionsprämie
	Pflicht	Lieferung der Aktien zum Basispreis. Margenhinterlegung bei ungedecktem Verkauf mit Nachschusspflicht.	Uebernahme der Aktie zum Basispreis. Margenhinterlegung bei ungedecktem Verkauf mit Nachschusspflicht.
	Verlustrisiko	Unbeschränkt bei ungedecktem Verkauf (short sale)	Gesamter Basispreis abzüglich Optionsprämie
	Gewinnchancen	**_Beschränkt auf Optionsprämie_**	**_Beschränkt auf Optionsprämie_**

142

4.6.7 Kombinierte Optionsstrategien

Besonders in professioneller Anlegerkreisen werden oft auch kombinierte Optionsstrategien verfolgt. Dabei werden jeweils gleichzeitig zwei verschiedene Optionsgeschäfte mit der gleichen Basis (z.B. Aktie) getätigt und (gedanklich) miteinander verbunden. Die zwei Transaktionen können sich in bezug auf den Optionstyp, den Ausübungspreis und/oder die Laufzeit unterscheiden. Das Zusammenstellen von solchen Optionspaaren ist in zahlreichen Variationen möglich; die am häufigsten anzutreffenden Kombinationen werden kurz vorgestellt.

4.6.7.1 Long Bull Spread-Strategie bei tendenziell steigenden Aktienkursen

Beim Long Bull Spread wird **eine Call-Option gekauft** und **eine zweite**, auf den gleichen Basiswert lautende, **verkauft**. Da die Verfalldaten identisch sind, unterscheiden sie sich sonst lediglich bezüglich ihres Ausübungspreises. Der gekaufte Call hat jeweils einen niedrigeren Basispreis als die verkaufte Option. Das maximale Verlustrisiko ist bei diesem Geschäft auf die Differenz zwischen dem gezahlten und dem erhaltenen Optionspreis (Optionspreis-Saldo) beschränkt. Der Gewinn ist ebenfalls limitiert, und zwar auf den Unterschied zwischen den beiden Ausübungspreisen abzüglich dem gezahlten Optionspreis-Saldo.

Beispiel

Ein Anleger erwartet zwar tendenziell leicht steigende Aktienkurse, doch möchte er nicht allzuviel Geld auf seine "eher unsichere" Prognose setzen. Deshalb verbindet er den Kauf eines Call mit dem Verkauf einer anderen Call-Option, wodurch er den Kapitaleinsatz verringern kann. Er zahlt für den gekauften Call der Aktie X (Ausübungspreis SFr 12000) SFr 450 und erhält für die verkaufte Option (Ausübungspreis SFr 12500) SFr 175. Beide Optionen sind in rund 2 Monaten fällig, und der aktuelle Aktienkurs notiert bei SFr 12150. Die nachfolgende Aufstellung zeigt die Gewinne oder Verluste (ohne Transaktionskosten) des Anlegers bei unterschiedlichen Aktienkursen am Verfalltag auf.

Kurs Aktie X am Verfalltag der Optionen	Kurs Call-Optionen, Ausübungspreis:		Gewinn/Verlust pro Call-Option[1]		Gesamtgewinn/-verlust des Spread je Aktie[2]
	12000	12500	12000	12500	
11500	0	0	-450	+175	-275
12000	0	0	-450	+175	-275
12500	500	0	+50	+175	+225
13000	1000	500	+550	-325	+225
13500	1500	1000	+1050	-825	+225

[1] je Aktie
[2] Gesamtgewinn/-verlust je Kontrakt ist 5mal höher (1 Kontrakt = 5 Aktien)

4.6.7.2 Long Bear Spread-Strategie bei tendenziell sinkenden Aktienkursen

Der Bear Spread besteht aus der Kombination **eines Kaufs und eines Verkaufs von Put-Optionen**, die auf die gleiche Basisaktie lauten und gleiche Verfalldaten aufweisen. Der gekaufte Put hat in diesem Fall den höheren Ausübungspreis als der verkaufte. Der maximale Gewinn beschränkt sich auf die Differenz der Basispreise, abzüglich der Differenz zwischen gezahltem und erhaltenem Optionspreis. Das Verlustrisiko ist auf den Unterschied zwischen den beiden Optionspreisen begrenzt.

Beispiel

Jemand rechnet mit leicht rückläufigen Aktienkursen und möchte aufgrund dieser Erwartung Gewinne erwirtschaften. Der Kauf eines "billigen" Put *"out-of-the-money"* erscheint ihm zu riskant und ein Put *"in-the-money"* zu teuer. Deshalb entschliesst er sich, den bevorzugten Put *"in-the-money"* zu kaufen, dafür aber einen Put *"out-of-the-money"* zu verkaufen. Dadurch wird der Kapitaleinsatz (Risiko) reduziert und die Gewinnschwelle schneller erreicht; dafür nimmt er eine Begrenzung des Gewinnpotentials in Kauf. Für den gekauften Put (Ausübungspreis SFr 12500) zahlt er SFr 470 und für den verkauften Put (Ausübungspreis SFr 12000) SFr 250. Beide Optionen laufen gleichzeitig in rund 2 Monaten ab; der aktuelle Aktienkurs beträgt SFr 12150. In der nachfolgenden Darstellung sind die Gewinne/Verluste (je nach Aktienkurs, ohne Transaktionskosten) per Verfalltag festgehalten.

Kurs Aktie X am Verfalltag der Optionen	Kurs Put-Optionen, Ausübungspreis:		Gewinn/Verlust pro Put-Option[1]		Gesamtgewinn/-verlust des Spread je Aktie[2]
	12500	12000	12500	12000	
11000	1500	1000	+1030	-750	+280
11500	1000	500	+530	-250	+280
12000	500	0	+30	+250	+280
12500	0	0	-470	+250	-220
13000	0	0	-470	+250	-220

[1] je Aktie

[2] Gesamtgewinn/-verlust je Kontrakt ist 5mal höher (1 Kontrakt = 5 Aktien)

4.6.7.3 Long Straddle-Strategie bei volatilen Aktienkursen

Wenn am Aktienmarkt mit heftigen Kursausschlägen nach oben oder unten gerechnet wird, aber keine klare Trendrichtung vorhergesagt werden kann, empfiehlt sich der Kauf eines Long Straddle. Dieser besteht aus dem **Kauf eines Call und eines Put** mit demselben Verfalldatum und Ausübungspreis. Bei dieser Doppeltransaktion beschränkt sich das maximale Verlustrisiko auf die Summe der beiden Optionspreise, während die Gewinnchancen theoretisch unbegrenzt sind. Je stärker sich der Kurs des Basistitels vom Ausübungspreis der beiden Optionen wegbewegt, desto höher ist der Gewinn. Verluste stellen sich dann ein, wenn sich der Aktienkurs nur geringfügig verändert.

Beispiel

In einem Land wird in den nächsten Wochen eine neue Regierung gewählt. Aufgrund der stark unterschiedlichen Wirtschaftsprogramme der führenden Parteien wird der Wahlausgang, der zurzeit ungewiss ist, heftige Reaktionen an der Börse hervorrufen. In dieser Situation kauft der Spekulant eine Call-Option der Aktie X (mit einem Ausübungspreis zu SFr 9000) zum Optionspreis von SFr 245 und eine Put-Option (mit gleichem Ausübungspreis) zu SFr 225. Beide Kontrakte sind in 40 Tagen fällig; der aktuelle Aktienkurs liegt bei SFr 8985.

Ohne Berücksichtigung der Transaktionskosten beginnt die Gewinnzone bei diesem Straddle, wenn der Aktienkurs entweder SFr 9470 übersteigt oder SFr 8530 unterschreitet. Das Verlustrisiko beträgt maximal SFr 470 pro Aktie.

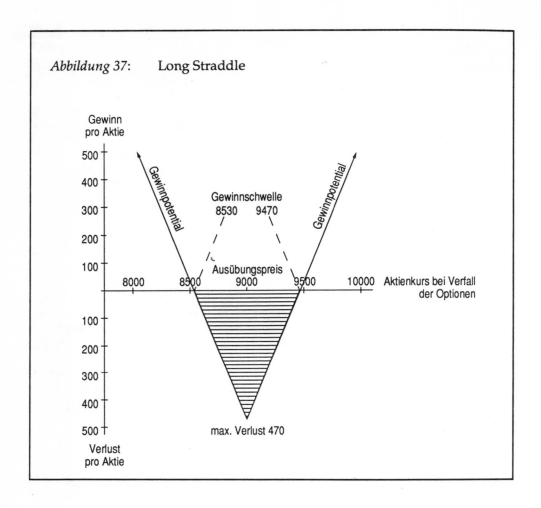

Abbildung 37:   Long Straddle

4.6.7.4   *Long Strangle-Strategie bei extrem volatilen Aktienkursen*

Der Long Strangle ist ähnlich konstruiert wie der Long Straddle. Es wird eben-falls ein Call und ein Put mit der gleichen Laufzeit gekauft, dagegen unterschei-den sich die Ausübungspreise. Bei dieser Strategie werden in der Regel *"out-of-the-money"*-Optionen (mit hohem Hebeleffekt) verwendet. Dadurch reduziert sich das Verlustpotential im Vergleich zu einem sonst gleichgelagerten Stradd-le, dafür sind auch die Gewinnchancen noch weiter entfernt. Der Long Strangle eignet sich deshalb nur bei der Erwartung extremer Kursausschläge eines Basis-titels. Das maximale Verlustrisiko besteht aus den beiden gezahlten Options-preisen, während das Gewinnpotential unbegrenzt ist.

146

Beispiel

In Börsenkreisen hört man, dass die Gesellschaft X von einem anderen Unternehmen aufgekauft wird. Die Kurse der Aktie X sind bereits um 30% gestiegen; die Ertrags- und Substanzwertschätzungen liegen jedoch deutlich höher. Ein konkretes Uebernahmeangebot müsste somit erheblich über den aktuellen Kursen liegen. Erweisen sich die Gerüchte als falsch, würde der Kurs der Aktie X unter Druck geraten.

Der Spekulant kauft deshalb eine Call-Option 9500 zu SFr 90 und eine Put-Option 8500 zu SFr 70 mit Verfalltermin in rund anderthalb Monaten. Der Aktienkurs notiert gegenwärtig bei SFr 8985. Ohne Berücksichtigung der Transaktionskosten wird die Gewinnschwelle bei einem Aktienkurs von SFr 9660 bzw. SFr 8340 erreicht. Das maximale Verlustrisiko beträgt SFr 160 pro Aktie.

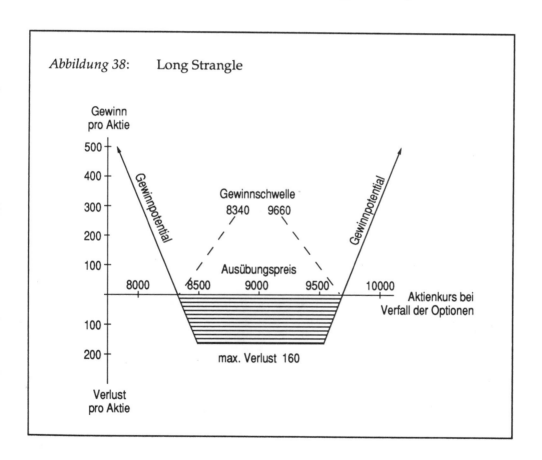

Abbildung 38:   Long Strangle

147

4.6.8 Portfolio-Absicherung mit Index-Optionen

Wie bereits im Abschnitt 4.6.4 erwähnt, kann das Verlustrisiko bestehender Aktienpositionen durch den Kauf von entsprechenden Put-Optionen (gegen Zahlung einer Prämie) abgesichert werden. Falls die im Depot befindlichen Titel Kursrückschläge erleiden, werden diese durch entsprechende Gewinne auf den gekauften Put-Optionen wieder kompensiert.

Oft ist es jedoch nicht möglich (und/oder zu umständlich), die einzelnen Aktienpositionen in einem Depot mittels entsprechender Put-Optionen zu *"hedgen"*. Zur vorübergehenden Eliminierung des Marktrisikos werden in der Praxis deshalb meistens **Put-Index-Optionen gekauft**. In der Regel setzt sich ein Portfolio jedoch nicht so zusammen, dass es in seiner Gewichtung genau dem betreffenden Aktien-Index entspricht. Damit eine möglichst genaue Absicherung möglich ist, sollte der Beta-Faktor des Depots bekannt sein. Dieser errechnet sich aus den kapitalmässig gewichteten Beta-Faktoren der einzelnen Aktienpositionen; diese zeigen in ihrer Gesamtheit die Sensitivität des Depots gegenüber Schwankungen des Gesamtmarktes bzw. Aktienindexes auf. Ein Beta-Faktor von beispielsweise 1.3 besagt, dass die Aktie 30% stärkeren Kursschwankungen als der Index unterworfen ist. Im weiteren muss der Portfolio-Manager dem Delta-Faktor der Option (vgl. Kap. 4.6.11.1) Beachtung schenken.

Die Anzahl Optionskontrakte, die er zur Absicherung eines Depots braucht, lässt sich anhand folgender Formel berechnen:

$$\frac{Depotwert}{Kontraktwert} \times \frac{1}{Delta} \times Beta\text{-}Faktor$$

Beispiel

Depotwert: US$ 5 Mio.; Beta-Faktor: 1.3; Delta-Faktor: 0.6; Option: Put OEX Jan. 270.

$$\frac{5'000'000}{100 \times 270} \times \frac{1}{0.6} \times 1.3 \ = \ \textbf{401 Kontrakte}$$

4.6.8.1 Wichtigste Aktienindex-Optionskontrakte und -Terminkontrakte

Die nachfolgende Aufstellung gibt einen Ueberblick über die wichtigsten internationalen Aktienindizes. Neben der Zusammensetzung der Indizes ist jeweils vermerkt, ob und an welchen Börsen Traded Options und/oder Futures des betreffenden Aktienindexes gehandelt werden.

148

Abbildung 39: Wichtigste Aktienindizes, Aktienindex-Optionen und ihre Merkmale

Index-Name (Symbol)	Anzahl Titel	Titelauswahl	Basisjahr/Referenzwert	Gewichtung	Vorhandene Kontrakte (Ticker-symbol)	Kontraktgrösse
S&P 500 (USA)	500	An der NYSE notierte Titel mit der höchsten Börsenkapitalisierung	1941-43 Basis 10	Börsenkapitalisierung	Optionen (CBOE) [SPX] Futures (CME) [SP] Optionen auf Futures [CME]	$ 100 x Index $ 500 x Index $ 500 x Index
S&P 100 (USA)	100	Untergruppen des S&P 500	2.1.1976 Basis 100	Börsenkapitalisierung	Optionen (CBOE) [OEX] Futures (CME) [SX]	$ 100 x Index $ 500 x Index
NYSE Composite Index [NYA] (USA)	mehr als 1600	Alle an der NYSE notierten Aktien	31.12.1965 Basis 50	Börsenkapitalisierung	Optionen (NYSE) [NYA] Futures (NYFE) [YX] Optionen auf Futures (NYFE)	$ 100 x Index $ 500 x Index $ 500 x Index
Major Market Index [MMI] (USA)	20	Amerikanische Industriegesellschaften (Blue Chips)	1981 (184.82)	Nach dem Preis	Optionen (AMEX) [XMI] Futures (CBOT) [BC]	$ 100 x Index $ 250 x Index
Value Line [VLA] (USA)	mehr als 1650	An der NYSE und AMEX notierte Titel	30.6.1961 Basis 100	Gleichmässige Gewichtung	Futures (KCBT) [KV] Optionen (PHLX) [XVL]	$ 500 x Index $ 100 x Index
Nikkei Stock Average (Japan)	225	An der TSE notierte japanische Titel	16.5.1949 (176.21)	Nach dem Preis	Futures (SIMEX)	¥ 500 x Index
Tokyo Stock Price Index [Topix] (Japan)	mehr als 1100	Alle Titel der "first section" der TSE	4.1.1968 Basis 100	Börsenkapitalisierung	Futures (TSE)	¥ 10000 x Index
FT-SE 100 (GB)	100	Titel mit der höchsten Börsenkapitalisierung	3.1.1984 Basis 100	Börsenkapitalisierung	Futures (LIFFE) Optionen auf Futures (LIFFE) Optionen (LSE)	£ 25 x Index £ 25 x Index £ 10 x Index
CAC 40 (Frankreich)	40	Titel mit der höchsten Börsenkapitalisierung	31.12.1987 Basis 1000	Börsenkapitalisierung	Futures Optionen	FF 200 x Index
Swiss Market Index [SMI] (Schweiz)	24	Wichtigste an den Börsen Basel, Genf und Zürich notierten Titel	30.6.1988 Basis 1500	Börsenkapitalisierung	Optionen (SOFFEX) [SMI]	SF 5 x Index

Abkürzungen: AMEX: American Stock Exchange; CBOE: Chicago Board of Exchange; CBOT: Chicago Board of Trade; CME: Chicago Mercantile Exchange; KCBT: Kansas City Board of Trade; LIFFE: London Intern. Financial Futures Exchange; LSE: London Stock Exchange; NYFE: New York Futures Exchange; NYSE: New York Stock Exchange; PHLX: Philadelphia Stock Exchange; SIMEX: Singapore Intern. Monetary Exchange; SOFFEX: Swiss Options and Financial Futures Exchange; TSE: Tokyo Stock Exchange

4.6.9   Der Optionspreis und seine Komponenten

Der Preis einer Option kann sich aus zwei Komponenten zusammensetzen: dem **inneren Wert** (intrinsic value) und dem **Zeitwert** (time value). In bestimmten Fällen besteht der Optionspreis jedoch nur aus dem Zeitwert; am Verfalltag der Option ist der Zeitwert gleich Null.

Eine Call-Option verfügt dann über einen inneren Wert, wenn der aktuelle Aktienkurs über dem Ausübungspreis (Basispreis) liegt. Falls der Ausübungspreis höher als der gegenwärtige Aktienkurs ist, verfügt die Option über keinen inneren Wert; der gesamte Optionspreis besteht dann aus dem Zeitwert. Eine Put-Option besitzt einen inneren Wert, wenn der Aktienpreis unter dem Ausübungspreis notiert; steht er zurzeit hingegen über dem Aktienkurs, hat die Option lediglich einen Zeitwert. Je nachdem, in welchem Verhältnis der Ausübungspreis einer Option zum gegenwärtigen Kurs des Basiswertes (z.B. Aktie) steht, wird die Option als *"in-the-money"*, *"at-the-money"* oder *"out-of-the-money"* bezeichnet. Nur "in-the-money"-Optionen verfügen über einen inneren Wert.

Option	Call	Put
in-the-money	Aktienpreis > Basispreis	Aktienpreis < Basispreis
at-the-money	Aktienpreis = Basispreis	Aktienpreis = Basispreis
out-of-the-money	Aktienpreis < Basispreis	Aktienpreis > Basispreis

Der **Zeitwert** einer Option ist der Anteil des Optionspreises, der den inneren Wert übersteigt, und falls der Optionspreis über keinen inneren Wert verfügt, besteht der Optionspreis vollständig aus dem Zeitwert. Im Verlaufe der Optionsfrist verringert sich der Zeitwert jeder Option in Richtung Null. Abbildung 40 verdeutlicht den Sachverhalt; andere den Optionspreis beeinflussende Faktoren wurden dabei bewusst nicht berücksichtigt.

Beispiel

Call-Option; Optionspreis SFr 285, Basispreis SFr 2600; Aktienkurs bleibt unverändert auf Kaufsniveau von SFr 2720

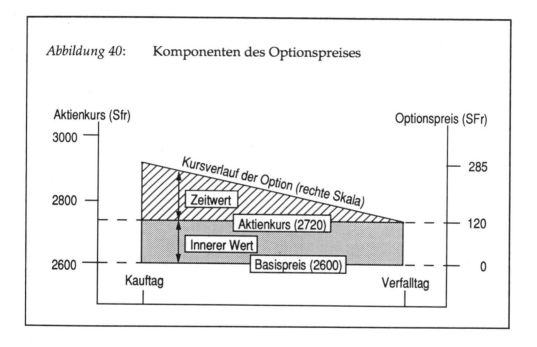

Abbildung 40:   Komponenten des Optionspreises

4.6.10 Preisbestimmende Faktoren

Der Preis einer Option wird durch eine Reihe von Einflussfaktoren bestimmt. Je nach Richtung und Ausmass, wie sich diese verändern, haben sie auch unterschiedliche Auswirkungen auf den Preis einer Option. In Abbildung 41 bezeichnen die Pfeile die Richtung, in die sich die einzelnen preisbildenden Elemente bewegen, und C+-/P+- zeigen die daraus resultierenden Preisveränderungen bei Call- und Put-Optionen auf.

Abbildung 41:   Einflussfaktoren des Optionspreises

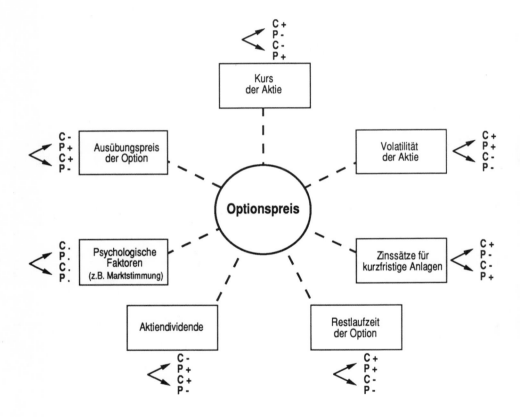

Der Einfluss der einzelnen Komponenten auf den Optionspreis ist ebenfalls stark unterschiedlich. Die grösste Bedeutung haben: der Aktienkurs, der Ausübungspreis der Option, die Restlaufzeit der Option und die Volatilität der zugrunde liegenden Aktie. Veränderungen der kurzfristigen Zinssätze und der

Marktstimmung sowie die Aktiendividende haben in der Regel lediglich sekundäre Auswirkungen auf die Optionspreise. Die nachfolgende Betrachtung der einzelnen Faktoren basiert auf der Annahme, dass sich die übrigen preisbildenden Einflüsse nicht verändern.

4.6.10.1   Aktienkurs

Jede Aenderung des Aktienkurses wirkt sich in der Regel (wenn auch in unterschiedlichem Ausmass) auf den Optionspreis aus. Aktienkurssteigerungen bewirken tendenziell steigende Preise bei Call-Optionen, während Put-Optionen an Wert einbüssen; bei rückläufigen Aktiennotierungen ergeben sich die gegenteiligen Optionspreisbewegungen. Wie stark bzw. direkt sich Veränderungen des Aktienkurses auf die Optionspreise übertragen, hängt vom aktuellen Verhältnis zwischen Aktienkurs und Ausübungspreis ab. Je stärker eine Option *"in-the-money"* ist, desto grösser sind die betragsmässigen Auswirkungen auf den Optionspreis. Eine Option, die einen sehr hohen inneren Wert hat, wird beispielsweise bei einem Anstieg der Aktie um SFr 10 ebenfalls um beinahe den gleichen Betrag ansteigen resp. im Fall einer Put-Option sinken. Optionen, die deutlich *"out-of-the-money"* sind, und somit nur über einen Zeitwert verfügen, reagieren vorerst nur zögernd und wertmässig weniger stark auf Aktienkursschwankungen; aufgrund ihres geringen Optionspreises können die prozentualen Veränderungen jedoch trotzdem erheblich sein. Wie eng die Korrelation zwischen den Preisfluktuationen von Aktien und Optionen ist, hängt zudem noch von der Restlaufzeit der Option ab.

4.6.10.2   Volatilität der Aktie

Die Volatilität der Aktie ist ebenfalls ein wichtiger Bestimmungsfaktor für den Optionspreis. Sie ist ein Mass für den Schwankungsbereich des Kurses einer Aktie. Eine Volatilität von beispielsweise 26% besagt, dass sich der Kurs der Aktie X während eines Jahres mit einer Wahrscheinlichkeit von 68.26% innerhalb einer Bandbreite von plus/minus 26% bewegt. Die Jahresvolatilität kann durch folgende Formel auf kürzere Perioden umgerechnet werden:

$$Volatilität_{(t)} = \frac{Volatilität_{(1\,Jahr)} \times \sqrt{t}}{\sqrt{365}}$$

t $= Anzahl\ Tage$

Eine Jahresvolatilität von 26% ergibt somit auf einen Tag umgerechnet 1.36% (1 Monat = 7.45%).

Eine Aktie, deren Kurs heftigen Fluktuationen unterliegt, bietet dem Optionskäufer eine höhere Wahrscheinlichkeit, dass die Kursziele während der Optionsfrist erreicht werden. Deshalb muss der Käufer einer Option auch einen höheren Optionspreis zahlen, wenn die Aktie eine überdurchschnittlich hohe Volatilität besitzt; der Verkäufer wird anderseits in Anbetracht der grösseren Risiken eine höhere Prämie verlangen.

Bei der Beurteilung der Volatilität einer Aktie müssen 3 verschiedene Volatilitätsgrössen beachtet werden. Es handelt sich dabei um die **historische**, die **subjektive** und die **implizierte** Volatilität.

— Die historische Volatilität lässt sich exakt berechnen, und zwar als Standardabweichung einer Zeitreihe von Kursrenditen (Veränderungen des Aktienkurses), die über gleich lange Zeitintervalle gemessen werden. Es handelt sich dabei aussschliesslich um historische Daten, die man nicht unkontrolliert in die Zukunft extrapolieren kann. Die historische Volatilität kann durch Sondereinflüsse verzerrt worden sein; zudem berücksichtigt sie zukünftige, sich abzeichnende Veränderungen nicht oder nur teilweise.

— Unter subjektiver Volatilität versteht man die von einem Investor erwartete zukünftige Volatilität einer Aktie. Damit er diese abschätzen kann, wird er von den historischen Zahlen ausgehen und zusätzlich neueste Informationen und Entwicklungen berücksichtigen, welche die zukünftige Volatilität des Basiswertes beeinflussen können.

— Bei der implizierten Volatilität handelt es sich um die im Optionspreis enthaltene Volatilität; sie entspricht den durchschnittlichen Erwartungen sämtlicher Marktteilnehmer in bezug auf die Volatilität eines Basiswertes. Mittels eines Optionspreismodelles kann die implizierte Volatilität zurückgerechnet werden, da die übrigen Wertbestimmungsfaktoren (z.B. nach der Black & Scholes-Formel: Kurs der zugrunde liegenden Aktie, Ausübungspreis, Optionspreis, Anzahl Tage Restlaufzeit und Geldmarktzinssatz p.a. bis zum Verfalldatum) bekannt sind. Ist die im aktuellen Preis einer Option implizierte Volatilität einer Aktie deutlich höher als die historische und/oder subjektiv erwartete Volatilität, gilt die Option als teuer resp. im umgekehrten Fall als billig. Solche Marktverzerrungen können oft durch entsprechende Transaktionen gewinnbringend ausgenützt werden.

Das nachfolgende, den "SOFFEX NEWS" (1/1988) entnommene Zahlenbeispiel verdeutlicht den grossen Einfluss der Volatilität auf den Optionspreis. Trotz eines leicht tieferen Aktienkurses steigt der Preis einer Call-Option aufgrund einer geringfügigen Anhebung des Volatilitätsfaktors.

Faktoren	Ausgangslage	Veränderung	Neue Situation
Aktienkurs	1000	-10	990
Ausübungskurs	1000	--	1000
Volatilität	0.35	+0.05	0.40
Dividenden	25	--	25
Zinssatz	3.5%	--	3.5%
Laufzeit	60 Tage	--	60 Tage
Call-Preis	59.10	+2.70	61.80

4.6.10.3 Ausübungspreis der Option

Für jede Optionsklasse (alle Optionen des gleichen Typs mit identischem Basistitel) gibt es verschiedene Ausübungspreise. An der SOFFEX werden beispielsweise für jede Fälligkeit mindestens 3 verschiedene Basispreise pro Optionsklasse gehandelt. Bei Einführung von neuen Verfallmonaten wird jeweils ein Ausübungspreis *"in-the-money"*, *"out-of-the-money"* und *"at-the-money"* festgesetzt. Die Abstufung zwischen den einzelnen Ausübungspreisen erfolgt in Abhängigkeit vom Kurswert des Basiswertes. Als Beispiel nachfolgend die verschiedenen Basis- und Optionspreise von Jacobs Inhaber-Aktien per 10.11.1988 (Kurs SFr 7500):

Ausübungspreise	Verfalldaten			
	Nov.	Dez.	Jan.	April
(SFr.)		(Optionspreise in SFr)		
	Calls/Puts	Calls/Puts	Calls/Puts	Calls/Puts
7000	515/2	550/5	570/20	-/-
7500	61/45	150/120	250/150	360/221
8000	2.5/500	23/515	45/520	130/535
8500	-/-	-/-	7/1010	36/1020

Die Wahl des Ausübungspreises hat einen entscheidenden Einfluss auf den Optionspreis. Je tiefer der Basispreis, desto höher ist bei der Call-Option der Optionspreis; bei Put-Optionen führen höhere Basiswerte zu höheren Optionspreisen. **Welches der optimale Basispreis ist, hängt einerseits von der Risikobereitschaft des Anlegers und anderseits vom (subjektiv) erwarteten Kurspotential des Basiswertes ab.**

Beim Kauf einer Call-Option mit einem hohen Basiswert (*out-of-the-money*) ist die Optionsprämie und damit auch der Kapitaleinsatz pro Einheit niedrig, anderseits ist die Wahrscheinlichkeit eines Totalverlustes relativ gross. Falls die der Option zugrunde liegende Aktie jedoch stark steigt und die Option allmählich einen inneren Wert erhält, sind die prozentualen Kursgewinnmöglichkeiten aufgrund des Leverage-Faktors ausserordentlich hoch.

4.6.10.4 Restlaufzeit der Option

Die Restlaufzeit hat einen entscheidenden Einfluss auf den Zeitwert einer Option. Wie aus Abbildung 40 ersichtlich wird, fällt der Zeitwert mit abnehmender Restlaufzeit in Richtung Null ab. In der Realität verläuft die Abnahme des Zeitwerts jedoch nicht gleichmässig als Funktion der Zeit. Da noch andere Faktoren den Zeitwert einer Option beeinflussen, bewegt sich die Zeitwertkurve wellenförmig; zudem sinkt sie in den letzten Wochen und Tagen deutlich schneller als zu Beginn der Optionslaufzeit.

Für den Optionskäufer steigen die Gewinnchancen mit zunehmender Länge der Restlaufzeit, weshalb er auch bereit ist, für eine längere Restlaufzeit einen entsprechend höheren Optionspreis zu zahlen. Dagegen wird der Verkäufer für die mit einer langen Restlaufzeit verbundenen steigenden Risiken eine höhere Prämie verlangen. Der beschriebene Zusammenhang zwischen Restlaufzeit und Optionspreis bzw. dessen Zeitwert wird auch anhand des im Kapitel 4.6.10.3 erwähnten Beispiels der Optionen von Jacobs Inhaber-Aktien (besonders bei den *at-* und den *out-of-the-money*-Optionen) klar ersichtlich.

4.6.10.5 Aktiendividenden

An den meisten Börsen sind Optionen bei "Cash-Dividenden" nicht geschützt. Falls also während der Restlaufzeit einer Option auf der Basisaktie eine Dividende gezahlt wird, hat der Inhaber eines Call kein Anrecht auf die Ausschüttung. Der Kurs des Basiswertes wird am *"ex-date"* ohne Dividende, also tiefer, notieren. Gegen diesen Kursrückgang ist der Inhaber eines Call nicht geschützt. Die Call-Option wird deshalb an Wert verlieren, während die Put-

Option zulegen wird. Meistens sind Dividendenabgänge zumindest teilweise bereits vor dem Dividendenabgang im Optionspreis berücksichtigt.

Bei "amerikanischen" Optionen (Ausübung jederzeit möglich) hat der Inhaber eines Call die Möglichkeit, die Option unmittelbar vor der Dividendenzahlung auszuüben. In diesem Zusammenhang sollte er allerdings auch die möglicherweise damit verbundenen steuerlichen Aspekte berücksichtigen.

4.6.10.6   *Zinssätze für risikofreie Anlagen*

Zur Bewertung einer Option ist der Zinssatz einer risikofreien Anlage mit gleicher Laufzeit wie die Option massgebend. In der Schweiz eignet sich zu diesem Zweck beispielsweise der Zinssatz für Euroschweizerfranken-Geldmarktanlagen. Wenn dieser Zinssatz steigt, werden Calls tendenziell teurer und Puts billiger, da der Barwert des Ausübungspreises (zu dem der Basiswert gekauft werden kann) sinkt. Der Einfluss von Zinsänderungen auf den Optionspreis steigt mit zunehmender Restlaufzeit der Option; in der Regel ist er jedoch gering.

4.6.11   *Optionspreisberechnung*

Die Berechnung des theoretischen Wertes einer Option erfolgt in der Praxis ausschliesslich mittels Computer oder speziellen Taschenrechnern. Die Programme basieren meistens auf dem Optionspreismodell der amerikanischen Professoren Black und Scholes. Vollständigkeitshalber sei die B&S-Formel kurz aufgeführt:

$$\textit{Theoretischer Optionspreis} = p\,N(d_1) - s\,e^{-rt}\,N(d_2)$$

$$\textit{wobei} \quad d_1 = \frac{\ln\left(\frac{p}{s}\right) + \left(r + \frac{v^2}{2}\right)t}{v\,\sqrt{t}}$$

$$\textit{und} \quad d_2 = d_1 - v\,\sqrt{t}$$

p = *Aktienkurs*

s = *Ausübungspreis*

t = *Restlaufzeit, in % eines Jahres*

r = *Zinssatz für eine risikofreie Anlage*

v = *Volatilität, gemessen an der jährlichen Standardabweichung*

ln = *natürlicher Logarithmus*
e   = *Basiszahl des natürlichen Logarithmus*
N(x) = *kumulative Normalverteilungsfunktion*

Für den privaten, am Optionsgeschäft interessierten Anleger ist der preisgünstige "Option Price Calculator" zu empfehlen, der beim Schweizerischen Bankverein bezogen werden kann. Er erlaubt die Berechnung des theoretischen Wertes einer Call-Option, Put-Option, des Call-Deltas, des Put-Deltas und der implizierten Volatilität.

4.6.11.1 Begriffe aus dem Optionsgeschäft

• Delta-Faktor

Der **Delta-Faktor** einer Option gibt die zu erwartende prozentuale Veränderung des Optionspreises an, die aus der Preisänderung des "Underlying" von einem Punkt resultiert. Er kann einen Wert zwischen 0 und 1 annehmen. Ein Delta von 1 bedeutet, dass der Optionspreis um den gleichen Betrag steigt wie die Aktie. Ein Wert von 0 besagt, dass sich der Optionspreis trotz Schwankungen des Aktienkurses nicht ändert. Angenommen, das Delta einer Option sei 0.5 und der Börsenkurs der zugrunde liegenden Aktie steigt um SFr 10, so kann mit einer Kursverbesserung von rund SFr 5 bei einer Call-Option gerechnet werden; eine Put-Option würde dagegen um zirka SFr 5 sinken.

Je tiefer eine Option *out-of-the-money*, desto kleiner ist das Delta. *At-the-money*-Optionen haben ein Delta um 0.5. Je höher eine Option "im Geld" (*in-the-money*) ist und je kürzer die restliche Laufzeit, desto grösser das Delta. Der Delta-Faktor wird mittels Computer bzw. speziellen Taschenrechnern anhand einer Optionspreisformel berechnet bzw. abgeleitet.

• Vega

Diese Grösse widerspiegelt die Sensitivität des Optionspreises auf Aenderungen in der impliziten Volatilität. Sie gibt die prozentuale Wertveränderung einer Option bei der Veränderung der impliziten Volatilität um einen Prozentpunkt an. Vega ist hoch bei Optionen, die stark *"out-of-the-money"* sind, und reduziert sich in Richtung Null bei Optionen, die tief *"im Geld"* sind. Ist ein Investor beispielsweise bereit, eine implizite Volatilität von 20% anstelle der ausgewiesenen von 22% zu zahlen, so müsste er vom Optionskurs ungefähr 2 ×(Vega)Prozent abziehen, um seinen *"Kaufpreis"* zu erreichen.

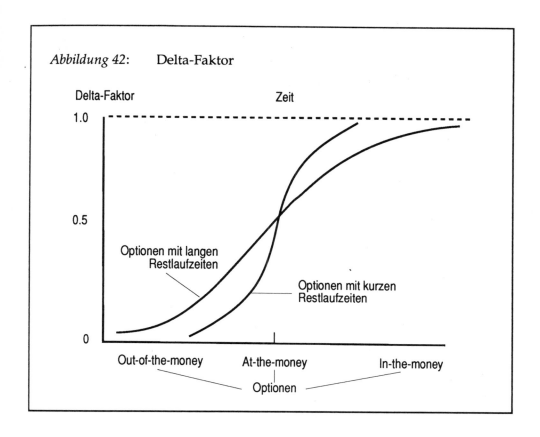

Abbildung 42:   Delta-Faktor

Delta-Faktor   Zeit

1.0

0.5

Optionen mit langen
Restlaufzeiten

Optionen mit kurzen
Restlaufzeiten

0

Out-of-the-money   At-the-money   In-the-money

Optionen

- Rho
  Der Faktor Rho gibt die theoretische prozentuale Kursänderung einer Option bei einer Veränderung des unterstellten Zinssatzes um einen Prozentpunkt an. Er ist 0 für Optionen, die tief aus dem Geld sind, und steigt nachher an. Für Investoren, die mit einem risikolosen Zinssatz rechnen, der einen Prozentpunkt über dem unterstellten liegt, erhöht sich der theoretische Wert einer Option um (Rho)Prozent. Anders formuliert, reduziert sich bei gegebenem Optionspreis die implizite Volatilität für diesen Investor.

- Theta
  Theta zeigt den prozentualen Wertverlust einer Option bei einer Verkürzung der Laufzeit um einen Monat. Diese Grösse dient somit als Indikator, wieviel die Option im Zeitablauf an Wert verliert, falls sich die äusseren Umstände (v.a. die Volatilität und das Kursniveau) nicht ändern.

- Volatilitätsdifferenz
  Diese Grösse gibt die prozentuale Abweichung zwischen dem aktuellen
  Optionspreis und dem Wert der Option aufgrund der historischen Volatilität des Titels wider. Ist dieser Wert negativ, so liegt die implizierte unter
  der historischen Volatilität. Daraus sind zwei wesentliche Schlussfolgerungen möglich:

  — Der Markt ist für diese Aktie über die Laufzeit der Option negativ
    eingestellt und rechnet beispielsweise mit einem sinkenden (bzw.
    unterdurchschnittlichen) Kursverlauf.
  — Die Option ist unterbewertet und bietet deshalb eine günstige Kauf-
    gelegenheit. Dabei ist allerdings zu bedenken, dass die Unterbewer-
    tung unter Umständen lange andauern kann und die Bewertungskor-
    rektur möglicherweise zu spät (nach Ablauf der Optionsfrist) erfolgt.

Die jeweils umgekehrten Argumente gelten natürlich bei einer positiven
Grösse, d.h. wenn die implizite über der historischen Volatilität der Aktie
liegt. Die implizite Volatilität sollte für die gleichen zugrunde liegenden
Titel und Optionen mit ähnlicher Laufzeit etwa gleich hoch ausfallen. Für
unterschiedliche Fälligkeiten kann sie jedoch abweichen.

4.7 Financial Futures

Die Financial Futures haben in den letzten zwei Jahrzehnten, unter dem Einfluss der zunehmend volatilen Preisbewegungen an den Finanzmärkten, einen
rapiden Aufschwung erlebt. Das Bedürfnis vieler Anleger, sich temporär gegen
die heftiger werdenden Kursveränderungen zu schützen, aber auch die wach-
sende Bereitschaft spekulativ eingestellter Investoren, Risiken einzugehen,
haben zur Verbreitung dieses Anlagemediums beigetragen. An dieser Tatsache
haben auch negative Schlagzeilen über Futures-Geschäfte im Zusammenhang
mit unseriösen Maklerfirmen und hohen Verlusten von Spekulanten nichts
geändert. Erst der Börsencrash 1987 hat vorübergehend zu einem deutlichen
Rückgang der Umsatzvolumina geführt.

Financial Futures sind standardisierte Terminkontrakte, die im Gegensatz
zu den **Commodity Futures** nicht auf Waren, sondern auf Finanzinstrumenten
basieren. Ein solcher Futures-Kontrakt beinhaltet die **feste Verpflichtung**, zu
einem bestimmten Termin ein nach Qualität und Quantität genau definiertes
Finanzaktivum zu einem fixierten Preis zu kaufen oder zu verkaufen. Dadurch
unterscheidet er sich wesentlich von einem gekauften Optionskontrakt, der

lediglich ein Bezugsrecht verkörpert. Das Eigentum am zugrunde liegenden Handelsgut wird beim Abschluss eines Futures-Kontraktes noch nicht übertragen, weil der Anleger lediglich eine Verpflichtung eingegangen ist, einen Vermögenswert zu einem späteren Zeitpunkt zu kaufen oder zu verkaufen.

Der Preis der Futures reflektiert die aktuelle Erwartung über deren Wert am festgesetzten Termin. Die Preisgestaltung richtet sich nach dem Kurs des Basiswertes, den erwarteten Dividendenzahlungen und den aktuellen Zinssätzen, wobei zusätzlich angebot- und nachfrageabhängige Komponenten eine Rolle spielen (siehe Kap. 4.7.2). Bei den Futures werden, im Gegensatz zum normalen Termingeschäft, Gewinne und Verluste auf täglicher Basis abgerechnet (daily settlements); steigt der Kurs des Handelsguts und damit in der Regel auch der Preis des Futures, so wird die Differenz dem Besitzer auf sein Konto gutgeschrieben und dem Verkäufer belastet. Käufer und Verkäufer von Futures müssen einen sogenannten Einschuss (Margin), eine Art Pfand, hinterlegen. Der erste Einschuss beläuft sich meistens auf rund 2 bis 10% des Kontraktwertes, was einen entsprechend **hohen Hebeleffekt** auf dem eingesetzten Kapital zur Folge hat. Der Anleger kann jederzeit über die aufgelaufenen Gewinne verfügen, ohne dass er die Futures-Position glattstellen muss, solange das geforderte Margin auf dem Konto verbleibt. Fällt das Konto unter das Einschussniveau, muss eine Bareinzahlung geleistet werden (Nachschusspflicht); erfolgt diese nicht, wird die Position sofort zwangsliquidiert bzw. exekutiert und der Kunde betrieben. Nähere Erläuterungen zum Margin-System erfolgen im Kapitel 4.7.1.

Bei den Financial Futures unterscheidet man je nach dem Handelsgut zwischen Kontrakten auf **konkreter** und **abstrakter Basis**; die physische Lieferung der gehandelten Werte ist nur bei der ersten Kategorie möglich. Rund 98 von 100 Geschäften werden jedoch mit einer inversen Transaktion glattgestellt oder am Ende der Kontraktlaufzeit durch eine Ausgleichszahlung abgeschlossen.

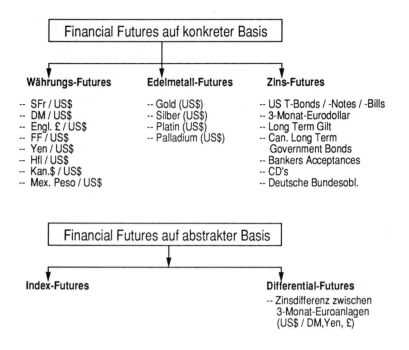

Die Entgegennahme von Kundenaufträgen und die Kundenberatung erfolgt über spezialisierte Makler- bzw. Brokerfirmen, die an allen wichtigen Finanzzentren vertreten sind. An den Futures-Börsen tritt ein Clearing House als Selbstkontrahent zwischen Anbieter und Nachfrager auf, wodurch die Erfüllung jedes Geschäftes garantiert ist. Nachfolgend eine Aufstellung über die wichtigsten Financial-Futures-Börsen:

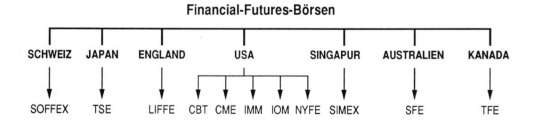

TSE : Tokyo Stock Exchange;   LIFFE : London International Financial Futures Exchange;
CBT : Chicago Board of Trade;   CME : Chicago Mercantile Exchange;
IMM : International Monetary Market (Chicago; CME);   IOM : Index & Option Market (Chicago; CME);
NYFE : New York Futures Exchange;   SIMEX : Singapore International Monetary Exchange;
SFE : Sidney Futures Exchange;   TFE : Toronto Futures Exchange;
SOFFEX : Swiss Option and Financial Futures Exchange (ab 1990 Futures-Handel)

Beispiel eines abstrakten Futures-Kontraktes

Standard & Poor's 500 Stock-Index-Futures der CME

Kontraktgrundlage:	S&P 500 Stock-Price-Index (S&P 500): Dieser enthält zurzeit 400 Industrie-, 40 Finanz-, 20 Transport- und 40 Versorgungstitel, die rund 80% der gesamten Börsenkapitalisierung der NYSE ausmachen.
Kontraktgrösse:	500 US$ × S&P Index. *Beispiel:* Bei einem Indexstand von 340 ergibt sich eine Kontraktgrösse von (500 × 340) US$ 170'000
Handelsmonate:	11 Monate im voraus; jeweils März, Juni, September, Dezember
Preisangabe:	US$
Minimalfluktuation:	0.05 Indexpunkte (500 × 0.05) 25 $ je Kontrakt
Tageslimite:	± 15 Indexpunkte
Initial Margin:	etwa US$ 10'000
Physische Lieferung:	Keine (auf abstrakter Basis): Terminkontrakte auf Aktienindizes sind Verträge zum Kauf oder Verkauf des Marktwertes von bestimmten Aktien, die Bestandteil eines Marktindexes sind. Jeder Kontrakt repräsentiert ein hypothetisches Aktienportfolio und nicht eine bestimmte Aktie oder konkretes Aktienportefeuille. Man kann sich auch nicht einzelne Anteile ausliefern lassen. Wird der Stock-Index-Futures bis zum Erfüllungsdatum nicht durch ein Gegengeschäft glattgestellt, wird lediglich die Kursdifferenz in Form von Gewinnen oder Verlusten abgerechnet.
Preisfindung:	Aktueller Stand des S&P 500 und allgemeine Erwartungen über die zukünftige Börsenentwicklung
Spekulant:	Jedermann
Hedger:	Banken, Brokers, Pensionskassen, Anlagefonds usw.

Steigt der S&P 500 Index innerhalb der Kontraktfrist bespielsweise auf 360 Punkte, so erhöht sich der Kontraktwert auf US$ 180'000; der Käufer erzielt in diesem Falle einen Gewinn von insgesamt US$ 10'000, und der Verkäufer erleidet einen Verlust von US$ 10'000 (ohne Transaktionskosten).

4.7.1 Margen im Handel mit Financial Futures

Die Margen sind ein wesentliches Element im Futures-Geschäft; je kleiner sie sind, um so grösser die Hebelwirkung auf dem investierten Kapital, was sich entsprechend auf das Verlust/Gewinn-Potential auswirkt. Kleine Preisänderungen des dem Futures-Kontrakt zugrunde liegenden Wertes lösen - in Relation zum eingesetzten Kapital - hohe Zahlungsströme aus.

Das **"margin"** lässt sich folgendermassen aufteilen:

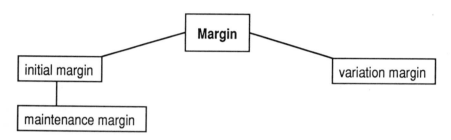

Das **"initial margin"** (Einschuss) ist der Betrag, der dem Käufer und Verkäufer von Kontrakten für das Eingehen einer Position am Financial-Futures-Markt vom Clearing House verrechnet wird (in der Schweiz: SOFFEX); die Abwicklung erfolgt jedoch über die Bank des Kunden. Die Höhe des "initial margin" wird im allgemeinen nach der relativen Volatilität des dem Futures zugrunde liegenden Handelsobjektes bzw. nach dem Risikograd der eingegangenen Position festgelegt. In der Regel beträgt das "initial margin" wenige Prozentpunkte des Kontraktwertes. Es kann als Garantiehinterlage des Käufers und Verkäufers angesehen und somit in Form von Geld, Garantieerklärungen oder Wertschriften geleistet werden.

Das **"variation margin"** (Nachschuss) ist der Betrag, der dem Käufer und Verkäufer eines Futures-Kontraktes vom Clearing House (über die Bank) auf täglicher Basis gutgeschrieben bzw. belastet wird; das "variation margin" repräsentiert jenen Betrag, um den sich eine Position aufgrund der Kursveränderungen des Kontraktes von einem Handelstag zum anderen wertmässig verändert hat. Dieser Betrag stellt also für die eine Seite einen Gewinn und für die Gegenseite einen entsprechenden Verlust dar. Die Kursveränderung, und damit einhergehend die Summe der "variation margin", wird vom Clearing House aufgrund der offiziellen Schlusskurse (settlement prices) für jeden Fälligkeitstermin jedes einzelnen Kontrakttypes täglich errechnet.

Das **"maintenance margin"** ist die Betragshöhe, die das "initial margin" während der Laufzeit der Position im Minimum aufweisen muss. Es ist naheliegend, dass das "maintenance margin" nur im Fall von Kursverlusten von

Bedeutung ist. Mit anderen Worten: treten Kursverluste ein, so darf das "initial margin" so lange durch das "variation margin" geschmälert werden, bis das "maintenance margin" erreicht bzw. unterschritten wird. Erst dann ist die verlierende Seite verpflichtet, ihre Hinterlage wieder auf die ursprüngliche Höhe des "initial margin" anzuheben.

Beispiel :

Nehmen wir an, die Margin-Forderungen für ein Engagement in einem Kontrakt Swiss-Market-Index(SMI)-Futures (befindet sich im Planungsstadium, angenommener Kontraktwert = 25 × SFr 1800) sei folgendermassen festgelegt: *"initial margin"*: SFr. 1000 ; *"maintenance margin"*: SFr. 750.

Tag	Schluss-stand SMI	Indexver-änderung	variation margin	margin-Konto	margin call
1	1'800	--	--	1'000	
2	1'795	(-) 5	(-) 125	875	
3	1'785	(-) 10	(-) 250	625	375
4	1'782	(-) 3	(-) 75	925	
5	1'805	(+) 23	(+) 575	1'500	
Gesamtveränderungen:		(+) 5	(+) 125	(+) 500	(-) 375

In diesem Beispiel erleidet der Käufer, der diese Position hält, in den ersten drei Tagen einen kumulierten Verlust von SFr. 450 (125 + 250 + 75). Durch den Gewinn von SFr. 575 errechnet sich am Ende des fünften Tages ein Nettogewinn von SFr. 125. Das gleiche Resultat ergibt sich aus der Gegenüberstellung des Zuwachses des Margin-Kontos (+500), von dem der "margin call" (375) abgezogen werden muss.

4.7.2   *Preisbildung von Financial Futures*

Der Futures-Kurs und das "underlying" (z.B. Aktienindex) sind eng miteinander verbunden; am Verfalltag sind sie wertgleich.

- Wie eng ist der Zusammenhang über die gesamte Lebensdauer des Futures-Kontraktes?
- Wann ist ein Futures-Preis über- bzw. unterbewertet?
- Gibt es einen richtig (fair) bewerteten Futures-Preis?

Die Beantwortung dieser Fragen führt zwangsläufig zur Festlegung eines theoretisch begründbaren Futures-Preises. Dies ist ein Preis, bei dem eine Arbitrage zwischen Futures- und Cash-Markt ausgeschlossen ist. Der Preis eines Index-Futures setzt sich aus dem aktuellen Stand des Indexes plus Finanzierungskosten bis zum Verfalltermin minus Dividendenerträge aus den dem Index zugrunde liegenden Aktien (Dividenden, die während der Laufzeit des Futures anfallen) zusammen. Der theoretische Wert eines Index-Futures wird nach folgender Formel berechnet:

$$W = I \times \frac{(p-d) \times t}{365}$$

W = *theoretischer Wert*
I = *Indexstand*
p = *Geldmarktsatz in Prozent*
d = *erwartete Dividenden in Prozent des Indexes*
t = *Anzahl Tage bis Verfall*

4.7.3   *Strategien mit Financial Futures*

Die Strategien mit Financial Futures hängen vom jeweiligen Anlageziel des Marktteilnehmers ab. Grundsätzlich können Financial Futures aus folgenden Motiven eingesetzt werden:

4.7.3.1   *Position Trading*

Der Anleger erwartet in nächster Zeit bei einem bestimmteen Handelsgut (Aktie, Währung, Gold usw.) eine deutliche Kursveränderung. Statt dieses am Kassa-Markt zu kaufen oder zu verkaufen, entscheidet er sich, entsprechende Futures-Geschäfte zu tätigen. Da er bei Futures-Transaktionen lediglich einen Bruchteil der effektiven Kontraktgrösse hinterlegen muss, erzielt er auf dem eingesetzten Eigenkapital eine ausserordentlich grosse **Hebelwirkung**. Darin liegen auch die **ungewöhnlich hohen Chancen und Risiken** für den Position Trader. Bewegt sich nämlich der Kurs des dem Futures-Kontrakt zugrunde liegenden Finanzaktivums in die "falsche" Richtung, ist er gezwungen, auf täglicher Basis Mittel nachzuzahlen (um das vorgeschriebene Margin aufrechterhalten zu können). Je volatiler die Kursbewegungen des Basiswertes sind und je grösser der in Futures investierte Vermögensanteil des Investors ist, desto spekulativer wird dieses Geschäft für ihn.

4.7.3.2   Hedging (Absicherungstransaktionen)

Bei dieser Geschäftsart werden Kursrisiken und Gewinnchancen von bestehenden Positionen in Wertpapieren, Devisen usw. oder eines ganzen Wertpapierdepots für eine bestimmte Zeitdauer durch gezielte Gegengeschäfte (Verkauf von entsprechenden Futures) ausgeschaltet. Diese Sicherungsgeschäfte haben im Bereich des Risikomanagements einen festen Platz eingenommen, weil sie bedeutend kostengünstiger und weniger arbeitsaufwendig sind, als der Verkauf und eventuell spätere Rückkauf der einzelnen Finanzaktivas. Der Anleger kann durch den Verkauf von Futures das Risiko temporär an den Spekulanten (Gegenpartei) transferieren. Die bestehenden Depotpositionen werden zwar bei einer Verschlechterung der Marktsituation entsprechende Kursverluste erleiden, doch werden diese durch die Gewinne auf den Futures ausgeglichen. Ist die Kompensation betragsmässig genau, spricht man von einem *"Perfect Hedging"*.

4.7.3.3   Arbitrage Trading

Arbitrageure versuchen an Preisdifferenzen zwischen den Futures- und Kassamärkten und im besonderen zwischen Aktienindex-Futures und den entsprechenden Aktien Gewinne zu erzielen. Gerade letztere (unter der Bezeichnung *"Arbitrage-Programmhandel"* bekanntgewordene) Geschäftsart hat in den letzten Jahren eine starke Verbreitung erfahren. Arbitragestrategien werden im wesentlichen von zwei Investorengruppen vorgenommen: den sogenannten Geldmarktinvestoren und Anlegern mit grossen, eher passiv bewirtschafteten Depots. Verkaufen viele Marktteilnehmer Aktienindex-Futures anstelle von Aktien, so sinken die Futures-Preise mit grosser Wahrscheinlichkeit unter ihren theoretischen Wert. In diesen Fällen schalten sich Investoren mit grossen Portfolios ein. Sie verkaufen nun einen (in seiner Zusammensetzung möglichst genau dem Index entsprechenden) Teil ihres Aktienportfolios. Gleichzeitig erwerben sie die entsprechende Anzahl unterbewerteter Aktienindex-Futures, womit sich diese zwei Transaktionen positionsmässig ausgleichen. Die durch den Aktienverkauf entstandene Liquidität investieren sie in zinstragende Geldmarktinstrumente. Sobald die Futures wieder ihren theoretischen Preis erreicht haben, was spätestens bei Verfall eintritt, wird die Operation umgekehrt, d.h. die Aktien werden zurückgekauft und die nun richtig bewerteten Futures sowie die Geldmarktpapiere verkauft. Diese Strategie verspricht relativ sichere Gewinne, wenn sich die Preise der Aktienindex-Futures entsprechend weit von ihrem theoretischen Wert entfernt haben.

Werden Aktienindex-Futures über ihrem rechnerischen Wert gehandelt, so treten die Geldmarktinvestoren in Aktion. Sie verkaufen die überbewerteten Futures und kaufen zur selben Zeit am Kassamarkt ein dem Index entsprechendes Aktienpaket. Sobald die Futures-Preise auf ihren rechnerischen Wert zurückgefallen sind, werden die Positionen durch eine inverse Operation geschlossen. Die Rendite dieses Geschäftes hängt einerseits von der Höhe der Ueberbewertung der Futures und anderseits von der Zeitdauer des Geschäftes ab. Diese Transaktionsart erfordert allerdings erhebliche liquide Mittel, da die Aktien sofort bezahlt werden müssen, während der Futures-Verkauf keinen sofortigen Zahlungsstrom bewirkt.

Beide Arbitragearten bedürfen in der Praxis des Einsatzes leistungsfähiger Computer, müssen doch die Geschäfte mit "elektronischer" Geschwindigkeit ausgeführt werden. Die Rechnerprogramme ermitteln den theoretisch richtigen Wert der Futures und erkennen sofort Ueber- oder Unterbewertungen. Fast simultan geben die Computer automatisch die entsprechenden Börsenorders an die Märkte weiter.

4.7.3.4 *Spread Trading*

Die Spreaders nutzen ungerechtfertigt hohe Kursdifferenzen von Futures-Kontrakten, die auf das gleiche Finanzaktivum lauten (aber über verschiedene Laufzeiten verfügen), zur Gewinnerzielung aus. Diese eher selten praktizierte Geschäftsart kann vor allem dann erfolgreich sein, wenn deutliche Preisdifferenzen zwischen den zwei Futures festzustellen sind.

4.7.4 Unterscheidungsmerkmale von Aktienindex-Futures und -Optionen

	CALL - OPTIONEN		FUTURES		PUT - OPTIONEN	
	long	short	long	short	long	short
Verpflichtungen	Zahlung des Options-preises	Barausgleich: Differenz Ausübungs-preis/Index-kurs am Aus-übungstag	Barausgleich		Zahlung des Options-preises	Barausgleich: Differenz Ausübungs-preis/Index-kurs am Aus-übungstag
Rechte	Barausgleich: Differenz Ausübungs-preis/Index-kurs am Aus-übungstag *)	Inkasso des Options-preises	Barausgleich		Barausgleich: Differenz Ausübungs-preis/Index-kurs am Aus-übungstag *)	Inkasso des Options-preises
Verlustpotential	beschränkt auf Optionspreis	theor. unbe-schränkt bei ungedeckter, beschränkt bei gedeckter Position	theoretisch unbegrenzt, allerdings kann Position jederzeit glattgestellt werden		beschränkt auf Optionspreis	theoretisch unbeschränkt **)
Gewinnpotential	theoretisch unbegrenzt	höchstens Optionspreis	theoretisch unbegrenzt	theoretisch unbegrenzt	theoretisch unbegrenzt **)	höchstens Optionspreis
Zahlungs-abwicklung	bei Geschäfts-abschluss	bei Geschäfts-abschluss	täglicher Bar-ausgleich	täglicher Bar-ausgleich	bei Geschäfts-abschluss	bei Geschäfts-abschluss
Positions-eröffnung	ganzer Optionspreis	erhält Optionspreis	initial margin	initial margin	ganzer Optionspreis	erhält Optionspreis
positive Markt-erwartungen	ja	nein	ja	nein	nein	ja
neutrale Markt-erwartungen	nein	ja	nein	ja	nein	ja
negative Markt-erwartungen	nein	ja	nein	ja	ja	nein

*) Ausübung während ganzer Laufzeit möglich
**) nur dadurch beschränkt, dass Indexkurs nicht unter Null fallen kann, d.h. beschränkt auf Basispreis

Kapitel 5

AKTIENSELEKTIONSMETHODEN

Bevor wir uns eingehend mit den verschiedenen Aktienselektionsmethoden auseinandersetzen, sollten wir uns daran erinnern, dass die Aktienauswahl erst als vierter Analyseschritt innerhalb des Top-Down Approach (Kap. 3.1) vorgenommen wird. Insbesondere im Bereich der privaten Vermögensverwaltung steht der "Stock-Picking"-Gedanke noch allzuoft im Vordergrund, und die in der Analysehierarchie vorrangigen Untersuchungen werden teilweise sträflich vernachlässigt. Das ist ein wesentlicher Grund, weshalb viele Anleger während der Periode des Börsencrash 1987 unnötig hohe Vermögenseinbussen hinnehmen mussten.

Bevor man zur Aktienselektion schreitet, sollten immer folgende Fragen abgeklärt werden:

a. Wie hoch ist die Risikobereitschaft und Risikofähigkeit des Anlegers?
b. Welche Anlegemärkte und Titelkategorien versprechen unter Berücksichtigung der Währungskomponente zukünftig den höchsten Gesamtertrag?
c. Sind die investitionsbereiten Mittel im Sinne einer optimalen Diversifikation aufgeteilt und dabei gleichzeitig die Antworten zu a) und b) berücksichtigt worden? Ist somit ein (bezüglich der erwarteten Durchschnittsrendite und des Risikos) möglichst effizientes Portfolio zusammengestellt worden?

Wenn man das historische Kursverhalten einzelner Aktien mit den entsprechenden Gesamtmarktindizes vergleicht, so lassen sich oft erhebliche Unterschiede feststellen. Einzelne Titel erzielten eine deutlich schlechtere Performance als der Gesamtmarkt, während andere markant besser abschnitten. Die Ursachen für die divergierenden Wertveränderungen sind vielfältig und können u.a. in einer unterschiedlichen Gewinnwachstumsrate der einzelnen Gesellschaften, einer eher aktionärsfreundlichen oder -feindlichen Haltung des Unternehmens oder einer Spezialsituation (beispielsweise Gesellschaftsübernahme, Veränderungen im Hauptaktionärskreis, Naturereignisse, Entschädigungsklagen usw.) liegen.

Die traditionellen und in der Anlagepraxis nach wie vor dominierenden Aktienselektionsmethoden, die nachfolgend eingehend erläutert werden, verfolgen letztlich das gleiche Ziel, nämlich diejenigen Titel zu finden, die einen höheren Total Return (Kapitalgewinn und Dividendenertrag) erbringen werden als der Marktdurchschnitt. In gewissen, vorwiegend wissenschaftlich orientierten, Kreisen werden allerdings sämtliche bekannten Verfahren als mehr oder weniger erfolglos bezeichnet. Diese Meinung basiert u.a. auf der **"Random-Walk"-Theorie** (Zufallstheorie). Sie besagt, dass sich die Aktienkurse zufällig bewegen, der vergangene Kursverlauf nichts über die zukünftige Kursentwicklung einer Aktie aussagt und dass der Aktienmarkt effizient bzw. vollkommen ist; die Aktienanalyse ist (gemäss dieser Theorie) somit überflüssig, und die Titelauswahl kann demnach ebensogut mittels Pfeilwerfen oder eines Zufallsgenerators erfolgen. Diese Behauptungen werden durch die **Hypothese vom "effizienten" Markt** teilweise untermauert. Ein Markt wird dann als effizient bezeichnet, wenn die Aktienkurse den aktuellen Informationsstand widerspiegeln. Die Voraussetzungen dafür sind, dass alle Marktteilnehmer rational handeln, jede Information für alle gleichzeitig und kostenlos verfügbar ist und sämtliche Transaktionen spesenfrei sind. Diese Hypothese wird mittlerweile in drei Versionen vertreten: die "schwache", die "mittlere" und die "starke" Form. Alle drei meinen, dass die zukünftige Aktienkursentwicklung nicht voraussehbar ist. Die schwache Form postuliert, dass sich die Aktienkurse unabhängig von ihrem historischen Verlauf entwickeln; die mittlere Version behauptet, dass nicht einmal die öffentlich publizierten Informationen zur Aktienkursprognose genutzt werden können. Die starke Form beinhaltet, dass jede, auch unveröffentlichte, Information bereits in den aktuellen Kursen enthalten ist.

Unter dem Einfluss der Random-Walk- und der Efficient-Market-Theorie und aufgrund der Tatsache, dass in den 80er Jahren die Anlageperformance der professionellen Portfolio-Manager in den USA mehrheitlich hinter den repräsentativen Gesamtmarktindizes zurückblieb, haben in den letzten Jahren **passive Anlagephilosophien** (v.a. in den USA) eine zunehmende Anhängerschaft gefunden. Man kauft den "Index" und versucht beispielsweise durch kurzfristige Hedgegeschäfte oder das Schreiben von Optionen den Anlageertrag im Vergleich zum Gesamtmarkt etwas zu verbessern, eine Taktik, die letztlich die Existenzberechtigung der Portfolio-Manager und Finanzanalysten zumindest teilweise in Frage stellt. Der ambitiöse und selbstbewusste Anleger wird jedoch weiterhin versuchen, durch eine geschickte Titelauswahl und sinnvolle Tradingoperationen den Anlageerfolg überdurchschnittlich zu steigern! Zur Erreichung dieses Zieles stehen ihm die nachfolgend aufgeführten Aktienauswahlverfahren zur Verfügung:

- Fundamentale Aktienanalyse
- Beta-Faktor-Konzept
- Technische Aktienanalyse
- Marktnahe Informationen

Grundsätzlich sollte man sich bei der Titelauswahl primär auf die fundamentale Analyse abstützen; sie liefert insbesondere bei der Vorselektion wertvolle Anhaltspunkte. Die übrigen drei Auswahlverfahren dienen vor allem als Timinghilfe und zur Abschätzung des Risikos einer Transaktion. Je nach Anlagephilosophie sind bezüglich der Gewichtung der einzelnen Methoden jedoch auch andere Ansichten vertretbar. Ausgesprochen tradingorientierte Börsianer werden sich beispielsweise stärker auf die technische Aktienanalyse und marktnahe Information abstützen, als dies ein Investor mit langfristigem Anlagehorizont tut. Die einzelnen Titelselektionsmethoden unterscheiden sich nicht zuletzt aufgrund ihrer wesentlichsten Vor- und Nachteile:

Methoden	Vorteile	Nachteile
Fundamentale und technische Analyse	Die fundamentale und teilweise auch die technische Analyse werden in professionellen Kreisen grösstenteils als sinnvoll anerkannt. Insbesondere die Kombination beider Methoden verspricht längerfristig überdurchschnittliche Anlageerfolge.	Die fundamentale Analyse erfordert eine anspruchsvolle, spezifische Ausbildung und langjährige Erfahrung. Letztere ist bei der Anwendung der technisch orientierten Verfahren oft in nicht geringerem Ausmass erforderlich. Allgemein hoher Arbeitsaufwand.
Beta-Faktor-Konzept	Man benötigt nur rudimentäre Titelkenntnisse. Sofern die Beta-Faktoren bekannt sind, ist die Titelauswahl schnell und einfach vorzunehmen.	Der Gesamtmarkttrend muss vorhersehbar sein. In zahlreichen Ländern werden Beta-Faktoren noch nicht errechnet, zudem basiert ihre Berechnung lediglich auf historischen Daten; einzelne Betas ändern sich aber laufend und können nicht vorbehaltlos in die Zukunft projiziert werden.
Marktnahe Informationen	Oft sind beträchtliche Kursgewinne in kurzer Zeit möglich. Meistens ist nur ein geringer Arbeitsaufwand erforderlich.	Die Informationen sind oft nicht allgemein zugänglich oder nicht rechtzeitig verfügbar. Ihr Wahrheitsgehalt muss überprüft und ihr Börseneinfluss schnell und richtig interpretiert werden.

5.1 Fundamentale Aktienanalyse

Vorgängig zur eigentlichen Aktienanalyse beurteilt der fundamental orientierte Finanzanalyst die Rahmenbedingungen an den wichtigsten Aktienmärkten anhand von volkswirtschaftlichen Daten und unter Berücksichtigung der politischen Einflüsse. Basierend auf dem erwarteten gesamtwirtschaftlichen Umfeld und der aktuellen Börsenbewertung, wird er in der Folge nach unter- oder überbewerteten Märkten, Branchen und Aktien fahnden und dabei sowohl internationale als auch nationale Vergleiche vornehmen (vgl. Kap. 3.1).

Bei der fundamentalen Aktienanalyse steht der **Bewertungsgedanke** im Vordergrund. Die besondere Schwierigkeit der Bewertung von Beteiligungspapieren rührt daher, dass diese Papiere keinen im voraus festgesetzten Ertrag abwerfen; sie verkörpern einen Wert, der unter dem Einfluss der sich wandelnden wirtschaftlichen Gegebenheiten laufend Veränderungen unterworfen ist. Der Wert einer Gesellschaft bzw. Aktie muss deshalb immer wieder aufs neue anhand betriebswirtschaftlicher und volkswirtschaftlicher Daten abgeschätzt und mit der aktuellen Börsenbewertung verglichen werden. Zu diesem Zweck werden die wichtigsten Kennziffern aus der Bilanz und Erfolgsrechnung errechnet und analysiert. Dieses Vorgehen ermöglicht u.a. eine bessere Beurteilung der **Ertragskraft** des Unternehmens, die wiederum eine zentrale Rolle bei der Aktienbewertung spielt. Insbesondere die zukünftigen Gewinne haben einen entscheidenden Einfluss auf den Aktienkurs, weshalb das Erstellen von möglichst präzisen Gewinnschätzungen eine wichtige Aufgabe bei der Aktienanalyse darstellt. Interessante Bewertungshinweise kann auch die Börsenkapitalisierung in Prozenten des Umsatzes liefern. Als weiteres Kriterium ist der **Substanzwert** zu erwähnen, der vor allem anlässlich der Liquidation einer Gesellschaft und in stark inflationären Zeiten an Bedeutung gewinnt. Früher richteten sich die Vorstellungen über einen angemessenen Aktienkurs vorwiegend nach der **Dividendenrendite**. Da diese, angesichts der stark unterschiedlichen Ausschüttungsquoten, heutzutage oft nicht mehr als Massstab der Ertragskraft einer Gesellschaft angesehen werden kann, und die meisten Aktien zudem aufgrund ihres Kurspotentials und nur in Ausnahmefällen der hohen Rendite wegen gekauft werden, hat dieser Aspekt an Bedeutung verloren.

Zur Beurteilung und zum Vergleich von Aktienpreisen werden in der Anlagepraxis meist folgende **Aktienbewertungs-Kennzahlen** verwendet:

- **Kurs/Gewinn–Verhältnis (KGV)**
  (*Price/Earnings Ratio*)   : $\dfrac{Aktienkurs}{Gewinn\ pro\ Aktie}$

- **Kurs/Cash Flow–Verhältnis**
  (*Price/Cash Flow Ratio*)   : $\dfrac{Aktienkurs}{Cash\ Flow\ pro\ Aktie}$

- **Börsenkapitalisierung/Umsatz–Verhältnis** : $\dfrac{\textit{Börsenkapitalisierung (der Gesellschaft)} \times 100}{\textit{Umsatz}}$
  (*Market Capitalisation / Turnover Ratio*)

- **Dividendenrendite** : $\dfrac{\textit{Dividende je Aktie} \times 100}{\textit{Aktienkurs}}$
  (*Dividend Yield*)

- **Ausschüttungsquote** : $\dfrac{\textit{Dividende je Aktie} \times 100}{\textit{Gewinn je Aktie}}$
  (*Payout Ratio*)

- **Buchwert pro Aktie** : $\dfrac{\textit{Eigenkapital}}{\textit{Anzahl Aktien}}$
  (*Book Value per Share*)

5.1.1 Kurs/Gewinn-Verhältnis (KGV)

Anhand dieser in Analysten- und Anlegerkreisen häufig verwendeten Verhältniszahl können Bewertungsunterschiede zwischen einzelnen Titeln, Branchen und Gesamtmärkten rasch erkannt werden. Diese geben jedoch isoliert betrachtet noch keinen Hinweis auf eine Ueber- oder Unterbewertung; die Gründe für die Abweichungen müssen zuerst analysiert werden.

Dazu einige Vorbemerkungen. Zur Berechnung des KGV (p/e ratio) sind bekanntlich zwei Grössen erforderlich: der aktuelle Börsenkurs und der Gewinn pro Aktie. Während der erste Faktor unmissverständlich definiert und bei börsenkotierten Titeln leicht eruierbar ist, trifft dies für das zweite Element, den Gewinn je Aktie, nicht zu. Je nach der berücksichtigten Zeitperiode und der Gewinnermittlungsart ergeben sich unterschiedliche Gewinne pro Aktie; so unterscheidet man zwischen:

a. Historischen Gewinnen, basierend auf den letzten publizierten Unternehmenszahlen.
b. Geschätzten effektiven Gewinnen vergangener Rechnungsperioden.
c. Geschätzten zukünftigen Gewinnen (für das laufende, das nächste oder übernächste Jahr).

Während die historischen Gewinne oft nur insofern von Interesse sind, als sie einen Hinweis auf die absolute Höhe, das Wachstum und die Stabilität der zukünftigen Gewinne geben können, haben die erwarteten **zukünftigen Gewinne** in der Regel einen entscheidenden Einfluss auf den weiteren Aktienkursverlauf. Da die Gewinnprognosen für eine bestimmte Aktie von Analyst zu Analyst unterschiedlich ausfallen können, empfiehlt es sich für den privaten Anleger, bei mehreren Banken oder Brokern Gewinnschätzungen einzuholen.

Im weiteren sollte er darauf achten, dass diese ausreichend zukunftsorientiert sind. Will man einen internationalen Bewertungsvergleich vornehmen (anhand von KGVs, die aus verschiedenen Quellen stammen), muss man sich vergewissern, dass die zugrunde liegenden Gewinnschätzungen vergleichbar sind. Basiert das KGV der Aktie A beispielsweise auf den Gewinnen des Vorjahrs, so kann dieses nicht mit dem KGV der Aktie B verglichen werden, wenn letzteres auf den geschätzten Gewinnen des laufenden oder folgenden Jahres beruht.

Werden KGV zu Selektionszwecken verwendet, geht es in einem ersten Schritt darum, die relative Höhe der einzelnen KGVs im Vergleich zu anderen Aktien, zur Branche und zum Gesamtmarkt zu ermitteln. Ergänzend kann die aktuelle Bewertung auch an der historischen gemessen werden. In der Folge müssen die Ursachen für die momentan überdurchschnittlich hohe oder tiefe p/e ratio erforscht werden. Der nachfolgende Fragenkatalog kann dazu Hilfestellung leisten:

- Wie hoch ist das erwartete zukünftige Gewinnwachstum der betreffenden Aktie im Vergleich zum Gesamtmarkt, zur entsprechenden Branche, zu anderen Titeln aus dem gleichen Bereich und im internationalen Vergleich?
- War die Gewinnentwicklung der Gesellschaft in den letzten Jahren eher zyklisch oder kontinuierlich?
- Welches Bild vermittelt die Bilanz des Unternehmens?
- Ueben andere Faktoren (wie z.B. betriebsfremde Einflüsse, markttechnische Faktoren, Uebernahmegerüchte usw.) zurzeit einen preisverzerrenden Effekt auf den Aktienkurs aus?

Grundsätzlich gilt, dass für Aktien von Gesellschaften mit hohem und mit grosser Sicherheit abschätzbarem, kontinuierlichem Gewinnwachstum meistens überdurchschnittlich hohe Aktienkurse bzw. KGVs bewilligt werden, sofern die finanzielle Lage des Unternehmens als solide bezeichnet werden kann. Dagegen weisen Titel aus konjunkturempfindlichen Branchen (Rohstoffe, Metalle, Automobile, Bau usw.) mit entsprechend zyklischer Gewinnentwicklung in der Regel eher tiefe KGVs auf. Gerade bei solchen Werten ist jedoch zu beachten, dass heftige Gewinnrückschläge oft nicht von einem entsprechend starken Kursrückgang begleitet werden, wodurch das KGV in diesen Fällen "automatisch" deutlich ansteigt. Ein hohes KGV beruht zwar in der Regel auf einer ausgesprochen positiven Beurteilung der Zukunftsaussichten einer Gesellschaft, kann aber auch die Folge eines vorübergehend aussergewöhnlich tiefen (erwarteten) Gewinns sein.

Im KGV einer Aktie kommt u.a. die durchschnittliche Meinung sämtlicher Investoren bezüglich der Zukunftsaussichten einer Gesellschaft zum Ausdruck. Bei der **Titelauswahl** geht es vor allem darum, Aktien von Unternehmen zu finden, für die vom Markt ein zu tiefes oder zu hohes KGV bewilligt wird. Der

Anleger muss sich die Frage stellen, ob er, subjektiv betrachtet, die zukünftigen Ertragsaussichten einer Gesellschaft positiver oder ungünstiger beurteilt, als der Markt dies tut. Besonders interessant sind Aktien von Gesellschaften, die in den nächsten Jahren ein überdurchschnittliches Gewinnwachstum versprechen, aber zurzeit lediglich ein nicht wesentlich über dem Marktdurchschnitt liegendes KGV aufweisen. Bei solchen Titeln ergeben sich doppelte Gewinnmöglichkeiten, da der Aktienkurs vom höher als erwarteten Gewinnwachstum beflügelt wird und zudem höhere KGVs bewilligt werden (p/e expansion). Lukrative "Titel-Entdeckungen" sind oft auch in Branchen mit zyklischer Ertragslage zu finden. Gesellschaften aus diesem Bereich erwirtschaften im Falle einer "Turnaround-Situation" oft prozentual ungewöhnlich hohe Gewinnanstiege, was sich entsprechend positiv auf die Aktienkursgestaltung auswirkt. Eine gewisse Vorsicht ist bei ausgesprochenen Wachstumsaktien mit stark erhöhtem KGV angebracht; werden die hochgesteckten Ertragsziele nicht regelmässig erfüllt, sind massive Kursrückschläge möglich, da einerseits der Gewinn je Aktie als auch das KGV schrumpft. In diesen Fällen ist der Kursrückschlag prozentual meist deutlich höher als die Verminderung des Gewinns je Aktie.

Weil die dem KGV zugrunde liegenden Gewinnschätzungen pro Aktie für die Beurteilung eines Titels oft entscheidend sind, ist es in der Regel lohnenswert, sich ein **eigenes Bild über die Gewinnaussichten** zu machen. Je präziser die zukünftigen Gewinne geschätzt werden, desto leichter sind Unter- oder Ueberbewertungen zu erkennen und um so aussichtsreicher ist die Ausgangslage für Börsentransaktionen. Die Basis für Gewinnprognosen bildet in der Regel die letzte publizierte Bilanz und Erfolgsrechnung. Zum Leidwesen der Analysten und Anleger entsprechen die ausgewiesenen Unternehmensgewinne aber oft nicht den aus betrieblicher Tätigkeit erwirtschafteten Gewinnen. Während in den USA, Kanada, England und Deutschland die publizierten und die effektiven Gesellschaftsgewinne weitgehend identisch sind (bzw. anhand des Geschäftsberichtes relativ zuverlässig eruiert werden können), trifft dies beispielsweise für die Schweiz oft nicht zu. Hier bestehen sehr liberale gesetzliche Bilanzierungsvorschriften, was die Gewinnermittlung für Aussenstehende erschwert oder gar verunmöglicht. Es ist bekannt, dass Schweizer Gesellschaften bis zu drei verschiedene Jahresbilanzen mit unterschiedlichen Gewinnausweisen erstellen; je eine Bilanz und Erfolgsrechnung für die Aktionäre (offizieller Geschäftsbericht), das Steueramt und das Management. Bei Schweizer Grossbanken und international tätigen Versicherungsgesellschaften sollen die effektiven (konsolidierten) Gewinne in erfolgreichen Jahren bis zu dreimal grösser sein als die ausgewiesenen. An der mangelnden Transparenz in diesem Bereich wird voraussichtlich auch die zurzeit in der Schweiz im Gang befindliche Aktienrechtsreform wenig ändern, weil die bisher zur Diskussion stehenden gesetzlichen Aenderungen bezüglich der Schaffung und Auflösung von stillen Reserven weiterhin Verschleierungsmöglichkeiten zulassen werden.

Zur Abschätzung der effektiv erzielten Gewinne sollten folgende Positionen im Geschäftsbericht genau untersucht werden:

- Ausserordentliche und periodenfremde Einnahmen und Ausgaben
- Abschreibungen und Rückstellungen
- Auflösung oder Bildung von stillen Reserven (soweit ersichtlich)
- Bei Konzernabschlüssen: Handelt es sich um Stammhaus- oder konsolidierte Gewinne; sind die Gewinne der Tochtergesellschaften oder nur an die Mutter abgeführte Dividenden enthalten ?

Anhand des entsprechend adjustierten Unternehmensgewinns, des Gewinnwachstums der letzten Jahre, firmenspezifischer Faktoren (wie z.B. Auftragsbestand, Bestellungseingang, Lancierung neuer Produkte, Lohnerhöhungen, Qualität des Managements usw.) sowie gesamtwirtschaftlicher Trends (Wachstum des Bruttosozialprodukts, Zinssatzentwicklung, Währungslage, Rohstoffpreise, Teuerung usw.) können die zukünftigen Gewinne abgeschätzt werden.

Werden die erwarteten zukünftigen Gewinne durch die Anzahl ausstehender Aktien geteilt, erhält man den geschätzten Gewinn je Aktie. Dabei ist zu beachten, dass sich die Zahl der ausstehenden Beteiligungspapiere aufgrund von Kapitalerhöhungen, Aktiensplits, Stockdividenden und die Ausgabe von Wandel- oder Optionsanleihen verändern kann; der Gewinn pro Aktie wird dadurch verwässert (diluted) und muss entsprechend berichtigt werden.

5.1.2   Kurs/Cash Flow-Verhältnis

Unter Cash Flow, auch "Netto-Kapitalfluss aus Betriebstätigkeit" genannt, versteht man den Reingewinn plus Abschreibungen zuzüglich nichtliquiditätswirksame Aufwendungen, abzüglich nichtliquiditätswirksame Erträge, wie z.B. die Bildung oder Auflösung von langfristigen Rückstellungen; also derjenige Teil der Erlöse, der nach Begleichung aller Baraufwendungen verbleibt, um Neuinvestitionen zu finanzieren, Schulden zu tilgen und die Dividende auszuzahlen. Bei der Aktienanalyse wird der Cash Flow häufig als Massstab der Ertrags- und Finanzierungskraft eines Unternehmens verwendet. Zur Erhöhung der Aussagekraft sollten deshalb ausserordentliche Erträge und Aufwendungen ausgeklammert werden. Um den Cash Flow pro Aktie zu berechnen, wird er durch die Anzahl ausstehender Beteiligungspapiere (ggf. gewichtet nach ihrem Nominalwert) geteilt. Dieser wiederum wird dann in Relation zum aktuellen Aktienkurs gesetzt, woraus das Kurs/Cash Flow-Verhältnis resultiert. Letzteres kann grundsätzlich auch für Gesamtmarkt- und Branchenindizes errechnet werden.

Aufgrund der von Unternehmen zu Unternehmen (und Land zu Land) unterschiedlichen Bilanzierungspraktiken resp. Bilanzierungsvorschriften ist der Vergleich von KGVs (wenn sie auf ausgewiesenen Gewinnen basieren) insbesondere im internationalen Rahmen problematisch und kann zu Fehlurteilen führen. Die Kurs/Cash-Flow Ratio eignet sich für solche Zwecke besser, da sie die ausgewiesenen Abschreibungen berücksichtigt; dagegen ist damit das Problem der stillen Reserven noch nicht gelöst. In diesem Zusammenhang ist es sinnvoll zu prüfen, ob gewisse Aktivposten in der Bilanz unterbewertet, ob eigentliche Aktivposten weggelassen wurden, indem sie als Aufwand verbucht wurden (z.B. Werkzeuge, Maschinen usw.) oder auf der Passivseite übermässige indirekte Abschreibungen (Wertberichtigungen) und Rückstellungen gebildet wurden. Allgemeine Anhaltspunkte über die Abschreibungspolitik eines Unternehmens ergeben sich oft aus dem Vergleich folgender Verhältniszahlen mit denjenigen anderer Gesellschaften derselben Branche.

- Abschreibungen in Prozenten des Anlagevermögens
- Abschreibungen in Prozenten des Umsatzes
- Abschreibungen in Prozenten des Reingewinns

Das Kurs/Cash Flow-Verhältnis ist aus den obenerwähnten Gründen ein genauerer Aktien-Bewertungsindikator als das KGV, das auf Basis der letzten ausgewiesenen Gewinne berechnet wurde. Es eignet sich vor allem für internationale Vergleiche besser. Aber auch die Kurs/Cash-Flow-Ratio (ob sie nun hoch oder tief ist) bedarf wie das KGV einer Analyse, bevor sie als Indiz für eine Unter- oder Ueberbewertung einer Aktie verwendet werden kann.

5.1.3   *Börsenkapitalisierung in Prozenten des Umsatzes*

Falls die Ertragskraft eines Unternehmens nicht oder nur ungenügend genau abgeschätzt werden kann, dient das Verhältnis zwischen der Börsenkapitalisierung und dem Umsatz oft als eine ergänzende Hilfe für die Aktienbewertung. Dies kann der Fall sein, wenn eine stark international operierende Gesellschaft keine konsolidierten Ertragszahlen, sondern nur die entsprechenden Umsatzziffern bekannt gibt oder der publizierte Gewinn oder Cash Flow aus bestimmten Gründen nicht repräsentativ ist. Da sich die Börsenkapitalisierung auch von kotierten ausländischen Gesellschaften leicht errechnen lässt und die Umsätze im Gegensatz zu den Gewinnen kaum durch national divergierende Bilanzierungsvorschriften verzerrt werden, kann die Börsenkapitalisierung in Prozenten des Umsatzes gerade für internationale Vergleiche interessante Aufschlüsse liefern. Im Versicherungsbereich werden anstelle der Umsätze die Prämieneinnahmen verwendet. Eine analoge, umsatzorientierte Verhältniszahl stellt der Aktienkurs im Vergleich zum Umsatz je Aktie dar.

5.1.4   Buch- und Substanzwert pro Aktie

Zur Berechnung des Buchwerts pro Aktie wird das ausgewiesene Eigenkapital durch die Anzahl ausstehender Aktien geteilt. Der Substanzwert je Aktie ergibt sich aus der Division der Eigenmittel durch die Anzahl Aktien; stille Reserven werden - soweit sie bekannt sind - nach Berücksichtigung eines latenten Steuerabzuges dem Eigenkapital zugerechnet. Das Eigenkapital setzt sich aus dem Grundkapital, den Reserven, dem Gewinnvortrag und den Minoritätsinteressen zusammen. Gewisse Aktivposten wie Goodwill (immaterielle, schwer quantifizierbare Vermögenswerte wie: hoher Bekanntheitsgrad der Produkte, fester Kundenstamm, guter Ausbildungsstand der Angestellten usw.) und Patente müssen kritisch untersucht werden und gegebenenfalls ganz oder teilweise vom Eigenkapital abgezogen werden. Vorzugskapital wird in der Schweiz als Eigenkapital betrachtet, während es in einzelnen anderen Ländern als Fremdkapital angesehen wird. Auf die Bereinigung einzelner Aktiv- und Passivposten wird im Kapitel 5.1.6 näher eingegangen.

Je höher der Buch- oder Substanzwert pro Aktie im Vergleich zum aktuellen Börsenkurs ist, desto günstiger ist die Aktienbewertung von diesem Gesichtspunkt aus betrachtet. Es muss jedoch beachtet werden, dass der Buch- resp. Substanzwert den Aktienkurs in der Regel nur in beschränktem Ausmass beeinflusst, da dem Ertragswert bei der Aktienbewertung meist stärkeres Gewicht beigemessen wird. Für den Aktionär steht der momentane Sachwert eines Unternehmens oft weniger im Vordergrund als die Frage, was die Vermögenswerte in Zukunft einbringen werden. Der Buch- oder Substanzwert spielt vor allem dann eine entscheidende Rolle, wenn eine ganze Gesellschaft oder bestimmte Unternehmensbereiche liquidiert werden oder eine Firmenübernahme unter dem Aspekt eines späteren Verkaufs der Vermögenssubstanz (asset stripping) erfolgt. In solchen Fällen würde der Liquidationswert allerdings noch präzisere Hinweise für die Aktienbewertung geben. Für den Anleger ist der Substanzwert eines Unternehmens jedoch insofern von Bedeutung, als hohe, realisierbare Vermögenswerte ein finanzielles Polster für eine Gesellschaft darstellen, das eventuell zu ertragssteigernden Umstrukturierungen verwendet werden und sich auch in hochinflationären Zeiten positiv auswirken kann. Bei Anlagefonds, Immobiliengesellschaften und Rohstoffunternehmen richtet sich der Aktienkurs oft in starkem Ausmass nach dem Inventar- bzw. Substanzwert, während dies bei Dienstleistungs- und Handelsunternehmen selten der Fall ist.

5.1.5 Dividendenrendite

Die Dividendenrendite (dividend yield) verkörpert die in Prozenten des Aktienkurses ausgedrückte ausgeschüttete Dividende; sie bildet neben den Kapitalgewinnen die zweite Komponente, die zum Gesamterfolg einer Aktienanlage beiträgt. Da die Aktien- und Wechselkursveränderungen die Performance in den letzten Jahrzehnten erheblich stärker beeinflusst haben als die Dividendenerträge, spielt die Dividendenrendite bei der Titelauswahl heutzutage oft nur noch eine untergeordnete Rolle. Diese Tatsache hängt auch damit zusammen, dass die Ausschüttungen in der Regel nur noch in beschränktem Mass die Ertragslage der Gesellschaften widerspiegeln, da die Ausschüttungsquoten (payout ratios) je nach Unternehmen, Branche oder Land erhebliche Unterschiede aufweisen.

Da die Höhe der Dividende unter dem Einfluss einer sich verändernden Ertragslage oder Ausschüttungspolitik einer Gesellschaft variieren kann, darf man die letzte gezahlte Ausschüttung nicht unbesehen in die Zukunft fortschreiben! Deshalb muss der Anleger die aktuelle Aktienrendite kritisch untersuchen und abschätzen, ob das betreffende Unternehmen die Dividende in absehbarer Zukunft halten, erhöhen oder senken wird. Hinweise darauf können die aktuelle Ertragslage der Gesellschaft, die bisherige Dividendenpolitik und die payout ratio liefern. Ist die Ausschüttungsquote (Dividende pro Aktie x 100 / Gewinn je Aktie) relativ niedrig und das Unternehmen traditionell an Dividenden-Kontinuität interessiert, dann werden temporäre Ertragsrückgänge nicht zwangsläufig mit einer Dividendensenkung verbunden sein. Eine hohe, gesicherte Dividende gewährleistet dem Aktionär ein interessantes Einkommen und bietet zudem einen gewissen Schutz gegen heftige Kursrückschläge; diese Vorteile müssen jedoch meistens in Form von unterdurchschnittlichen Kursgewinnchancen "bezahlt" werden.

Liegt die auf Basis der letzten gezahlten Dividende errechnete Rendite deutlich über dem Marktdurchschnitt, sollte man die Gründe erforschen. Diese können in einer Verschlechterung der Ertragssituation des Unternehmens und dem damit verbundenen Aktienkursrückgang liegen. Möglicherweise ist auch die Ausschüttungsquote ungewöhnlich hoch, d.h. das Unternehmen zahlt den grössten Teil der erwirtschafteten Gewinne als Dividende an die Aktionäre aus, was auf geringe Wachstumschancen der Gesellschaft hindeuten kann. Oft sind hohe Renditen aber auch Ausdruck überdurchschnittlich grosser unternehmerischer Risiken, die sich in einem entsprechend tiefen Aktienkurs niederschlagen. Zahlt eine Firma Dividendenbeträge aus, welche die Gewinne übersteigen, wird die Unternehmenssubstanz vermindert. In allen beschriebenen Fällen stellt sich die zentrale Frage, ob der Dividenden-Ausschüttungsbetrag auch **zukünftig** als **gesichert** betrachtet werden kann.

Eine tiefe Dividendenrendite ist häufig die Folge eines stark gestiegenen Aktienkurses, der beispielsweise aufgrund einer günstigen Ertragslage der Gesellschaft bzw. positiver Erwartungen zustande gekommen ist. Im weiteren können die Aktionärsstruktur und steuerliche Ueberlegungen Anlass für eine konservative Ausschüttungspolitik sein.

In vielen Titelselektionslisten von Banken und Brokern werden lediglich die auf Basis der letzten Ausschüttungen errechneten Dividendenrenditen kommentarlos publiziert, was bei weniger sachkundigen Anlegern falsche Erwartungen wecken kann. Es wäre deshalb wünschenswert, wenn zusätzlich Schätzungen bezüglich der erwarteten Dividenden abgegeben würden oder zumindest auf eventuelle Dividendensenkungen hingewiesen würde.

5.1.6   Analyse von Bilanz und Erfolgsrechnung

5.1.6.1   Bilanzanalyse

Im Rahmen der Bilanzanalyse (im engeren Sinn) wird der Vermögensaufbau auf der Aktivseite und die Kapitalstruktur auf der Passivseite der Bilanz untersucht. Diese Analyse verfolgt in erster Linie das Ziel, die Auswirkungen der Zusammensetzung der verschiedenen Positionen auf die Ertragslage des Unternehmens und besondere Risiken zu erkennen. Zuverlässige Prüfungsresultate sind meistens nur bei **internen** Untersuchungen der Unternehmung zu erwarten, weil nur in diesem Fall das gesamte Zahlenmaterial des Rechnungswesens des Betriebs zur Verfügung steht. Bei der **externen** Bilanzuntersuchung muss man sich mit den publizierten Zahlen begnügen und kann wesentliche Elemente wie z.B. die Höhe der stillen Reserven, Fälligkeiten von Schulden und Forderungen, kurzfristige Geldbedürfnisse usw. meistens nicht genau erkennen. Je präziser die einzelnen Positionen Betriebswerte darstellen, desto aussagekräftiger sind die Analyseergebnisse. Als Berechungsgrundlage sollten immer die aktuellsten (ggf. konsolidierten) Bilanzen verwendet werden. Neben der Auswertung der letzten verfügbaren Bilanz sollte zusätzlich ein Vergleich der Zahlen der vergangenen 3 bis 5 Jahre vorgenommen werden; die statische Zeitpunktbetrachtung sollte also durch eine dynamische, komparative Untersuchung ergänzt werden, wobei man bei letzterer auf Bilanzkontinuität achten muss. Aufschlussreich sind zudem auch horizontale Bilanzvergleiche, d.h. die Gegenüberstellung von Bilanzen verschiedener gleichartiger Unternehmen oder auch Vergleiche mit durchschnittlichen Branchenwerten.

Als erster Analyseschritt wird die **Gliederung** der Bilanz überprüft. Gerade bei Schweizer Unternehmen ist dies besonderes wichtig, da abgesehen von den

Artikeln 668, Abs. 2, und 959 des Obligationenrechts keine allgemein gültigen Vorschriften bezüglich Gliederung der Bilanz (und Erfolgsrechung) bestehen. Das nachfolgende Schema zeigt eine sinnvolle Aufteilung der beiden Bilanzseiten; es kann aber individuell an die besonderen Bedürfnisse eines Unternehmens angepasst werden:

AKTIVEN	PASSIVEN
Umlaufvermögen	**Fremdkapital**
Liquide Mittel	Kurzfristiges Fremdkapital
Forderungen	Langfristiges Fremdkapital
Vorräte	
	Eigenkapital
Anlagevermögen	Grundkapital
Materielles Anlagevermögen	Reserven
Finanzanlagen	Gewinnvortrag
Immaterielles Anlagevermögen	evtl. Minoritätsinteressen
Wertberichtigungsposten	**Wertberichtigungsposten**
(zur Passivseite)	(zur Aktivseite)

a) Aktivseite

Die richtige Zuteilung der einzelnen Bilanzpositionen auf die einzelnen Gruppen und Untergruppen bietet auf der Aktivseite normalerweise keine allzu grossen Schwierigkeiten. Hingegen spielen die Bewertungsmassstäbe besonders beim Anlagevermögen eine sehr bedeutende Rolle.

- **Umlaufvermögen**

    — **Liquide Mittel:** dazu gehören Kassa-, Post- und Bankguthaben, nationalbankfähige Wechsel und börsengängige Wertschriften, die keine Dauerbeteiligung darstellen. (Ausländische Devisen zum Bilanzierungskurs umrechnen; Wertschriften zum Durchschnittskurs des Abschlussmonats.)
    — **Forderungen:** dazu zählen Debitoren (abzüglich Delkredererückstellung), Wechsel und Wertschriften, die nicht unter liquiden Mitteln aufgeführt wurden (der externe Bilanzbetrachter sieht in der Regel nicht, ob Wechsel nationalbankfähig oder Wertschriften wirklich börsengängig sind, weshalb hier der Grundsatz der eher konservativen Betrachtungsweise gilt, d.h. also: den Forderungen zuweisen), andere kurzfristige Darlehen und Forderungen sowie die transitorischen Aktiven und Anzahlungen an Lieferanten.

— **Vorräte:** Vorräte an Handelswaren, Fertig- und Halbfabrikate sowie Rohmaterialien, die zur Verarbeitung und zur Veräusserung bestimmt sind. Steuermässig ist in der Schweiz eine stille Reserve (= für den externen Beobachter nicht ersichtliche) von einem Drittel der Vorräte zulässig. Die Bewertung der Vorräte übt einen starken Einfluss auf den Gewinnausweis der Unternehmung aus. Grundsätzlich gilt das Niederstwertprinzip, d.h. Waren sind nur zum Einstandspreis zu bilanzieren, ausser der Markt- bzw. Verkaufspreis fällt unter diesen (nicht realisierte Gewinne werden nicht verbucht, hingegen nicht realisierte Verluste; Grundsatz der vorsichtigen Bewertung). Erhebliche Differenzen entstehen aber durch die unterschiedliche Ermittlung der Einstandspreise: LIFO (last in, first out), FIFO (first in, first out), HIFO (highest in, first out), effektive Einstandskosten (in kleineren Betrieben mit nicht allzu vielen Produktegruppen und einem nicht zu schnellen Lagerumschlag möglich), retrograde Kalkulation (ausgehend vom bekannten Verkaufspreis wird durch Abzug einer bestimmten Bruttogewinnmarge der Einstandspreis rechnerisch ermittelt). Die FIFO-Methode ergibt bei tendenziell steigenden Preisen zu hohe Gewinne, sog. **Scheingewinne**, da der Lagerbestand infolge der gestiegenen Einstandspreise eine Höherbewertung erfährt. Dieser Scheingewinn ist um so grösser, je stärker die Preise steigen (z.B. Erdöl in den 70er Jahren; riesige Scheingewinne bei Royal Dutch). Die konservativste Methode ist HIFO.

• **Anlagevermögen**

Zum Anlagevermögen zählen jene Vermögensteile, die nicht dem Zwecke der Veräusserung dienen, sondern dem Geschäft dauernd oder zumindest zum mehrmaligen Gebrauch zur Verfügung stehen. Sowohl das materielle (Immobilien, Mobilien, Fahrzeuge usw.) als auch das immaterielle Anlagevermögen (Rechtswerte und Geschäftsmehrwerte) darf höchstens zu Anschaffungs- oder Herstellkosten bilanziert werden, unter Abzug der den Umständen angemessenen Abschreibung. Hier stellt sich das Problem, ob vom Anschaffungswert oder vom Wiederbeschaffungswert abgeschrieben werden soll. In Zeiten stärkerer Inflation ist vorzugsweise vom Wiederbeschaffungswert abzuschreiben. Die Abschreibung kann dabei linear oder degressiv erfolgen. Die Höhe der Abschreibungen beeinflusst den Gewinnausweis ebenfalls, weshalb Abschreibungen oft dem Geschäftsverlauf entsprechend festgelegt werden (bei den publizierten Zahlen). Das Anlagevermögen enthält daher oft stille Reserven. Gewisse Anhaltspunkte dazu liefern dem externen Bilanzanalysten die nach OR erforderlichen Angaben der Versicherungswerte. Hier gelten folgende Faustregeln: 50% des Versicherungswertes bei Maschinen und Einrichtungen, 66.7% der Gebäude, ganzer Versicherungswert bei Wohnhäusern.

Bei den Finanzanlagen sind kotierte oder regelmässig gehandelte ausser-
börsliche Wertpapiere mit dem Mittelkurs des letzten Monats vor Bilanz-
stichtag zu bewerten.

- **Wertberichtigungsposten** (zur Passivseite)

  — Nicht eingezahltes Grundkapital
  — Obligationendisagio
  — Gründungs- und Organisationskosten

b) Passivseite

- **Fremdkapital**

Bei den Verbindlichkeiten gelten **Mindestbewertungsvorschriften** (Schulden dürfen nicht unterbewertet werden).

— Kurzfristige Verbindlichkeiten: dazu zählen Kreditoren, Anzahlun-
gen von Kunden, Tratten (= Schuldwechsel), kurzfristige Kontokor-
rentkredite der Bank, kurzfristige Darlehensschulden, zur Ausschüttung bestimmte Gewinne (Dividenden, Tantiemen und
Gratifikationen, transitorische Passiven, kurzfristige Rückstellungen
und sonstige kurzfristige Schulden. (Werden langfristige Schulden,
z.B. Obligationenanleihen, innerhalb eines Jahres fällig?)
— Langfristiges Fremdkapital: langfristige Darlehen und Bankkredite,
Hypothekarschulden, Obligationenanleihen, Rückstellungen und
sonstige langfristige Schulden. (Rückstellungen sind Verbindlichkeiten mit Ungewissheit bezüglich Eintreten u/o Höhe u/o Fälligkeit;
sie haben oft Reservecharakter, weshalb eine genaue Abgrenzung
zwischen Eigenkapital und Fremdkapital meistens nicht möglich ist.)

- **Eigenkapital**

Dazu gehören neben dem Grundkapital die Reserven und der Gewinnvortrag; Verluste bzw. Verlustvorträge sollten dem Eigenkapital in Abzug
gebracht werden. Minoritätsinteressen werden in der Schweiz ebenfalls zu
den eigenen Mitteln gezählt, da sie auch haftendes Kapital darstellen.

- **Wertberichtigungsposten** (zur Aktivseite)

  — Indirekte Abschreibungen auf Anlagen und Debitoren (Delkredere);
  diese Posten sollten für Analysezwecke mit den entsprechenden
  Aktivpositionen verrechnet werden.
  — Eventualschulden.

5.1.6.2 Kennziffern der Bilanzanalyse

Da die absoluten Bilanzziffern schwer vergleichbar sind, werden systematisch Zahlen berechnet, die bestimmte Bilanzrelationen in konzentrierter Form wiedergeben. Diese Bilanzkennziffern geben wichtige Hinweise über den Kapital- und Vermögensaufbau sowie die Liquiditätslage eines Unternehmens. Werden sie als Bewertungskriterium eingesetzt, müssen sie allerdings analysiert und fachgerecht interpretiert werden. Diese Kennzahlen können in drei Gruppen aufgeteilt werden:

a. Gliederungszahlen (Vergleich von Bilanzzahlen gleicher Art zum selben Zeitpunkt).
b. Beziehungszahlen (Bestandeszahlen der Bilanz werden in Beziehung zu Bewegungszahlen der Erfolgsrechnung gesetzt).
c. Indexzahlen (Historischer Vergleich identischer Posten aus der Bilanz oder Erfolgsrechnung).

Die im nachfolgenden Kommentar zu den einzelnen Kennziffern teilweise angegebenen Richtwerte beziehen sich auf Schweizer Industriegesellschaften, sofern sie nicht anderen Branchen zugeordnet wurden; sie können nur als groben Massstab dienen und sind mit entsprechenden Vorbehalten zu verwenden.

Finanzierungsverhältnisse:

$$Eigenfinanzierungsgrad \; = \; \frac{Eigenkapital \times 100}{Bilanzsumme}$$

$$\begin{array}{l} Fremdfinanzierungsgrad \\ (Verschuldungsgrad) \end{array} = \frac{Fremdkapital \times 100}{Bilanzsumme}$$

Vermögensstruktur:

$$\begin{array}{l} Anlageintensität \\ (Immobilisierungsgrad) \end{array} = \frac{Anlagevermögen \times 100}{Bilanzsumme}$$

$$Intensität \; des \; Umlaufvermögens \; = \; \frac{Umlaufvermögen \times 100}{Bilanzsumme}$$

Liquidität:

$$\begin{array}{l} Liquiditätsgrad \; I \\ (Cash \; Asset \; Ratio) \end{array} = \frac{Liquide \; Mittel \times 100}{kurzfristiges \; Fremdkapital}$$

186

$$\frac{\text{Liquiditätsgrad II}}{\text{(Quick Asset Ratio)}} = \frac{(\text{Zahlungsmittel} + \text{Forderungen}) \times 100}{\text{kurzfristiges Fremdkapital}}$$

$$\frac{\text{Liquiditätsgrad III}}{\text{(Current Ratio)}} = \frac{\text{Umlaufvermögen} \times 100}{\text{kurzfristiges Fremdkapital}}$$

Deckungsgrad (Anlagedeckung):

$$\text{Deckungsgrad I} = \frac{\text{Eigenkapital} \times 100}{\text{Anlagevermögen}}$$

$$\text{Deckungsgrad II} = \frac{(\text{Eigen-} + \text{lfr. Fremdkapital}) \times 100}{\text{Anlagevermögen}}$$

Verschuldung

$$\frac{\text{Verschuldungsfaktor}^{*)}}{(\text{Net debts / Cash Flow})} = \frac{\text{Nettoverschuldung}^{**)}}{\text{Cash Flow}}$$

[*)] = (Kennzahl aus der Bilanzanalyse im weiteren Sinne)
[**)] = (Fremdkapital - flüssige Mittel + Forderungen)

Finanzierungsverhältnisse

Anhand der Finanzierungsverhältnisse lässt sich feststellen, wie solide eine Gesellschaft finanziert ist. Ein hoher Eigenfinanzierungsgrad verleiht dem Unternehmen Stabilität, so dass es finanzielle Rückschläge besser verkraften kann. Er ist auch vom Bonitätsstandpunkt (Schuldnerqualität) her betrachtet ein positives Element, während anderseits eventuell die Eigenkapitalrendite darunter leidet (geringer Leverage-Effekt). Die Höhe des Eigenfinanzierungsgrades variiert von Branche zu Branche und von Land zu Land. Banken weisen beispielsweise einen niedrigen Eigenfinanzierungsgrad auf, während er bei kapitalintensiven Branchen entsprechend hoch sein sollte. International betrachtet ist diese Kennziffer bei Schweizer Firmen überdurchschnittlich hoch, bei japanischen Gesellschaften in der Regel aussergewöhnlich tief. Bei Schweizer Hotels, Bahnen und Druckereien ist ein Eigenfinanzierungsgrad von 60 bis 80% üblich; in der verarbeitenden und der Grundstoffindustrie gelten Werte über 50% als gut, 35 bis 50% als befriedigend und tiefere Zahlen als ungenügend. Bei Handelsunternehmen liegen die Durchschnittswerte zwischen 25 und 35%. Das Verhältnis zwischen Eigen- und Fremdkapital sollte immer im Zusammenhang mit dem Vermögensaufbau betrachtet werden. Zudem sind Branchen- und Zeitvergleiche unerlässlich.

Bei der Analyse des Fremdfinanzierungsgrads gilt grundsätzlich das gleiche wie für den Eigenfinanzierungsgrad, nur mit umgekehrten Vorzeichen. Zusätzlich ist allerdings zu beachten, dass Fremdkapitalzinsen im Gegensatz zur Dividende auch bei Verlusten zu zahlen sind. Wichtig ist deshalb auch die Zusammensetzung des Fremdkapitals. Ein hoher Verschuldungsgrad ist dann als ungünstig zu beurteilen, wenn das Fremdkapital grösstenteils aus sehr hochverzinslichen, langfristigen Schulden zusammengesetzt ist; ganz anders ist die Lage, wenn es sich vorwiegend um unverzinsliche Kundenanzahlungen handelt.

Vermögensstruktur

Um den Aufbau des Vermögens zu beurteilen, werden die folgenden zwei Gliederungszahlen berechnet: Anlageintensität und Intensität des Umlaufvermögens. Je niedriger das Anlagevermögen im Verhältnis zur Bilanzsumme, desto elastischer und flexibler kann das Unternehmen auf Konjunkturzyklen oder Branchentrends reagieren. Ein hohes Anlagevermögen erfordert ein entsprechend hohes langfristiges Eigenkapital zu dessen Deckung. Eine geringe Anlageintensität kann auch die Folge hoher Abschreibungen auf dem Anlagevermögen, gemieteter bzw. geleaster Anlagen oder eines stark aufgeblähten Umlaufvermögens (z.B. bei Hochkonjunktur) sein. Im weiteren gilt es zu beachten, dass diese Verhältniszahl stark branchenabhängig ist. Während Dienstleistungsunternehmen und vor allem reine Handelsbetriebe meistens über ein geringes Anlagevermögen verfügen, ist dieses bei Fabrikationsbetrieben deutlich grösser. Besonders hohe Werte findet man bei Kraftwerken, Bahnen, Hotels und Spitälern.

Liquidität

Durch die Liquiditätsberechnungen will man nachprüfen, ob eine Gesellschaft ausreichend flüssige und leicht liquidierbare Vermögensteile besitzt, um den Zahlungsverpflichtungen vollumfänglich und fristgerecht nachzukommen. Die Erhaltung einer ausreichenden Liquidität ist für ein Unternehmen von grösster Wichtigkeit; Liquiditätsprobleme engen den Handlungsspielraum ein und können sogar die Existenz gefährden. Anderseits kann ein ausserordentlich hoher Liquiditätsgrad auch auf ein schlechtes Finanzmanagement hindeuten, weil die brachliegenden Mittel eventuell die Rentabilität beeinträchtigen können. Die Liquiditätsplanung muss unter prospektiven und dynamischen Gesichtspunkten erfolgen, d.h. auf die Zukunft ausgerichtet sein und den erwarteten Zahlungsströmen Rechnung tragen. Bei der Berechnung der verschiedenen Liquiditätsstufen sollten Vorräte und Aufträge in Arbeit von den Kundenanzahlungen bzw. vom kurzfristigen Fremdkapital abgezogen werden.

Für die meisten Industriegesellschaften ist eine Kassa-Liquidität (Liquiditätsgrad I) von 20 bis 40% ausreichend. Beim Liquiditätsgrad II gelten Werte unter 50% als ungenügend, 80% als befriedigend und über 100% als gut. Höhere Deckungsverhältnisse sind bei der Liquidität 3. Grades erforderlich: über 200% sind gut, 150% ausreichend und unter 100% schlecht. (In den USA sind die Anforderungen bezüglich der Current Ratio höher.) Die Current Ratio stellt eine der wichtigsten Kennziffern der Bilanzanalyse im engeren Sinne dar. Dieses Liquiditätsverhältnis kann auch in einer absoluten Zahl, dem Netto-Umlaufvermögen oder net working capital (Umlaufvermögen — kurzfristiges Fremdkapital), ausgedrückt werden. Bleibt das Wachstum des working capital deutlich hinter der Umsatzausweitung zurück, so deutet das möglicherweise auf eine "ungesunde" Expansion hin.

Deckungsgrad

Mit dem Anlagedeckungsgrad I + II wird untersucht, wie das Anlagevermögen finanziert ist. Das Anlagevermögen dient dem Unternehmen nicht zur Veräusserung, sondern zum dauernden oder mehrmaligen Gebrauch. Diese längerfristig gebundenen Vermögensteile müssen daher auch mit längerfristig zur Verfügung stehendem Kapital gedeckt sein. Die Normalfinanzierung besteht darin, dass das Anlagevermögen mit Eigen- und langfristigem Fremdkapital gedeckt ist, was der sogenannten "goldenen Bilanzregel" (Kongruenz der Fälligkeiten) entspricht. Ist das Eigenkapital grösser als das Anlagevermögen, und der Anlagedeckungsgrad I somit über 1.0, so kann die Deckung als sehr gut bezeichnet werden. Bei Branchenvergleichen ist zu beachten, ob Gebäude gemietet und/oder Maschinen u.ä. geleast sind, da dies einen günstigeren Deckungsgrad ergibt.

Verschuldungsfaktor

Beim Verschuldungsfaktor wird das Ausmass der Verschuldung nicht mehr am Anteil des Fremdkapitals am Gesamtkapital gemessen, sondern man berechnet, wievielmal (bzw. wie viele Jahre) der im Vorjahr erzielte Cash Flow erarbeitet werden muss, bis die Effektivverschuldung (kurz- und langfristiges Fremdkapital minus flüssige Mittel plus Forderungen) getilgt werden kann. Bei der Beurteilung des Verschuldungsfaktors sollte auch die Höhe der Gewinnausschüttungen bzw. der Netto-Cash Flow berücksichtigt werden. Bei Schweizer Industrieunternehmen gilt ein Verschuldungsfaktor unter 1.5 als sehr gut, 2.5 bis 3.5 als befriedigend und über 5 als zu hoch. Dabei ist jedoch zu beachten, dass die Berechnung des Verschuldungsfaktors auf vergangenheitsbezogenen Daten basiert; die Entwicklung der Ertragskraft des Unternehmens und die zukünftigen Kapitalbeschaffungsmethoden bleiben unberücksichtigt.

5.1.6.3 Analyse der Erfolgsrechnung

Die Erfolgsrechnung, oft auch Gewinn-und-Verlustrechnung genannt, gibt Auskunft über das Zustandekommen des Reinerfolgs (Gewinn/Verlust). Die Aufwandkonten zeigen, wofür Gelder und Leistungen aus dem Unternehmen abgeflossen sind, während die Ertragskonten ersichtlich machen, woher die Mittel stammen. Zwischen der Bestandesrechnung und der Erfolgsrechnung besteht ein enger Zusammenhang, da jeder erfolgswirksame Geschäftsfall in beiden Rechungen erfasst wird. Die interne Auswertung der Erfolgsrechnung ist für die Unternehmensführung von grosser Bedeutung und bildet einen integrierten Bestandteil der Betriebsanalyse, die wiederum wichtige Erkenntnisse für die Planung, Entscheidungsfindung und Kontrolle liefert. Der externe Analyst, der keinen Zugriff auf das interne Zahlenmaterial hat, muss sich in der Regel mit den in Geschäfts- und Zwischenberichten publizierten Daten begnügen. Das ist gerade in Ländern wie der Schweiz, wo die gesetzlichen Vorschriften bezüglich der Rechnungslegung äusserst liberal sind, problematisch. Zahlreiche Gesellschaften veröffentlichen lediglich Nettoerfolgsrechnungen, in denen miteinander in Beziehung stehende Aufwand- und Ertragsposten gegenseitig aufgerechnet werden (z.B. Verkaufserlöse und Warenaufwand) und einzelne Positionen zusammengefasst werden; aufschlussreicher sind Bruttoerfolgsrechnungen, in denen die einzelnen Aufwand- und Ertragsposten in voller Höhe ausgewiesen werden. Oft unterscheiden sich die veröffentlichten Zahlen erheblich von den Betriebswerten; in vielen Fällen wird auch keine Abgrenzung zwischen betrieblichem und betriebsfremdem Aufwand und Ertrag vorgenommen. Ebenso fehlen meistens konkrete Hinweise bezüglich der Schaffung oder Auflösung von stillen Reserven. Besonders gravierend ist die Tatsache, dass viele international tätige Gesellschaften keine konsolidierte Rechnung veröffentlichen. Trotzdem kann die externe Analyse der Erfolgsrechnung oft wichtige Hinweise bezüglich der Ertragskraft eines Unternehmens liefern und (unter Berücksichtigung des gesamtwirtschaftlichen Umfelds) das Erstellen von Gewinnschätzungen ermöglichen. Letztere sind wiederum für den Anleger von grosser Bedeutung bei der Beurteilung des aktuellen Aktienkurses und des zukünftigen Kurspotentials.

Wie bei der Bilanz ist auch bei der Erfolgsrechung auf eine sinnvolle Gliederung der Einzelposten zu achten. Auch die Erfolgsrechnung kann sowohl in Kontenform mit Soll- und Habenposten oder in Staffelform dargestellt werden. Nach dem schweizerischen Kontenrahmen für Gewerbe-, Industrie- und Handelsbetriebe ist die Erfolgsrechnung (in Kontenform) folgendermassen zusammenzustellen:

AUFWAND	ERTRAG
Material- /Warenaufwand	*Betriebsertrag*
....	....
übriger Betriebsaufwand	*Betriebsfremde und*
....	*ausserordentliche Erträge*
Betriebsfremde und	....
ausserordentliche Aufwendungen	....
....	
Reingewinn	

Oft sind die Posten der Erfolgsrechnung von willkürlichen (stillen Reserven) oder ausserordentlichen und betriebsfremden Posten beeinflusst, die vorgängig zur Erfolgsanalyse ausgesondert oder bereinigt werden müssen. Diese Vorarbeit muss auch bei den Erfolgsrechnungen der letzten 3 bis 5 Jahre geleistet werden, wenn diese zu Vergleichszwecken herangezogen werden.

a) Analyse des Aufwandes

Die Zusammensetzung des Aufwandes ist branchenabhängig; je nach Wirtschaftszweig dominiert eher der Material-/Warenaufwand, der Anlageaufwand oder der Personalaufwand.

• Material- / Warenaufwand

Bei Produktionsunternehmen spricht man von Material- und bei Warenhandelsunternehmen von Warenaufwand. Dieser Posten wird oft zu Analysezwecken in Relation zum Betriebsertrag gesetzt, woraus sich die Materialaufwandsrelation ergibt:

$$\frac{Waren\text{-} /\ Materialaufwand \times 100}{Betriebsertrag}$$

Weichen die ermittelten Kennzahlen im zwischenbetrieblichen oder historischen Vergleich von der Norm ab, müssen die Gründe hinterfragt werden. Ein wichtiger Aufwandposten kann auch das Lager darstellen. Je kleiner es ist und je häufiger es umgesetzt wird, desto geringer ist der mit der Lagerhaltung verbundene Aufwand (z.B. Raumaufwand, Abschreibungen, Kapitalzinsen). Ferner ist die Bewertungsproblematik der Vorräte (siehe Kap. 5.1.6.1, "Vorräte"), die einen starken Einfluss auf den ausgewiesenen Material- oder Warenaufwand ausübt, in die Analyse einzubeziehen.

• Personalaufwand

Der Personalaufwand wird oft in Relation zum Betriebsertrag gesetzt oder je Beschäftigten errechnet. Je höher der Personalkostenanteil über dem Branchendurchschnitt liegt, desto kleiner ist der Rationalisierungsgrad des Unternehmens. Veränderungen der **Personalaufwandrelation** (Personalaufwand × 100 / Betriebsertrag) können von Aenderungen der Beschäftigungsstruktur, der Lohnsätze und der Produktivität herrühren.

• Abschreibungsaufwand

Bei der Analyse der Erfolgsrechnung verdienen die Abschreibungen besondere Beachtung, weil wohl bei keinem anderen Posten so häufig stille Reserven gebildet oder aufgelöst werden. Durch die Abschreibungen wird die Wertverminderung der betrieblichen Anlagewerte erfasst. Zu den Anlagewerten zählen materielle Güter (Maschinen, Gebäude, Mobilien, Werkzeuge usw.) und immaterielle Güter (Patente, Lizenzen, Konzessionen usw.). Die Entwertung und der dadurch bedingte Abschreibungsbedarf können auf Abnützung, technische Entwicklung, Bedarfsverschiebungen auf den Märkten, Fristenablauf usw. zurückzuführen sein. Da die tatsächlichen Werteinbussen der zu den Anschaffungs- oder Herstellungskosten bewerteten Anlagen im voraus oft nicht genau festgelegt werden können, sind gemäss OR "die den Umständen angemessenen Abschreibungen" vorzunehmen (das Steuerrecht normiert genauer). Bei der Berechnung der Abschreibungshöhe sind der abzuschreibende Gesamtwert (Anschaffungs- oder Tageswert abzüglich voraussichtlicher Restwert) und die geschätzte Nutzungsdauer zu berücksichtigen. Meistens werden zeitabhängige Abschreibungsmethoden (lineare oder geometrisch-degressive) und seltener leistungsabhängige angewendet. Da nach schweizerischem Buchführungsrecht die Bewertungsnormen Höchstwerte festlegen, können durch überhöhte Abschreibungen, resp. Unterbewertung von Aktiven, stille Reserven gebildet werden, die in wirtschaftlich schwierigeren Zeiten wieder aufgelöst werden können. Anlagen mit einem deutlich höheren Versicherungswert und pro memoria-Posten sind in der Regel ein Indiz für stille Reserven. Eine Abgrenzung zwischen betriebswirtschaftlich notwendigen und zusätzlich vorgenommenen Abschreibungen ist aus Transparenzgründen zwar wünschenswert, doch wird diese Aufteilung leider meistens nicht vorgenommen, so dass der externe Beobachter die Abschreibungspolitik eines Unternehmens u.a. anhand eines historischen und zwischenbetrieblichen Vergleiches des **Abschreibungsgrades** (Abschreibungaufwand × 100 / Sachanlagevermögen) abschätzen muss.

• Zinsaufwand

In der Finanzbuchhaltung werden (im Gegensatz zur Kostenrechnung) in der Regel nur Zinsen auf Fremdkapital verbucht. Der Zinsaufwand ist deshalb abhängig von der Höhe und Struktur des Fremdkapitals und dem durchschnittlichen Zinssatz. Manchmal wird der Zinsaufwand auch mit Zinserträgen (z.B. von Finanzanlagen) verrechnet; das zu wissen ist u.a. dann von grosser Bedeutung, wenn man den **durchschnittlichen Zinssatz für das Fremdkapital** (Zinsaufwand × 100 / durchschnittliches Fremdkapital) berechnen will oder aus anderen Gründen den Zinsaufwand für das Fremdkapital gesondert benötigt. Zu berücksichtigen ist auch das Abzugskapital. Es handelt sich dabei um Fremdkapital (Lieferantenkredite und Vorauszahlungen von Kunden), auf dem keine Zinskosten anfallen.

• Sonstige Betriebsaufwendungen

Dieser Posten umfasst (seiner Bezeichnung entsprechend) verschiedene andere Aufwendungen für Steuern, Pachten, Lizenzgebühren, Versicherungsprämien, Energie, Verwaltung und Vertrieb usw. Hier sollte vor allem die Bedeutung der einzelnen Positionen im Vergleich zum Gesamtaufwand und in der historischen Betrachtung untersucht werden. Von besonderer Bedeutung ist die Position "Steuern", die interessante zusätzliche Hinweise zur Beurteilung der tatsächlichen Ertragskraft eines Unternehmens liefern kann.

b) Analyse des Ertrages

Eine aussagekräftige Analyse des Ertrages wird oft dadurch erschwert, dass der Ertrag lediglich in einer oder wenigen Globalgrössen bekanntgegeben wird. Aufteilungen nach Branchen und Produkten sowie Angaben über Mengen, Preise und gegebenenfalls der Einfluss von Wechselkursveränderungen fehlen oft. Zumindest sollte aber der Betriebsertrag vom neutralen Ertrag getrennt sein. Veränderungen des Ertrages bzw. Umsatzes können auf verschiedene Faktoren zurückzuführen sein: Aenderungen der Absatzmengen und Preise oder des Sortiments.

Die Beziehung zwischen Umsatz und eingesetztem Kapital kommt im sogenannten Kapitalumschlag (Umsatz / durchschnittliches Kapital) zum Ausdruck. Das durchschnittlich eingesetzte Kapital errechnet sich aus dem Durchschnitt zwischen dem Kapital in der Eröffungsbilanz und dem Kapital in der Schlussbilanz vor Gewinnverteilung. Anlageintensive Betriebe wie Kraftwerke und Hotels haben in der Regel eine geringe Umschlagshäufigkeit (0.1 - 1.0); bei Warenhandelsunternehmen liegen die Umschlagszahlen zwischen 2 und 9. Eine

Sonderstellung nehmen die Banken mit Umschlagsziffern von 25 bis 110 ein. Je höher die Umschlagszahl des Gesamtvermögens, desto intensiver wird das Gesellschaftsvermögen im Dienst der Leistungserstellung genutzt.

Aus dem Umsatz können, je nach Betrieb, zusätzlich die folgenden Kennziffern berechnet werden:

Umsatz / Umsatz der Branche =	Marktanteil
Umsatz / Menge =	Verkaufspreis je Mengeneinheit
Umsatz / Anzahl Mitarbeiter =	Umsatz je Mitarbeiter
Umsatz / Verkaufsfläche (m^2) =	Umsatz pro m^2 (z.B. bei Warenhäusern)
Umsatz / Warenbestand =	Umschlagsgeschwindigkeit

Zu beachten ist, dass das Ergebnis der Unternehmenspolitik nicht in erster Linie an der Umsatzentwicklung, sondern am Erfolg und an der Rentabilität gemessen wird.

• Gewinn

Für den Unternehmer stellt der Gewinn die Entschädigung für den Kapitaleinsatz und das Risiko dar. Beim Gewinn (Verlust) unterscheidet man zwischen dem tatsächlich erzielten, dem ausgewiesenen und dem verteilbaren. Da die gesetzlichen Bestimmungen in den meisten Ländern die Bildung und Auflösung von stillen Reserven in einem geringen oder erheblichen Ausmass zulässt, weisen die meisten Unternehmen einen Reingewinn aus, der nicht dem effektiv erwirtschafteten entspricht; oft wird der ausgewiesene Gewinn auf die Dividendenerfordernisse zugeschnitten. Nach den Zuweisungen an die gesetzlichen Reserven ergibt sich der verteilbare Reingewinn, der sich um einen allfälligen Gewinnvortrag erhöht oder bei einem vorhandenen Verlustvortrag entsprechend verringert. Bei der externen Bilanzanalyse steht der ausgewiesene und (insbesondere, falls ungewöhnlich hohe Gewinn- oder Verlustvorträge bestehen) auch der verteilbare Reingewinn im Vordergrund des Interesses. Angesichts der unterschiedlichen Abschreibungs- und Rückstellungspraxen sind Untersuchungen des Cash Flow im Vergleich zu solchen des ausgewiesenen Reingewinns aufschlussreicher, was besonders bei internationalen, komparativen Gesellschaftsstudien zu berücksichtigen ist.

Der Unternehmenserfolg wird meistens durch folgende Kennziffern erfasst:

Rentabilität:

$$\begin{array}{c} \textit{Eigenkapitalrendite} \\ \textit{(Return on Equity)} \end{array} = \frac{\textit{Reingewinn} \times 100}{\textit{durchschnittl. Eigenkapital}}$$

$$\frac{\text{Gesamtkapitalrendite}}{(\text{Return on Assets})} = \frac{(\text{Reingewinn} + \text{Fremdkapitalzinsen}) \times 100}{\text{durchschnittl. Gesamtkapital}}$$

Gewinnmargen:

$$\frac{\text{Reingewinnmarge}}{(\text{Net Profit Margin})} = \frac{\text{Reingewinn} \times 100}{\text{Umsatz}}$$

$$\frac{\text{Cash Flow--Marge}}{(\text{Cash Flow Margin})} = \frac{(\text{Cash Flow} \times 100}{\text{Umsatz}}$$

$$\frac{\text{Betriebsgewinnmarge}}{(\text{Operating Margin})} = \frac{\text{Betriebsgewinn} \times 100}{\text{Produktionsleistung}}$$

Innenfinanzierungsgrad:

$$\frac{\text{Innenfinanzierungsgrad}}{(\text{Cash Flow as \% of Capital Spending})} = \frac{\text{Cash Flow} \times 100}{\text{Investitionen}}$$

Zinsendeckung:

$$\frac{\text{Zinsendeckung}}{(\text{Pretax Interest Coverage})} = \frac{\text{Gewinn vor Steuern} + \text{Zinsaufwand}}{\text{Zinsaufwand}}$$

5.1.7 *Berechnung des Bezugsrechtwertes bei Kapitalerhöhungen*

Bei einer Kapitalerhöhung wird das Aktienkapital im Umfang des gesamten Nominalwertes der neugeschaffenen Aktien erhöht. Der Zufluss an Mitteln wird jedoch nicht vom Nominalwert, sondern vom Ausgabepreis der neuen Aktie bestimmt. Die neuen Aktien können mit oder ohne Bezugsrecht für die bisherigen Aktionäre ausgegeben werden; in der Regel werden Aktienemissionen aber unter Wahrung der Bezugsrechte der Aktionäre durchgeführt. Will ein Aktionär sein Bezugsrecht nicht ausüben, so kann er dieses veräussern; während der Bezugsfrist entsteht deshalb in der Regel ein Handel mit den Bezugsrechten. Der Wert des Bezugsrechts wird nach folgender Formel errechnet:

$$\frac{\text{Kurs der alten Aktie} - \text{Bezugspreis der neuen Aktie}}{\text{Bezugsverhältnis} + 1}$$

Beispiel:

Die Aktiengesellschaft Muster emittiert neue Aktien zum Bezugspreis von SFr. 1000; der aktuelle Kurs der (alten) Aktien liegt bei SFr. 1500. Das Bezugsverhältnis ist 3:2, das heisst, jeweils 3 alte Aktien berechtigen zum Bezug von 2 neuen Titeln.

$$\textit{Wert der Bezugsrechtes} \ = \ \frac{1500 - 1000}{(3:2) + 1} \ = \ \textit{SFr. 200}$$

Sind die neuen Aktien (bezüglich Dividende) nicht gleichberechtigt wie die alten Titel (z.B. nur für den Rest des laufenden Geschäftsjahres), so ist der Kurs bei der Berechnung des Bezugsrechtwertes zu bereinigen. Zudem werden die Titel bis zur nächstfolgenden Dividendenzahlung separat gehandelt. Die Kursbereinigung erfolgt nach folgendem Schema:

$$\textit{Kurs der alten Aktie} \ - \ \frac{\textit{Gesamtdividende} \times \textit{Anzahl Tage des verbleibenden Geschäftsjahres}}{360}$$

Erfolgt die Kapitalerhöhung z.B. zur Mitte des Geschäftsjahres und die Gesamtdividende beträgt SFr. 100, so ergibt sich folgende Rechnung:

$$\textit{Bereinigter Kurs} \ = \ 1500 - \frac{100 \times 180}{360} \ = \ \textit{SFr.1450}$$

$$\textit{Wert des Bezugsrechts} \ = \ \frac{1450 - 1000}{(3:2) + 1} \ = \ \textit{SFr.180}$$

Die Ausgabe neuer Aktien kann wie bereits erwähnt auch unter Ausschluss des Bezugsrechts für die "Altaktionäre" erfolgen, wobei sich dann die Beteiligungsverhältnisse ändern. Von dieser Möglichkeit machen die Gesellschaften oft dann Gebrauch, wenn Sicherstellungsaktien im Zusammenhang mit der Ausgabe einer Wandel- oder Optionsanleihe geschaffen werden oder wenn eine Akquisition durch eigene Aktien abgegolten wird.

5.2   Technische Aktienanalyse

Während im Kapitel 3.4. *"Technische Aktienmarktanalyse"* die Trendanalyse und die markttechnischen Indikatoren des Gesamtmarktes eingehend besprochen wurden, stehen in diesem Abschnitt die Kursbilder (Charts) einzelner Aktien (Devisen usw.) im Vordergrund der Betrachtung. Dadurch werden die technisch orientierten Analyseschritte vervollständigt. Charts zeigen die grafische Wiedergabe einer Kursentwicklung und ermöglichen eine bessere optische Erfassung des Kursverlaufs als wenn die Preiskurve in Form einer langen Zahlenreihe dargestellt wird. Die Chart-Formationsanalyse dient vor allem als Timing-Hilfe beim Kauf oder Verkauf von einzelnen Wertpapieren, Devisen oder Edelmetallen.

Charts werden hauptsächlich in den drei folgenden Darstellungsformen erstellt:

— Balken-Charts (Bar-Charts)
— Linien-Charts (Line-Charts)
— Point + Figures-Charts

Bei allen drei Chart-Typen wird die zeitliche Entwicklung auf der Abszisse (horizontale Achse) und die Wertskala auf der Ordinate (also senkrecht) eingezeichnet. Während die waagrechte Zeitachse immer linear eingetragen wird, kann die Wertskala linear oder logarithmisch (halblogarithmisch) gestaltet werden.

Bei der linearen Kursaufzeichnung sind die Abstände je Werteinheit immer gleich; d.h. bei einer Skalaeinteilung von 0, 50, 100, 150, 200 und 250 ist beispielsweise der Abstand zwischen 50 und 100 sowie 200 und 250 gleich gross. Steigt der Kurs von 50 auf 100, beträgt der Anstieg 100%, während eine Avance von 200 auf 250 lediglich eine Zunahme von 25% repräsentiert. Bei der linearen Darstellungsform ist die prozentuale Veränderung somit nicht auf den ersten Blick ersichtlich und muss deshalb errechnet oder abgeschätzt werden. Dies ist bei der logarithmischen Skala nicht der Fall, da gleich grosse Abstände auf der Wertachse auch identische prozentuale Veränderungen anzeigen. Ein Kursanstieg von 50 auf 100 wird somit mit dem gleichen Ordinatenabstand eingezeichnet wie eine Kursbewegung von 250 auf 500. Bei einer anhaltend gleichen Wachstumsrate ergibt sich somit eine konstante Steigung der Kurskurve. Obschon der ungeübte Betrachter durch die sich verändernden Abstände auf der senkrechten Kursskala anfänglich möglicherweise leicht verwirrt wird, hat die logarithmische Darstellungsform deutliche Vorteile gegenüber der linearen. Kursveränderungen einzelner Aktien lassen sich unabhängig von der Kurshöhe direkt miteinander vergleichen, und bei Kapitalerhöhungen können die Charts relativ einfach angepasst werden.

5.2.1 Balken-Charts

Bei den Balken-Charts werden die Höchst- und Tiefstkurse einer bestimmten Zeiteinheit (Tag, Woche, Monat, Jahr) fortlaufend eingezeichnet und mit einem senkrechten Strich verbunden. Die Länge der Balken zeigt somit die Kursschwankungen eines Titels während der gewählten Zeitperiode auf. Meistens wird zusätzlich noch der Schlusskurs des jeweiligen Zeitintervalls mittels eines kleinen waagrechten Querstrichs markiert; bei einer wöchentlichen Kurserfassung wird dadurch beispielsweise der Wochenschlusskurs angegeben. Wie aus der nachfolgenden Abbildung und den Erläuterungen ersichtlich, enthalten Charts in der Regel noch weitere wichtige Informationen.

Abbildung 43:   Balken-Chart

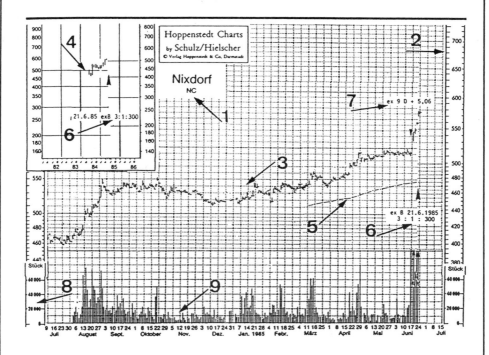

1. Name und Tickersymbol sowie zusätzliche Angaben über die Art der Aktie, sofern es sich nicht um Stücke mit DM 50 Nennwert handelt
2. Logarithmische Kursskala
3. Tägliche Höchst-, Tiefst- und Schluss- bzw. Kassakurse in Deutschland (die letzteren als waagrechte Striche)
4. Monatliche Höchst- und Tiefstkurse
5. Gleitender 200-Tage-Durchschnitt (berechnet aus den letzten 40 Monatskursen)
6. Angaben über Kapitalveränderungen. Beispiel Kapitalerhöhung 6/1985, Kursnotierung ex Bezugsrecht ab 21. 6. 1985, Bezugsverhältnis 3 : 1, Emissionskurs 300 DM. Die Bereinigung des Kursverlaufs erfolgt durch Verschieben von Netz und Skala um den rechnerischen Wert des Bezugsrechts. Die neue Kursskala ist ab 21. 6. 1985 gültig. **Zum Ablesen der Kurse gilt nach der Kapitalerhöhung nur die rechte Skala.**
   BA = Berichtigungsaktien
7. Ex 9.-- DM Dividende je Aktie + 5.06 DM Steuerguthaben
8. Metrische Skala der Börsenumsätze
9. Tagesumsätze

5.2.2   Linien-Charts

Linien-Charts entstehen durch die fortgesetzte Aufzeichnung der täglichen, wöchentlichen oder monatlichen Schlusskurse (in Deutschland: Kassakurse) und deren Verbindung. Dadurch ergibt sich eine Kurve in Linienform. Falls keine Kursnotiz erfolgt ist, sowie an Feiertagen, wird dies in Form einer gepunkteten Linie angegeben. Linien-Charts werden hauptsächlich zur Aufzeichnung von Gesamtmarkt- und Branchenindices, sowie Devisen- und Edelmetallnotierungen verwendet.

5.2.3   Point + Figures-Charts

Point + Figures-Charts werden vorzugsweise auf kariertem Papier eingetragen. Die Aktienpreise sind wie bei den Balken- und Linien-Charts auf der Ordinate festzuhalten, dagegen wird keine Zeiteinteilung auf der Abszisse eingezeichnet. Kursanstiege werden mit einem "x" und Einbussen mit einem "o" markiert. Eintragungen der Symbole "x" oder "o" erfolgen jedoch nur dann, wenn der Kurs um einen im voraus festgesetzten Betrag gestiegen bzw. gefallen ist. Solange der jeweilige Kurstrend anhält werden die Markierungen in Kolonnenform übereinander (x) oder untereinander (o) vorgenommen, wobei Kursveränderungen, die kleiner sind als ein Quadrat, vernachlässigt werden. Eine Trendänderung muss dann eingetragen werden, wenn die Gegenbewegung eine bestimmte Mindestgrösse (1, 2, 3, ... Quadrate) erreicht hat. Bei den sogenannten Drei-Punkte-Charts (3-Box-Reversal-Charts) werden Trendwenden beispielsweise erst dann in Form einer neuen Spalte eingetragen, wenn die Kursveränderung mindestens drei Quadrate erreicht. Die auf der Abszisse fehlende Zeitskala wird durch das Eintragen der Monatszahlen im Kursbild teilweise ersetzt. Die einzelnen Monate können mit den Zahlen 1 bis 12, oder 1 bis 9 und den Buchstaben A, B und C für Oktober-Dezember, markiert werden. Zusätzlich werden unterhalb des Kursbildes noch die Jahreszahlen aufgeführt.

Wie bei den Balken- oder Linien-Charts können auch bei diesem Chart-Typ Trendlinien, Trendkanäle, Unterstützungs- und Widerstandslinien usw. eingezeichnet werden. Die Vorzüge von P+F-Charts liegen darin, dass die Kursbewegungen durch das Herausfiltern von geringen Kursschwankungen verdichtet dargestellt werden können; davon profitiert die Uebersichtlichkeit. Im weiteren erfordert das Erstellen einer P+F-Chart einen vergleichsweise geringen Arbeitsaufwand. Als Nachteile werden oft die Nichtberücksichtigung des Umsatzvolumens und die etwas schwieriger durchzuführende logarithmische Skalierung erwähnt.

Abbildung 44: Point + Figures-Chart (3-Box-Reversal)

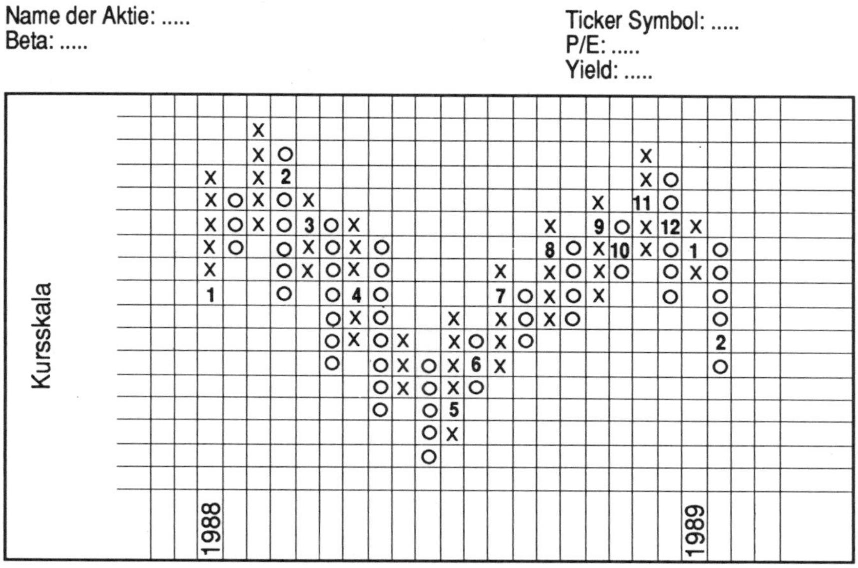

Name der Aktie: .....   Ticker Symbol: .....
Beta: .....   P/E: .....
                          Yield: .....

Kursskala

```
                X
                X O                          X
      X   X  2                               X O
      X O X O X                         X  11 O
      X O X O 3 O X                 X   9 O X 12 X
      X O   O X O X O             8 O X 10 X O 1 O
      X     O X O X O         X   X O X O   O X O
      1     O   O 4 O         7 O X O X     O   O
            O X O     X       X O X O O         O
            O X O X     X O X O             2
            O   O X O X 6 X                     O
            O   O X O X O
                O   O 5
                    O X
                    O
```

1988   1989

5.2.4 Formationsanalyse

Gemäss der Chart-Theorie treten immer wieder charakteristische Formationen auf, das heisst, die Kurs- und teilweise auch die Umsatzverläufe wiederholen sich in ähnlicher Weise im Verlaufe der Zeit. Der "technisch" orientierte Anleger sucht deshalb nach typischen, ausgeprägten Formationen, um dadurch Anhaltspunkte für die Einschätzung der zukünftigen Kursentwicklung zu erlangen. Obschon auch diese Vorgehensweise zur Beurteilung des zukünftigen Kurstrends in Fachkreisen umstritten ist, verdient sie es, innerhalb dieses Buches eingehend erläutert zu werden. Die Formationsanalyse hat sich in der Anlagepraxis gerade im Bereich des optimalen "Timing" recht gut bewährt; trotzdem sollte sie nicht als alleinige Entscheidungsgrundlage für Anlageentscheide dienen.

Neben den bereits im Kapitel 3.4.1 (Trendanalyse) beschriebenen Trendformationen können noch weitere Formationskategorien genannt werden, nämlich die **Trendumkehr-** und die **Konsolidierungsformation**. Dabei sind die Trendumkehrformationen für den Anleger von besonderer Bedeutung, da sie von ihm sofort neue Dispositionen erfordern. Werden die entsprechenden Transaktionssignale noch zusätzlich durch andere technische Indikatoren (z.B. Durchbruch durch Widerstands- und Unterstützungslinien oder Gleitende Durchschnittslinien) bestätigt, so erhöht sich ihre Aussagekraft. Falls Konsolidierungsformationen sich als Trendbestätigungsformationen erweisen, besteht für den rechtzeitig agierenden Investor kein Handlungsbedarf; sie bestätigen lediglich die Richtigkeit bereits getätigter Käufe bzw. Verkäufe. Anderseits können Konsolidierungsformationen aber auch eine Trendwende anzeigen.

5.2.4.1   Trendumkehrformationen

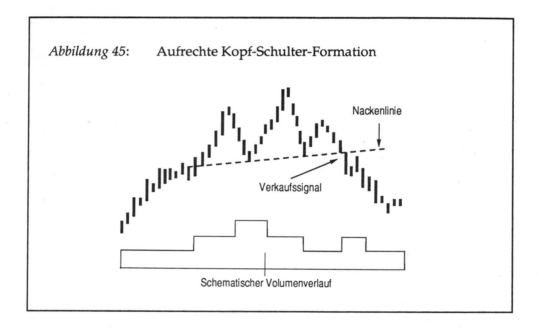

Abbildung 45:   Aufrechte Kopf-Schulter-Formation

Nackenlinie

Verkaufssignal

Schematischer Volumenverlauf

Diese Formation, im englischsprachigen Raum **"Head and Shoulders Top"** genannt, ist wohl die bekannteste und aussagekräftigste Trendumkehrformation. Der menschlichen Anatomie entsprechend besteht sie aus einer linken Schulterpartie, dem Kopf und der rechten Schulter. Ihre idealtypischen drei Entwicklungsphasen haben eindeutige Merkmale. Nach einem längeren Kursaufschwung mit steigendem Umsatzvolumen stellt sich eine kurzfristige technische Korrektur (verbunden mit abnehmenden Umsätzen) ein, wodurch die linke Schulter gebildet wird. Ein darauffolgendes Rally bringt die Kurse auf neue Höchstnotierungen, doch wird es bald durch eine Korrekturphase abge-

202

löst, welche die Kurse unter das Top der linken Schulter zurückführt; das Umsatzvolumen nimmt ab. Nach dieser Kopfbildung kommt es bei unterdurchschnittlichen Umsätzen zu einer nochmaligen Erholung, wobei die Kurse jedoch nicht mehr auf die alten Höchstmarken ansteigen, sondern bald eine Abwärtsbewegung einschlagen. Die Formation gilt jedoch erst dann als vollendet, wenn die Nackenlinie (Gerade zwischen den beiden Tiefs vor und nach dem Kopf) bei der rechten Schulter um mindestens 2 bis 3% nach unten durchbrochen ist. Dadurch entsteht ein Verkaufssignal, und ein längerer Abwärtstrend kann erwartet werden. Mögliche darauffolgende Gegenreaktionen zum etablierten Downtrend können später nochmals Verkaufsgelegenheiten bieten.

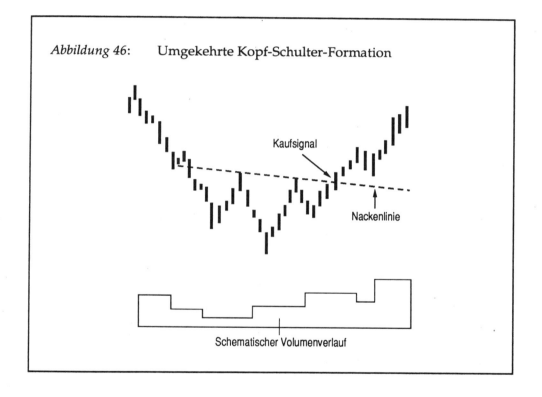

Abbildung 46:   Umgekehrte Kopf-Schulter-Formation

Kaufsignal

Nackenlinie

Schematischer Volumenverlauf

Die **"Head and Shoulders Bottom"**-Formation entspricht weitgehend dem Spiegelbild der aufrechten Kopf-Schulter-Formation, wobei sie sich allerdings bezüglich der Umsatzentwicklung unterscheidet. Zwischen der linken und der rechten Schulter nehmen die Umsätze zu, und der darauffolgende Aufwärtstrend ist meistens durch eine rege Handelstätigkeit geprägt. Ein Durchbruch durch die Nackenlinie um mehr als 2 bis 3% stellt ein Kaufsignal dar. Falls eine umgekehrte Kopf-Schulter-Formation auf einem (historisch gesehen) tiefen Kursstand oder eine aufrechte bei hohen Kursen zustande kommt, ist ihre Aussagekraft besonders gross. Anhand des Abstandes zwischen Kopfspitze und Nackenlinie lassen sich auch Kursziele errechnen, wobei dann andere technische Faktoren (wie Widerstands- und Unterstützungslinien) nicht ausser acht gelassen werden dürfen.

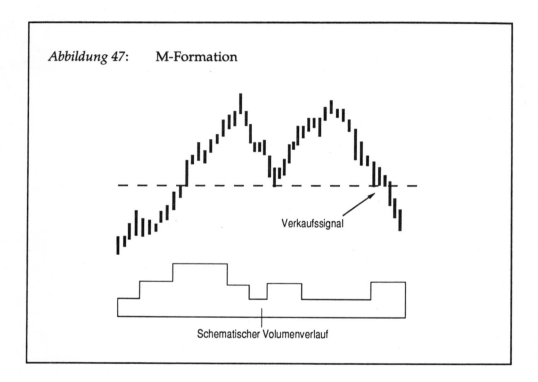

Abbildung 47:   M-Formation

Verkaufssignal

Schematischer Volumenverlauf

M-Formation

Die **"Double Top"**-Formation leitet eine Trendumkehr nach unten ein. Der Aufschwung zur ersten M-Spitze erfolgt in der Regel bei grossen Umsätzen; er wird in der Folge durch einen Kursrückschlag, der rund die Hälfte der vorangegangenen Kursgewinne wieder preisgibt und von rücklaufigem Volumen begleitet ist, abgelöst. Beim erneuten Kursanstieg zur zweiten M-Spitze wird der alte Kurshöchststand nicht mehr übertroffen, und die Umsätze verlieren zusehends an Kraft. Die nachfolgende Schwächephase ist meistens durch steigende

Umsätze geprägt. Falls diese Kursbewegung den im Mittelteil des M erreichten Tiefstpunkt um mehr als 2 bis 3% unterschreitet, so bildet sich ein Verkaufssignal. Ein solches ist aber nur dann gültig gegeben, wenn der Zeitraum zwischen den beiden M-Spitzen mindestens 1 bis 2 Monate auseinander liegt.

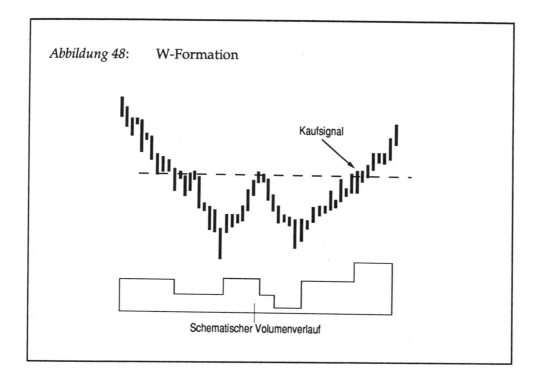

Abbildung 48:   W-Formation

Kaufsignal

Schematischer Volumenverlauf

W-Formation

Die **"Double Bottom"**-Formation ist das Gegenstück zur M-Formation; sie leitet eine Trendwende nach oben ein. Nachdem ein Abwärtstrend bei rückläufigem Volumen zum Stillstand gekommen ist, erfolgt bei leicht steigenden Umsätzen eine Kurserholung; diese wird durch eine Gegenkorrektur abgelöst. In der Folge stellt sich bei deutlich zunehmender Umsatztätigkeit ein Kursanstieg ein, der über die mittlere Spitze des W hinausgeht. Bei einem mindestens 2%igen Durchbruch durch die waagrecht auf der Höhe des Zwischenhöchststands eingetragenen Linie ergibt sich ein Kaufsignal. Ein solches setzt allerdings voraus, dass die beiden Zwischentiefstände mindestens 1 bis 2 Monate auseinander liegen.

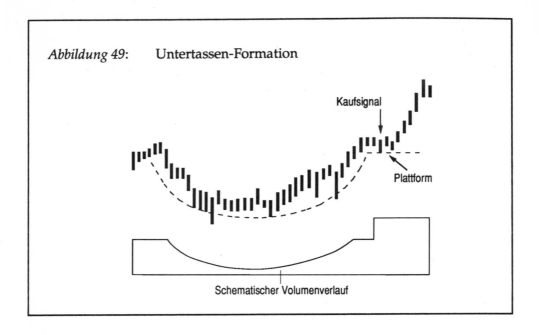

Abbildung 49:   Untertassen-Formation

Kaufsignal

Plattform

Schematischer Volumenverlauf

Diese als **"Saucer"** bekannte und relativ selten anzutreffende Formation bietet günstige Voraussetzungen für Kursprognosen. Charakteristisch ist bei diesem Kursbild, dass sich die Abwärtsbewegung kontinuierlich verlangsamt, die darauf folgende Kurserholung ebenso sukzessive erfolgt und in eine sogenannte Plattform mündet. Sobald letztere sichtbar wird, ergibt sich ein Kaufsignal. In den Fällen, bei denen sich keine Plattform bildet, kann auch der Durchbruch durch eine Trendlinie als Kaufsignal gewertet werden, sofern ein idealtypisches Umsatzmuster vorliegt. Dieses ist gekennzeichnet durch einen parallelen Verlauf von Kurs und Volumen und stark steigenden Umsätzen bei der Plattformbildung bzw. beim Trendliniendurchbruch. Je länger die Formationsbildung andauert, desto grösser ist in der Regel das Kurspotential. Die Untertassen-Formation kann auch in umgekehrter Form auftreten. In diesem Fall signalisiert sie eine Trendwende von einem Aufwärts- in einen Abwärtstrend.

Das frühzeitige Erkennen einer **"V-Bottom-"** oder **"V-Top-Formation"** ist äusserst schwierig, da es sich bei beiden Kursverläufen ebensogut um eine gewöhnliche technische Reaktion handeln kann. Beide Formationen entwickeln sich in 3 Phasen. Zuerst kommt es zu einer heftigen Abwärts- bzw. Aufwärtsbewegung, die später oft durch plötzliche Kurssprünge beendet wird. In der Folge wird der Trendwendepunkt (die V-Spitze) abrupt, d.h. in einem oder wenigen Tagen, gebildet. In dieser Zeit (climax phase) steigt das Umsatzvolumen in der Regel stark an. Im dritten Abschnitt der Entwicklung stellt sich ein oft ebenso

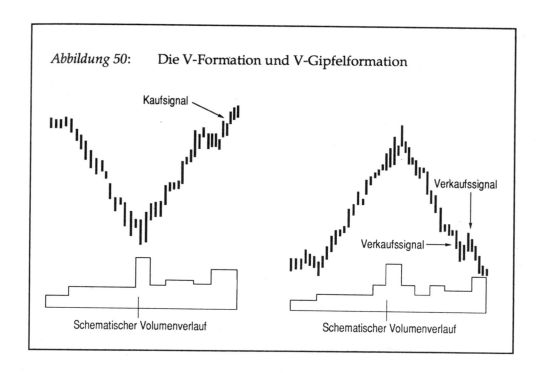

Abbildung 50: Die V-Formation und V-Gipfelformation

Kaufsignal

Verkaufssignal

Verkaufssignal

Schematischer Volumenverlauf

Schematischer Volumenverlauf

steil verlaufender Aufwärts- bzw. Abwärtstrend ein, wobei sich das Volumen zuerst beruhigt, dann aber tendenziell wieder zunimmt. Manchmal bildet sich im Verlaufe der dritten Kursbewegung eine Plattform (wobei die Umsätze dann meist rückläufig tendieren); zeichnet sich eine Fortsetzung des Trends ab, kann dies als ein (wenn auch spätes) Transaktionssignal gewertet werden.

5.2.4.2 Konsolidierungsformationen

Langfristige Auf- und Abwärtstrends werden vorübergehend immer wieder durch Konsolidierungs- und Kurserholungsphasen unterbrochen. Diese können als temporäre Seitwärts- oder Gegenbewegungen in Erscheinung treten. Für den Charttechniker stellt sich dann die Frage, ob es sich um eine eigentliche Konsolidierung bzw. Korrektur in einem intakten Trend oder bereits um eine Trendwende handelt. Eine Antwort darauf kann oft eine Analyse der Konsolidierungsformation geben. Um eine Formation besser sichtbar zu machen, werden jeweils die Höchst- und die Tiefstpunkte der einzelnen Kursbewegungen durch je eine Linie miteinander verbinden. Neben dem Kursbild spielt auch hier das Umsatzmuster und die Dauer der Formationsbildung oft eine wesentliche Rolle.

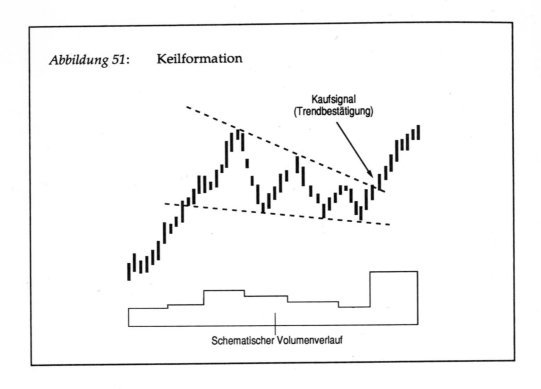

Abbildung 51: Keilformation

Kaufsignal
(Trendbestätigung)

Schematischer Volumenverlauf

Die Keilformation, der sogenannte **"Wedge"**, entsteht, wenn sowohl die obere als auch die untere Begrenzungslinie entgegen der langfristigen Trendbewegung verlaufen und sie sich im zeitlichen Ablauf annähern. Sie bildet sich meistens nach einer längeren Auf- oder Abwärtsbewegung. Während der Formationsbildung nehmen die Umsätze in der Regel ab und schwellen erst beim Ausbruch wieder deutlich an. Erfolgt dieser in Richtung der langfristigen Tendenz (siehe Abb. 51), dann wird der Trend bestätigt; im gegenteiligen Fall muss mit einer Trendumkehr gerechnet werden.

Der **Wimpel ("Pennant")** bildet ein kompaktes Dreieck, durch das eine horizontale Mittellinie gezogen werden kann. Im Verlaufe der Formationsbildung werden sowohl beim Aufwärts- wie beim Abwärtswimpel die Höhen der Kursbewegungen tiefer und die Tiefen immer höher. Initiiert wird der Wimpel durch einen starken Kursanstieg oder Rückgang, der mit grossen Umsätzen verbunden ist; das Umsatzvolumen nimmt in der Folge deutlich ab und steigt erst beim Ausbruch wieder an. Diese Formation findet man selten am Ende eines Trends, weshalb meistens mit einer Fortsetzung des eingeschlagenen Trends zu rechnen ist. Da die Formation in der Regel sehr schnell gebildet wird, ist sie auf langfristigen Charts oft gar nicht sichtbar.

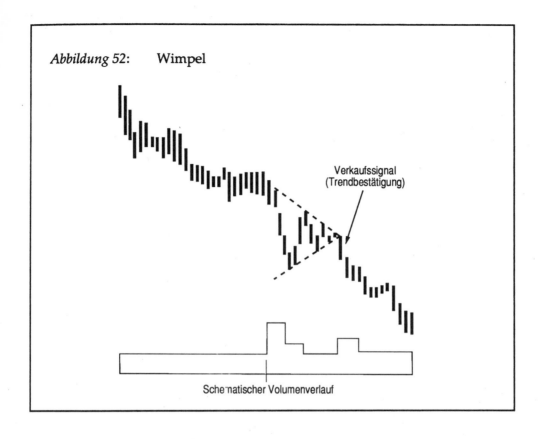

Abbildung 52: Wimpel

Verkaufssignal
(Trendbestätigung)

Schematischer Volumenverlauf

Die idealtypische **"Flag"**-Formation verkörpert eine Konsolidierungsphase, in der die Kursbewegungen die Form eines in Trendgegenrichtung geneigten Parallelogramms annehmen. Abwärtsflaggen sollten also nach oben und eine Aufwärtsflagge nach unten gerichtet sein. Dieser Formation geht jeweils ein heftiger, steiler Kursausschlag voran, den man als Fahnenstange oder Flaggenmast bezeichnet. Diese kommen in der Regel bei grossen Umsätzen zustande, während bei der Flaggenbildung das Volumen deutlich zurückgeht; erst beim Ausbruch ist wieder mit einer erhöhten Umsatztätigkeit zu rechnen. Flaggen haben allgemein eine trendbestätigende Funktion, das heisst, der Ausbruch erfolgt meist in der Trendrichtung.

Beim **Kasten**, auch Rechteck oder Box genannt, befindet sich das Titelangebot und die Nachfrage in einem labilen Gleichgewicht, was zu einer seitwärtsgerichteten Wellenbewegung führt. Die Kurse pendeln zwischen der Widerstandslinie (oben) und der Unterstützungslinie (unten) oft monatelang hin und her und eröffnen dem kurzfristig orientierten Investor manchmal günstige Tra-

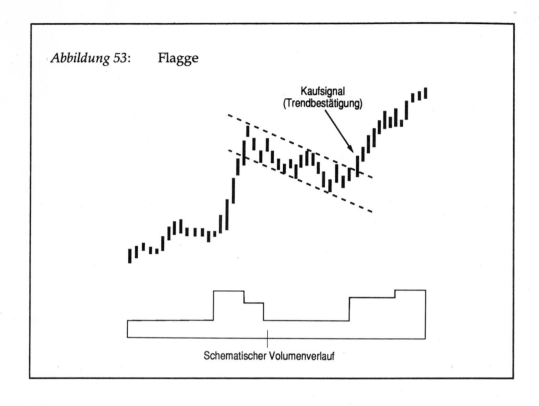

Abbildung 53:   Flagge

Kaufsignal
(Trendbestätigung)

Schematischer Volumenverlauf

dingmöglichkeiten. Die Umsatztätigkeit ist in der Mittelzone meistens am geringsten; sie nimmt im Verlaufe der Formationsbildung in der Regel tendenziell ab und steigt beim Kursdurchbruch aus dem Rechteck wieder deutlich an. Ein Kauf- oder Verkaufssignal ist dann gegeben, wenn die Kurse eine Begrenzungslinie um mindestens 2 bis 3% bei deutlich steigendem Volumen durchstossen haben.

Bei den **Dreieck**-Formationen unterscheidet man zwischen dem symmetrischen ("symmetrical"), dem aufwärtsgerichteten ("ascending") und dem abwärtsgerichteten Dreieck ("descending triangel). Das erste zeichnet sich durch eine sinkende obere und eine steigende untere Begrenzungslinie aus. Die aufwärtsgerichtete Formation bildet sich aus einer waagrechten Linie und einer aufsteigenden unteren Begrenzungsgeraden, während die abwärtsgerichtete eine horizontale Linie und einen sinkenden oberen Schenkel aufweist. Das symmetrische Dreieck gleicht dem ähnlich geformten Wimpel, doch dauert die Formationsbildung beim Dreieck oft mehrere Monate und somit bedeutend länger; zudem ist der trendbestätigende Charakter weniger ausgeprägt. Damit sich ein Dreieck bilden kann, sind mindestens 4 bis 5 Umkehrpunkte notwendig. Das

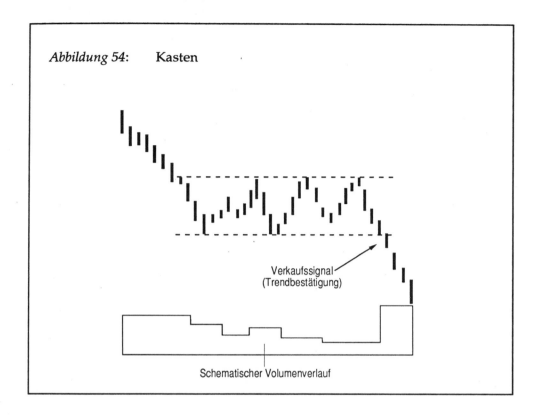

Abbildung 54: Kasten

Verkaufssignal
(Trendbestätigung)

Schematischer Volumenverlauf

Umsatzmuster ist durch ein im Formationsverlauf rückläufiges Volumen gekennzeichnet, das erst beim Ausbruch wieder deutlich ansteigen sollte. Der
letztere kann erst beim Ueberschreiten der Begrenzungslinie um 2 bis 3% als
Transaktionssignal gewertet werden. Ob dieses den bisherigen Trend bestätigt
oder eine Trendwende anzeigt, entscheidet die Richtung der Ausbruchsbewe-
gung, die sich in der Regel beschleunigt fortsetzt.

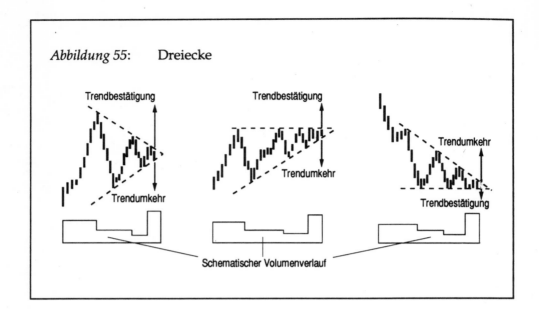

Abbildung 55: Dreiecke

Trendbestätigung

Trendbestätigung

Trendumkehr

Trendumkehr

Trendumkehr

Trendbestätigung

Schematischer Volumenverlauf

5.2.5 Löcher (Lücken)

Sogenannte Löcher oder Lücken (gaps) können in der Regel nur beim Betrachten von täglich nachgeführten Balken-Charts festgestellt werden. Es handelt sich dabei um grosse Kurssprünge nach oben oder unten, die aufgrund besonderer Einflussfaktoren zu einem starken Ungleichgewicht zwischen dem Titelangebot und der Nachfrage führen. Von Löchern spricht man dann, wenn der Höchst- und Tiefstkurs eines Tages deutlich über dem Höchstkurs oder unter der Tiefstmarke des Vortags liegt. Die prognostische Aussagekraft dieser Lücken hängt wesentlich von der Umsatzdynamik und vor allem der Stelle ab, wo sie auftreten. Bei marktengen Papieren ergeben sich oft zufallsbedingte Löcher, die keine Signifikanz haben. Im weiteren muss man zwischen eigentlichen und Pseudo-Löchern unterscheiden, die beispielsweise durch Dividendenabgänge hervorgerufen werden.

5.2.5.1 Ausbruchlücke

Ein **"Break-Away-Gap"** kommt immer nach Beendigung einer Formation vor und ist meistens mit einem starken Umsatzanstieg verbunden. Das Auftreten einer solchen Lücke lässt heftige Kursbewegungen erwarten. Die Richtung des Ausbruchs aus der Formation zeigt die weitere Preistendenz an, und das entsprechende Loch bestätigt den jeweiligen Auf- oder Abwärtstrend.

5.2.5.2 Ausreisslücke

Oft wird dieser Kurssprung auch als Fortsetzungsloch oder **"Run-Away-Gap"** bezeichnet. Er entsteht meistens im mittleren Drittel eines etablierten Trends und ist oft ein Anzeichen für eine vorübergehende Beschleunigung der Kursbewegung. Ausreisslücken bestätigen den eingeschlagenen Trend. In der darauffolgenden Börsenphase sollte man in zunehmendem Masse auf das Entstehen von Trendumkehrformationen und Erschöpfungslöchern achten.

5.2.5.3 Erschöpfungsloch

Das Erschöpfungsloch (**"Exhaustion-Gap"**) weist auf eine bevorstehende Trendumkehr hin; es tritt somit nur am Ende einer längeren Auf- oder Abwärtsbewegung auf. Meistens ist eine deutliche Zunahme der Umsätze zu beobachten. Erschöpfungs- und Fortsetzungslöcher sind nicht immer leicht voneinander zu unterscheiden. Einzig die Stelle, wo sie innerhalb eines längerfristigen Trends auftreten, und die Tatsache, dass Erschöpfungslöcher meistens innerhalb von wenigen Tagen geschlossen werden, kann bei der Identifikation des Loch-Typs behilflich sein. Wird ein Erschöpfungsloch geschlossen, das heisst, es kommt zu einem Kurssprung in der Trendgegenrichtung, so bezeichnet man eine solche Entwicklung als "Inselumkehr". Sie bestätigt die Trendumkehr und fordert den Anleger zur Vornahme entsprechender Kauf- oder Verkaufstransaktionen auf.

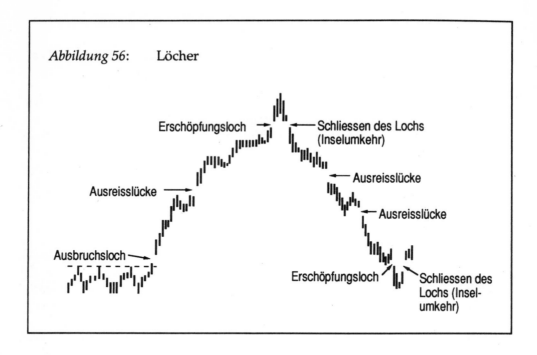

Abbildung 56: Löcher

5.3 Aktienselektion anhand des Beta-Faktors

Der Beta-Faktor dient als Massstab zur Messung der Volatilität (relative Kurs-beweglichkeit) einer Aktie oder eines Wertpapierdepots im Vergleich zum Gesamtmarkt beziehungsweise Index. Der Gesamtmarkt, z.B. gemessen am Standard & Poor's 500-Index, bildet die Grundeinheit mit einem Beta-Faktor von 1.0.

— Ist der Beta-Faktor einer Aktie grösser als 1.0 (β > 1.0), bedeutet dies, dass der Titel eine grössere Kurs-Sensitivität als der Gesamtmarkt (resp. Index) aufweist.

— Bei einem Beta-Faktor unter 1.0 (β < 1.0) steigen und fallen die Kurs-notierungen geringer als der Gesamtmarkt.

Verfügt eine bestimmte Aktie über einen Beta-Faktor von 1.15, dann sollte sie in einer Haussephase um 15% mehr als der Gesamtmarkt steigen und in einer Baissephase um 15% stärker sinken. Durch die Verwendung von Beta-Faktoren wird die Titelselektion erheblich vereinfacht. Der Anleger muss sich hauptsäch-lich nur noch mit der Analyse des Gesamtmarkttrends befassen. Je sicherer man eine Börsentendenz voraussehen kann, desto erfolgversprechender ist der gezielte Einsatz des Beta-Faktors bei der Titelauswahl.

Prognose Gesamtmarkt (Index)	Wahl des Beta-Faktors
Deutliche Anzeichen für eine baldige Haussephase oder eine Fortsetzung des Aufwärtstrends.	Wählen Sie Titel mit relativ hohem Beta-Faktor; d.h. deutlich über 1.0.
Weitere Börsenentwicklung auf kürzere und mittlere Sicht ungewiss.	Ein Beta-Faktor um 1.0 ist angezeigt. Der vorsichtige Anleger wählt aber einen etwas tieferen Faktor.
Klare Anzeichen für eine baldige Baissephase oder eine Fortsetzung des Abwärtstrends.	Aktien mit tiefen Beta-Faktoren, d.h. deutlich unter 1.0, stehen im Vordergrund. Bei Möglichkeit jedoch Aktienbestände reduzieren resp. liquidieren.

Die Problematik bei der Verwendung der Beta-Faktoren für die Titelauswahl liegt vor allem darin, dass bei der Berechnung des Beta-Faktors nur historische Daten als Grundlage herangezogen werden können. Dabei werden nicht absolute Kurse, sondern Renditen des Indexes und der betreffenden Aktie verwendet. Die Berechnung des Beta-Faktors wird im Kap. 6.5 näher erläutert. Aufgrund des erheblichen Zeitaufwandes werden die Beta-Faktoren nur in sehr seltenen Fällen vom Anleger selbst berechnet; die Computer von Investmentbanken und Brokern erledigen in der Regel diese Aufgabe. Wie aus den obigen Erläuterungen bereits hervorgeht, wird der Beta-Faktor anhand zurückliegender Werte eruiert und in die Zukunft projiziert. In der Praxis hat sich jedoch gezeigt, dass sich der Beta-Faktor einer Aktie merklich verändern kann, und somit nur beschränkte prognostische Aussagekraft hat. Bei breitgestreuten Portfolios ist die Stabilität des durchschnittlichen Beta-Faktors wesentlich grösser. Wenn nur einzelne Dividendenpapiere anhand des Beta-Faktors ausgewählt werden, empfiehlt es sich, die einzelnen Beta-Werte näher zu untersuchen und mittels Schätzwerten zu adjustieren. Dies ist vor allem dann notwendig, wenn einmalige Sondereinflüsse (Gesellschaftsübernahmen, Schadenersatzprozesse usw.) den Beta-Faktor erheblich verzerrt haben. Die Aktienselektionsmethode mittels Beta-Faktoren eignet sich vor allem für jene Investoren, die für Titelanalysen wenig Zeit verwenden wollen und/oder über einzelne Aktien nur ungenügend informiert sind; meistens dient sie aber lediglich als ergänzendes Entscheidungskriterium zu anderen Auswahlverfahren.

5.4 Marktnahe Informationen

Marktnahe, teilweise nur beschränkt zugängliche Informationen werden meistens für kurzfristige Tradingoperationen oder als Timinghilfe für längerfristige Investments ausgenützt; sie sind nicht mit Insiderinformationen im engeren Sinne zu verwechseln. Kenntnisträger solchen Wissens sind oft Börsenhändler, Finanzanalysten, Mitarbeiter in Wertpapierverkaufsabteilungen, Fondsmanager usw. Ein Börsenhändler registriert Veränderungen des Umsatzvolumens und der Marktpsychologie und erkennt, aus welcher "Ecke" Kundenaufträge stammen; über Börsengerüchte wird er oft durch Händlerkollegen sofort informiert. Finanzanalysten erhalten bei Gesellschaftsbesuchen oft zusätzliche, nicht publizierte Hinweise oder Eindrücke; zudem wissen sie, welche Titelempfehlungen und Studien die eigene Bank in naher Zukunft veröffentlichen wird. Viele Analysten sind auch Mitglied der Vereinigung für Finanzanalyse und pflegen freundschaftliche Beziehungen zu Berufskollegen anderer Finanzinstitute. Mitarbeiter von Wertpapierverkaufsabteilungen stehen in regem Kontakt mit den hauseigenen Börsenhändlern und Analysten; sie hören und beeinflussen die Meinung der Kundschaft. Der gewiefte Anleger ist sich dieses Sachverhaltes bewusst und pflegt regelmässigen und möglichst freundschaftlichen Kontakt zu solchen Kreisen. Vor Abschluss bedeutender Börsentransaktionen ist es oft lohnenswert, sich die Meinung mehrerer Börsenfachleute einzuholen. Börsenhändler und Finanzanalysten betreiben zwar in der Regel keine direkte Kundenberatung, doch wenn sie telefonisch angesprochen werden, erteilen sie in der Regel (während Randzeiten) trotzdem Auskunft. Dabei gilt es zu beachten, dass die fähigsten Leute nicht unbedingt auch die besten Rhetoriker sind, weshalb auch nicht brillant formulierte Ratschläge und Hinweise nicht unterbewertet werden sollten.

Kapitel 6

PERFORMANCE

Unter Performance versteht man im Bereich der Vermögensverwaltung die um Mittelzu- und -abflüsse bereinigte Anlagerendite. Diese besteht aus dem Anlageertrag (Zins- und Dividendeneinnahmen sowie realisierte und nicht realisierte Kursveränderungen) in Prozenten des durchschnittlich investierten Kapitals. Die Performance wird oft zur Leistungsbeurteilung des Vermögensverwalters herangezogen. Sie wird als gut bezeichnet, wenn die Wertentwicklung des gesamten Anlagekapitals günstiger ausgefallen ist als bei einem vergleichbaren (simulierten) Portfolio, das aus entsprechenden Performance-Indizes gebildet worden ist.

Im Verlaufe der 80er Jahre hat das Performancedenken vor allem im Bereich der institutionellen Anlagekundschaft und im Zusammenhang mit der Verwaltung der schnell wachsenden Kapitalien der 2. Säule (berufliche Vorsorge) deutlich zugenommen. Dies hat zusammen mit dem verstärkten internationalen Konkurrenzkampf zu einem gesteigerten Performancedruck bei den professionellen Vermögensverwaltern geführt. Leistungszwang im Anlagesektor ist allerdings ein zweischneidiges Schwert - eine Tatsache, die vielen Beteiligten anlässlich des Börsencrash 1987 bewusst geworden ist. Ein Portfoliomanager, der auf monatlicher oder gar wöchentlicher Basis Erfolgsausweise vorlegen muss, hat oft die Neigung, in ein kurzfristiges Denken und Handeln zu verfallen und längerfristig erfolgversprechendere, antizyklische Strategien aus den Augen zu verlieren. Deshalb erscheint es ratsam, Performance-Messungen zwar regelmässig vorzunehmen und den Anlageerfolg zu analysieren, eine abschliessende Bewertung der Leistung eines Vermögensverwalters jedoch erst nach einer längeren Zeitperiode (z.B. nach einem abgeschlossenen Hausse- und Baissezyklus) vorzunehmen, sofern die Zwischenresultate in einem akzeptablen Rahmen liegen.

Die Ausgangsbasis für die Beurteilung der Performance bildet immer eine seriöse und **sachgerechte Messung des Anlageerfolges**. In der Praxis haben sich folgende Berechnungsmethoden durchgesetzt:

- Internal Rate of Return (IRR; Interner Ertragssatz)
- Linked Rate of Return (LRR; Verkettete Rendite)
- Time Weighted Rate of Return (TWR; Zeitgewichteter Ertrag)

6.1   Internal Rate of Return

Die IRR, zuweilen auch "Money Weighted Return" genannt, bezeichnet die Rendite auf dem durchschnittlichen investierten Kapital während einer bestimmten Zeitperiode, wobei die Ein- und Auszahlungen (zeitlich gewichtet) berücksichtigt werden. Die Berechnung der IRR ist relativ einfach und basiert auf der Annahme, dass der Ertrag gleichmässig (wie bei einer Spareinlage) über die Betrachtungsperiode verteilt anfällt. Da dies in der Realität meist nicht der Fall ist, kann es, bei verhältnismässig grossen Mittelzu- und -abflüssen und erheblichen Kursveränderungen an den (gemäss Anlagerichtlinien zulässigen) Märkten, bzw. entsprechenden Wertveränderungen des Depots, zu Verzerrungen beim Performancevergleich kommen.

Bezeichnet man K_n als Endwert des angelegten Kapitals, K_0 als Anfangswert, Z als Einzahlung, $-Z$ als Auszahlung, n als Anzahl Zahlungen und t als Anlagedauer, so berechnet man die IRR (bezogen auf 1 Jahr) wie folgt:

$$IRR = \frac{K_n - K_0 - \sum_{j=1}^{n} Z_j}{K_0 - \sum_{j=1}^{n} t_j \times Z_j}$$

Bei grossen Ein- und Auszahlungen (gemessen am Depotwert) empfiehlt es sich, die IRR in mehreren Etappen zu berechnen, wodurch genauere Resultate erzielt werden. Das heisst, die Performance wird beispielsweise auf monatlicher Basis oder direkt vor jeder Ein- oder Auszahlung eruiert und die **Teilresultate** der letzten 12 Monate **addiert**.

6.2   Linked Rate of Return

Die Berechnung der "verketteten Rendite" ist ein einfaches Näherungsverfahren, das in der Regel bei kleineren Ein- und Auszahlungen (weniger als 10% des Depotwertes pro Jahr) oder geringen Wertveränderungen des investierten Kapitals für die meisten Ansprüche ausreichend genaue Resultate erbringt. Bei dieser Berechnungsmethode geht man davon aus, dass der Saldo der Geldzu- und -abflüsse jeweils auf die Mitte einer Berechnungsperiode fällt. Damit eine genauere Rendite ermittelt werden kann, wird der Berechnungszeitraum in mehrere Unterperioden aufgeteilt (z.B. 12 pro Jahr). Durch Multiplikation der Renditen der einzelnen Subperioden kann die "verkettete Rendite" der gesamten Messdauer errechnet werden. Auch bei dieser Berechnungsmethode sind gewisse Performanceunterschiede gegenüber der nachfolgend beschriebenen Time Weighted Rate of Return-Formel zu erwarten; diese fallen je nach Höhe und Zeitpunkt der Ein- und Auszahlungen sowie den Schwankungen des Depotwertes grösser oder kleiner aus.

Die verkettete Rendite (1+R) ergibt sich aus der **Multiplikation** der Renditen der einzelnen Subperioden (1+r_j). In der folgenden Formel steht j für eine Unterperiode, K_j bezeichnet den Wert des investierten Kapitals am Ende einer Unterperiode, K_{j-1} den Wert des Kapitals zu Beginn jeder Unterperiode und Z_j entspricht dem Saldo der Zahlungen, die während einer Teilperiode erfolgen:

$$(1 + r_j) \ = \ \frac{K_j - \dfrac{1}{2} Z_j}{K_{j-1} + \dfrac{1}{2} Z_j}$$

$$(1 + R) \ = \ (1 + r_1) \times (1 + r_2) \times \ldots \times (1 + r_n)$$

6.3   Time Weighted Rate of Return

Die mittels Berechnung des "zeitgewichteten Ertrags" ermittelte Depotrendite ist umfassender und genauer als die bisher besprochenen Rendite-Kalkulationsmethoden. Sie berücksichtigt die Geldzu- und -abflüsse zeitgerecht und entspricht der **Zuwachsrate** des Portfolios. Bei jeder Ein- oder Auszahlung wird die Performance der zwischen zwei Zahlungen liegenden Periode neu berechnet, und anschliessend werden sämtliche Teilperformance-Faktoren der gesamten Berechnungsperiode miteinander **multipliziert**. Dadurch kann die Berechnung der TWR sehr aufwendig werden; anderseits eignet sie sich am besten für einen objektiven Performancevergleich. Die TWR (1+r) berechnet sich nach folgender Formel :

$$(1 + r) \; = \; \frac{K_1}{K_0} \times \frac{K_2}{(K_1 + Z_1)} \times \frac{K_3}{(K_2 + Z_2)} \times \dots \times \frac{K_n}{(K_{n-1} + Z_{n-1})}$$

dabei steht K_t für den Depotwert direkt vor einer Ein- oder Auszahlung Z_t.

6.4　Beurteilung der Performance

Zur Beurteilung des erzielten Ertrags eines Depots wird in der Regel zu Vergleichszwecken ein Referenzdepot zusammengestellt, das anhand der Durchschnittswerte von Anlagerichtlinien (Guidelines) oder, falls solche fehlen, aufgrund des Kundenprofils (vgl. Kap. 2.1, Anlegertyp / Referenzwährung) gebildet wird. Zusätzlich zum direkten Performance-Vergleich zwischen dem Kunden- und dem Referenzdepot muss noch das eingegangene Risiko gemessen und mitberücksichtigt werden. Das nachfolgende Beispiel verdeutlicht die Vorgehensweise.

Berechnung des Referenzdepots

Anlagerichtlinien	Durchschnittl. Guidelines	Index-Performance in Referenzwährung	guidelinesgewichtete Indexperformance
max. 40% Schweizer Aktien	23.5%	+18.9[*])	+4.44%
max. 80% SFr Auslandobl.	47.0%	+7.1[*])	+3.34%
max. 20% SFr Treuhandanlagen	11.8%	+3.8[*])	+0.45%
max. 20% CH Immobilienfonds	11.8%	+6.9[*])	+0.81%
max. 10% Gold	5.9%	-11.1[*])	-0.65%
(170%)	100.0%		**+8.39%**

[*]）　Bei den verwendeten Indizes ist darauf zu achten, dass es sich um sogenannte Performance-Indizes handelt, die neben den Kursveränderungen auch das Einkommen (Dividenden/Zinsen) enthalten; unterliegt das Einkommen einem Quellensteuerabzug, während im Index Bruttoerträge enthalten sind, so muss dieser Performanceanteil vom Index abgezogen werden. Sind nur gewöhnliche Indizes verfügbar, muss die Indexperformance um den durchschnittlichen Nettoertrag (prozentual) erhöht werden.

Bei einer angenommenen Jahresperformance des Kundendepots von 11.40% und einer guidelinesgewichteten Indexperformance von 8.39% errechnet sich eine Mehrrendite von 3.01%. In der Folge kann analysiert werden, ob die Mehrrendite aufgrund einer günstigen "asset allocation" (Depotzusammenstellung nach Anlagekategorien und Währungen) und/oder einer erfolgreichen Titelauswahl zustande gekommen ist. Wurde eine hochrentierende Titelgruppe (in diesem Beispiel Aktien) übergewichtet und/oder ein erfolgloser Anlagebereich (in diesem Beispiel Gold) untergewichtet? Falls die Zusammensetzung des Kundendepots den durchschnittlichen Guidelines entspricht, ist eine Mehr-/Minderrendite das Resultat einer mehr oder weniger erfolgreichen Titelauswahl. Um die beschriebene Analyse zu erleichtern, empfiehlt es sich vor allem bei grossen Depots, für jede Anlagekategorie ein separates Sub-Portfolio zu führen.

Damit die Leistung des Vermögensverwalters bzw. die Depotperformance abschliessend beurteilt werden kann, müssen noch die durchschnittlichen, im Jahresverlauf eingegangenen Risiken mitberücksichtigt werden. Vom wissenschaftlichen Standpunkt aus ist die Risikobereinigung der Depotperformance zwar nötig, doch wird sie in der Praxis (Ausnahmen: USA, reine Aktiendepots) selten sachgerecht durchgeführt, da sie ausserordentlich aufwendig sein kann. Zur Integration des **Risikoaspekts** in die Performancebeurteilung sind zahlreiche, methodisch unterschiedliche, Modelle entwickelt worden, wobei die nachfolgende Verfahrensweise am häufigsten angewendet wird:

6.5 Risikobereinigung der Depotperformance anhand des Beta-Faktors

Diese Methode wird vor allem bei Aktiendepots angewendet. Zuerst muss der Beta-Faktor der einzelnen im Depot liegenden Aktien berechnet werden, sofern er nicht schon bekannt ist. Der Beta-Faktor eines Titels wird in 5 Schritten ermittelt:

1. Zuerst müssen die Renditen der betreffenden Aktie i ($R_i(t)$) und des Gesamtmarktes bzw. repräsentativen Gesamtmarktindex ($R_m(t)$) berechnet werden. In der Praxis werden meistens wöchentliche Renditen über einen Zeitraum von mehreren Jahren verwendet. Diese lassen sich wie folgt berechnen:

$$R_i(t) = \ln P_i(t) - \ln P_i(t-1)$$

$P_i(t-1)$ = $\quad$ *Kurs der Aktie i zu Beginn einer einzelnen Zeitperiode*
$P_i(t)$ = $\quad$ *Kurs der Aktie i am Ende einer einzelnen Zeitperiode*
$\ln$ = $\quad$ *natürlicher Logarithmus*

2. Anschliessend erfolgt die Berechnung der Durchschnittsrenditen von Aktie i ($\tilde{R}_i$) bzw. $\tilde{R}_m$ für den Gesamtmarkt nach der Formel:

$$\tilde{R}_i = \frac{1}{n} \sum \ln \left(\frac{P_i(t)}{P_i(t-1)} \right)$$

n = $\quad$ *Anzahl einzelner Zeitperioden t*

3. In der Folge wird die Varianz (Schwankung der einzelnen Marktrenditen um die Durchschnittsrendite des Marktes) untersucht:

$$\sigma^2(R_m) = \frac{1}{n-1} \sum (R_m(t) - \tilde{R}_m)^2$$

4. Im weiteren muss die Kovarianz zwischen Aktienrendite (R_i) und Marktrendite (R_m) berechnet werden:

$$\sigma(R_i, R_m) = \frac{1}{n-1} \sum (R_i(t) - \tilde{R}_i) \times (R_m(t) - \tilde{R}_m)$$

5. Abschliessend kann nun der Beta-Faktor nach folgender Formel bestimmt werden:

$$Beta\ (\beta) = \frac{\sigma(R_i, R_m)}{\sigma^2(R_m)}$$

Um den durchschnittlichen Beta-Faktor des Depots zu erhalten, müssen die Beta-Faktoren der einzelnen Titel betragsmässig und zeitabhängig (je nach Verweildauer des Titels im Depot) gewichtet werden. Verfügt ein Portfolio über einen (durchschnittlichen) Beta-Faktor von 1.03, so bedeutet dies, dass die Wertveränderung des Depots um 3% grösser ausfallen sollte als beim Index. Der Beta-Faktor des Indexes ist immer 1.0.

Zur Verfeinerung dieser Risikobereinigungsmethode kann noch der Zinssatz für risikofreie Anlagen berücksichtigt werden. Angenommen, dieser sei 4%, der Aktienindex sei um 8% gestiegen und der Beta-Faktor des Depots betrage 0.90, so kann aus diesen Angaben eine Soll-Performance errechnet werden.

Soll-Performance =

Beta-Faktor × *Indexperformance* + [(1 − *Beta-Faktor*) × *Zinssatz für risikofreie Anlagen*]

$$= 0.90 \times 8.0 + [(1 - 0.90) \times 4] = \textbf{7.6\%}$$

6.6 Einfache Trading-Performance-Kontrolle

Bei ausgesprochen aktiv verwalteten Depots stellt sich oft die Frage, ob die zahlreichen Tradingoperationen insgesamt einen positiven oder aber negativen Beitrag zur Depotrendite geleistet haben. Eine simple, gleichzeitig aber interessante Erfolgskontrolle der getätigten Depotumschichtungen kann dadurch vorgenommen werden, dass man die Wertpapierpositionen, die sich Anfang Jahr (per 1.1.) im Depot befunden haben, zu den Jahresendkursen (per 31.12.) bewertet und die im Jahresverlauf auf diesen Titeln (theoretisch) angefallenen Erträge (z.B. Zinsen und Dividenden) zum ermittelten Jahresendwert addiert. Dadurch erhält man den Vermögensbestand, der erreicht worden wäre, wenn man keine Switch-Operationen vorgenommen hätte. Dieser Wert kann nun mit dem effektiv erzielten, um Ein- und Auszahlungen bereinigten Depotwert (per 31.12.) verglichen werden. Falls der Vergleich ungünstig ausfällt (d.h. der effektive Depotwert den theoretisch ermittelten unterschreitet) und die Anlagerichtlinien inzwischen nicht geändert wurden, müssen die Ursachen ermittelt werden. Meistens wird sich dann herausstellen, dass die zahlreichen Tradingoperationen per Saldo ganz einfach kontraproduktiv waren.

Kapitel 7

STEUERLICHE ASPEKTE

Da die Steuergesetze und die Steueransätze regional variieren, können im Rahmen dieses Buches nur grundsätzliche Teilaspekte der mit Wertpapieranlagen zusammenhängenden steuerlichen Fragen besprochen werden. Wertpapieranlagen und daraus resultierende Kapitalerträge können durch verschiedene Steuerarten erfasst werden:

- **Quellensteuer** (Verrechnungssteuer) : Sie wird an der Quelle erhoben; d.h. der Anleger erhält die Kapitalerträge netto, also nach dem Steuerabzug ausgezahlt. Sofern bestimmte Bedingungen erfüllt sind, kann der Steuerabzug bei Erträgen aus dem Inland vollständig und bei Einkünften von Anlagen im Ausland - je nach Doppelbesteuerungsabkommen - ganz, teilweise oder gar nicht zurückgefordert werden.

- **Einkommensteuer** : Dividenden-, Zins- und Anlageerträge unterliegen in der Regel der Einkommensteuer. Gewisse Kapitalgewinne werden mancherorts ebenfalls steuerlich erfasst; dies trifft zum Zeil auch für Kapitalgewinne mit "Zinscharakter" (z.B. bei Zero-Bonds) zu.

- **Vermögenssteuer** : Vermögenswerte werden - nach Abzug eines bestimmten Freibetrages - ebenfalls besteuert.

- **Erbschafts- und Schenkungssteuer** : Sie wirkt sich beim Vermögenstransfer aus.

- **Uebrige Steuern** : Stempelsteuern, Börsenumsatzsteuer usw.

Als Mittel gegen die Hinterziehung von **Einkommensteuern** haben zahlreiche Staaten eine **Quellensteuer** (bzw. Verrechnungssteuer) auf Kapitalerträgen wie Dividenden- und Zinszahlungen eingeführt. Insbesondere bei Auslandanlagen stellt sich für den Investor die Frage, ob und inwieweit er den ausländischen Steuerabzug zurückfordern kann, da der Kapitalertrag sonst doppelt (nämlich im In- und im Ausland) besteuert würde. Um eine solche Doppelbesteuerung zu vermeiden, haben zahlreiche Staaten bilaterale Verträge, sogenannte **Doppelbesteuerungsabkommen** (DBA), abgeschlossen. Die vollständige oder teilweise Steuerentlastung im Rahmen eines DBA kann entweder durch eine nachträgliche Rückerstattung oder durch Steuerbefreiung an der Quelle erfolgen. Die nachfolgenden Erläuterungen und Tabellen basieren auf dem Wissensstand per Anfang August 1989; da auch in Zukunft Aenderungen im Steuerbereich zu erwarten sind, empfiehlt es sich, die einzelnen Angaben im Bedarfsfall auf ihre Aktualität hin (durch Ihre Hausbank oder das Steueramt) überprüfen zu lassen.

7.1 Ausländische Quellensteuern und die Entlastungsmöglichkeiten für Steuerzahler mit Domizil Schweiz

Die nachfolgende Tabelle zeigt die Quellensteuersätze auf Dividenden und Obligationenzinsen in ausgewählten Ländern auf. Ausserdem werden die **Entlastungsmöglichkeiten aus Schweizer Sicht** dargestellt. Voraussetzungen für die Inanspruchnahme eines DBA sind u.a., dass die betreffende natürliche oder juristische Person in der Schweiz domiziliert ist und die in Frage stehenden Vermögenswerte in der Schweiz ordnungsgemäss deklariert sind.

Länder	Ausländische Quellensteuern für Titelbesitzer mit Domizil Schweiz					
	DIVIDENDEN			ZINSEN		
	volle Steuer %	Entlastung %	verbleibend %	volle Steuer %	Entlastung %	verbleibend %
Argentinien[**]	17.5	0	17.5	15.75	0	15.75
Australien	0 [a)]	0 [a)]	0 [a)]	10	0	10 [*]
Belgien	25	10	15 [*]	25	15	10 [*]
BRD	25	10	15 [*]	0/0 [n)i)]	0/0 [n)i)]	0
Dänemark	30	30	0	0	0	0
Frankreich	25 [c)]	52.5 [c)]	22.5 [c)*]	10/0 [d)]	0	10/0 [d)*]
Grossbritannien	0	13.33 [e)]	20 [e)*]	25	25	0
Hongkong [**]	0	0	0	16.5	0	16.5
Irland	0	30.77 [e)]	23.08 [e)*]	35	35	0
Italien	32.4	17.4	15 [*]	12.5 [f)]	0 [f)]	12.5 [f)*]
Japan	20	5	15 [*]	15	5	10 [*]
Kanada	25	10	15 [*]	25 [g)]	10 [g)]	15 [g)*]
Luxemburg [**]	15 [h)]	0 [h)]	15 [h)]	0 [i)]	0 [i)]	0 [i)]

Neuseeland	33 [b]	18 [b]	15 *	28 [b]	13 [b]	10 *
Niederlande	25	10	15 *	0 [i]	0 [i]	0 [i]
Norwegen	25	20	5	0	0	0
Oesterreich	25	20	5 *	0/10 [i)n]	0/5	0/5 [i)n]
Schweden	30	25	5 *	0	0	0
Singapur	33	0	33 [k]*	33	23	10 *
Spanien	25	10 ·	15 *	25	15	10 *
Südafrika	15 [l]	7.5	7.5 [l]*	0	0	0
USA	30	15	15	30 [m]	25 [m]	5 [m]

* Anrechnung der verbleibenden Quellensteuer an die Einkommensteuer am Wohnsitzstaat.

** Staaten, mit denen die Schweiz kein Doppelbesteuerungsabkommen hat.

[a] Dividendenzahlungen seit 1.7.1987 keine Quellensteuer; mit Ausnahmen.

[b] Seit 1.10.1989

[c] Der schweizerische Aktionär hat gegenüber dem französischen Fiskus Anspruch auf Ausrichtung einer "avoir fiscal" genannten Steuergutschrift von 50% der erklärten Dividende, so dass eine Gesamtdividende von 150% (100% erklärte Dividende + 50% Steuergutschrift) entsteht. Von der Steuergutschrift werden 15% Quellensteuer, berechnet von der Gesamtdividende von 150% (= 22.5% der erklärten Dividende), abgezogen. Für den Schweizer ergibt sich folgende Rechnung:

Erklärte Dividende		100.--
./. 25% Quellensteuer bei Auszahlung		25.--
Nettoauszahlung durch die Gesellschaft		75.--
+ Erstattung durch den franz. Fiskus		
25% Quellensteuer		25.--
Steuergutschrift	50.--	
./. 15% von 100 + 50 (=22.5%)	22.50	27.50
Total der Einnahme des schweiz. Aktionärs		**127.50**

[d] Bei Zinsen privater Obligationen: Ausgabe vor 1.1.65: 12%; Ausgabe 1.1.65 - 1.1.87: 10%; Ausgabe nach 1.1.87: 0% (sofern nichtfranzösischer Wohnsitz nachgewiesen). Bei Zinsen von Staatsanleihen: Ausgabe vor 1.1.65: 12%; Ausgabe 1.1.65 - 1.10.84: 10%; Ausgabe nach 1.10.84: 0%. Zinsen auf nach dem 18. Juni 1988 im Ausland abgeschlossenen Darlehen: 0% Für vor 1965 ausgegebene Obligationen beträgt die Rückerstattung nur 13%, so dass sich eine verbleibende Steuer von 12% ergibt.

[e] Der schweizerische Aktionär hat Anspruch auf die gewährte Steuergutschrift (tax credit), deren Ansatz mit Wirkung ab 6.4.88 auf 25/75 festgesetzt wurde. Von diesem durch den englischen Fiskus auszuzahlenden "tax credit" werden 15% Quellensteuer, berechnet auf der ausgezahlten Dividende zuzüglich "tax credit", abgezogen, so dass sich für den schweizerischen Aktionär für Dividendenfälligkeiten ab 6.4.88 folgendes Resultat ergibt:

Auszahlung durch die Gesellschaft (quellensteuerfrei)		100.--
+ Erstattung durch den britischen Fiskus		
"tax credit" 25/75	33.33	
./. 15% Quellensteuer von 100 + 33.33	19.99	13.34
Total der Einnahme des schweiz. Aktionärs		**113.34**

Irland: ähnlich (tax credit 35/65).

f) Dieser Satz gilt nur für ab 1.1.84 emittierte Obligationen privatwirtschaftlicher Schuldner. Für Zinsen von zwischen 1.1.74 und 30.9.82 emittierten Obligationen privatwirtschaftlicher Schuldner beträgt die volle Steuer in der Regel 21.6%, für Zinsen von vom 1.10.82 bis 31.12.83 emittierten Obligationen in der Regel 10.8%. Bei Ausgabe ab 1.1.84: 12.5%. Zinsen von Schatzanweisungen und Inlandanleihen der öffentlichen Hand, die vor 1.10.86 ausgegeben wurden, sind steuerfrei. Bei Ausgabe 1.10.86 bis 1.10.87: 6.25% Quellensteuer; bei Ausgabe nach 1.10.87: 12.5%. Zinsen von bis 31.12.73 begebenen privatwirtschaftlichen Obligationen sind steuerfrei.

g) Zinsen von gewissen Staats-, Provinz- und Gemeindeanleihen sowie von Anleihen mit mehr als fünfjähriger Laufzeit, die zwischen 23.6.75 und dem 1.1.90 ausgegeben werden, sind steuerfrei.

h) 0% auf Dividenden von Holdinggesellschaften

i) Gewinnobligationen: BRD 25%, keine Entlastung; Luxemburg 15%, keine Entlastung; Niederlande 25% entlastet um 20% auf 5; Oesterreich 20% entlastet um 15 auf 5%

k) In der Schweiz nur teilweise Anrechnung

l) In Einzelfällen niedrigere Ansätze

m) Keine Quellensteuer auf Zinsen von gewissen amerikanischen Schuldtiteln, die nach dem 18.7.1984 ausgegeben worden sind. Ausländische Anleger können aber diese Vergünstigung in der Regel nicht ohne Preisgabe ihrer Anonymität beanspruchen!

n) Seit 1.1.1989 erhebt Oesterreich eine 10%-Kapitalertragssteuer auf gewissen Zinsvergütungen. Die per 1.1.1989 in Deutschland eingeführte 10%ige Quellensteuer auf Zinserträge wurde per 1.7.1989 wieder aufgehoben.

Obige Tabelle ist auf das Wesentliche beschränkt, geht von Streubesitz und Obligationenzinsen aus und erfasst zahlreiche Spezialfälle (wie z.B. massgebliche Beteiligungen) nicht. Ausländische Quellensteuern: die Entlastung erfolgt meistens durch Rückerstattung, selten mittels Befreiung an der Quelle.

Will ein Schweizer erstmals von der Steuerrückerstattung Gebrauch machen, muss er beim Kantonalen Steueramt (Büro für Steueranrechnung) ein für das entsprechende Land notwendiges Formular anfordern. In den folgenden Jahren werden diese Papiere in der Regel unaufgefordert zugestellt. Das Ausfüllen der Formulare (Antrag auf Rückerstattung des Steuerrückbehalts / Antrag auf pauschale Anrechnung) ist relativ einfach, doch bei grösseren Depots recht zeitaufwendig, zumal jede Coupon- oder Dividendenzahlung mit einer Originalgutschrift oder Photokopie belegt werden muss. Es empfiehlt sich deshalb, das ganze **Rückforderungsprozedere der Hausbank zu übertragen.** Die Kosten für diese Dienstleistung sind - gemessen am sonst zu erbringenden persönlichen Aufwand - relativ bescheiden; bei den meisten Banken sind sie abhängig vom Gesamtdepotwert, wobei meist der Durchschnittswert von vier über das Jahr verteilten Stichtagen als Berechnungsgrundlage genommen wird.

Für Anleger mit Steuerdomizil Schweiz ist es wichtig zu wissen, dass natürliche Personen in den meisten Kantonen keine **Kapitalgewinnsteuer** zahlen müssen. Eine Ausnahme bildet zurzeit nur noch der Kanton Graubünden. Falls das Steuerdomizil in einem Kanton liegt, der keine Kapitalgewinnsteuer erhebt, kann eine auf Kursgewinne (statt hohes Einkommen) ausgerichtete Anlagepolitik lohnenswert sein. Dabei gilt es jedoch zu beachten, dass das Anlagerisiko nicht unbeabsichtigt steigt. Das ist beispielsweise dadurch zu erreichen, indem man sogenannte Discount-Bonds (Obligationen mit tiefen Coupons und Kursen) anstelle von hochverzinslichen Obligationen kauft. Es ist jedoch wichtig zu wissen, dass in einzelnen Schweizer Kantonen (z.B. Zürich) derjenige Anteil des Kapitalgewinns, der "Zinscharakter" hat, bei Zero-Bonds und Doppelwährungsanleihen der Einkommensteuer unterliegt. Auch die Erbschafts- und Schenkungssteuersätze sind regional sehr unterschiedlich angesetzt; gewisse Kantone besteuern Vermögensübertragungen überhaupt nicht.

7.2 Schweizerische Verrechnungssteuer und die Entlastungsmöglichkeiten für Steuerzahler mit Domizil ausserhalb der Schweiz

Die Schweiz erhebt im internationalen Vergleich ausserordentlich hohe Verrechnungssteuern (Quellensteuern) auf Dividendenausschüttungen und Zinszahlungen von Schweizer Gesellschaften; anderseits sind auch die Entlastungsmöglichkeiten für die ausländischen Anleger von Staaten, mit denen die Schweiz ein DBA abgeschlossen hat, oft überdurchschnittlich hoch. Anträge zur Rückerstattung des gemäss DBA rückforderbaren Steuerabzugs sind unter Verwendung des Formulars 85 (für deutsche Anleger) bzw. Formular 84 (für Oesterreicher) an die Eidgenössische Steuerverwaltung, Eigerstrasse 65, 3003 Bern (Schweiz), zu richten; die entsprechenden Gutschriftsanzeigen der Dividenden- bzw. Zinszahlungen sowie eine Wohnsitzbestätigung der lokalen Behörden sind beizulegen.

Länder	Schweizerische Verrechnungssteuer (35%) für Titelbesitzer mit Domizil Ausland					
	DIVIDENDEN			ZINSEN		
	volle Steuer %	Entlastung %	verbleibend %	volle Steuer %	Entlastung %	verbleibend %
Argentinien**	35	0	35	35	0	35
Australien	35	20	15 *	35	25	10 *
Belgien	35	20	15 *	35	25	10 *
BRD	35	20	15 *	35	35	0
Dänemark	35	35	0	35	35	0
Frankreich	35	30	5 *	35	25	10 *
Grossbritannien	35	20	15 *	35	35	0
Hongkong**	35	0	35	35	0	35
Irland	35	20	15 *	35	35	0
Italien	35	20	15 *	35	22.5	12.5 *
Japan	35	20	15 *	35	25	10 *
Kanada	35	20	15 *	35	20 a)	15 a)*
Luxemburg**	35	0	35	35	0	35
Neuseeland	35	20	15 *	35	25	10 *
Niederlande	35	20	15 *	35	30	5 *
Norwegen	35	30	5	35	30	5
Oesterreich	35	30	5 *	35	30	5 *
Schweden	35	30	5 *	35	30	5 *
Singapur	35	20	15 *	35	25	10 *
Spanien	35	20	15 *	35	25	10 *
Südafrika	35	27.5	7.5 *	35	0	35 *
USA	35	20	15 *	35	30	5 *

* Anrechnung der verbleibenden Quellensteuer an die Einkommensteuer am Wohnsitzstaat.
** Staaten, mit denen die Schweiz kein Doppelbesteuerungsabkommen hat.

a) Bei Zinsen von Anleihen des Bundes, der Kantone und der Gemeinden sowie in gewissen Sonderfällen wird Entlastung für die volle Verrechnungssteuer von 35% gewährt.

7.3 Hinweise für Steuerzahler mit Domizil in der BRD

7.3.1 Kapitalertragssteuer

Die Kapitalertragssteuer (Quellensteuer) stellt eine Vorauszahlung auf die endgültige Einkommensteuerschuld dar; sie wird an der Quelle erhoben, d.h. die Anlageerträge werden netto ausgezahlt. Dividenden und sonstige Bezüge aus Aktien, Genussscheinen, Wandelanleihen und Gewinnobligationen unterliegen diesem Steuerabzug, der zurzeit 25% beträgt. Aktiendividenden sind mit einem Steuerguthaben verbunden, das $^9/_{16}$ der Brutto-Dividende ausmacht. Die Anfang 1989 eingeführte 10%ige Kapitalertragssteuer auf Zinszahlungen von Bankeinlagen, festverzinslichen Wertpapieren und bestimmten Investment-Fonds wurde mit Wirkung per 1.7.1989 wieder abgeschafft. Die 25%ige Kapitalertragssteuer wird auf die Einkommensteuerschuld angerechnet; die notwendigen Steuerbescheinigungen werden von den Banken erstellt und sind zusammen mit der Einkommensteuererklärung beim Finanzamt einzureichen.

7.3.2 NV-Verfahren

Wenn Sie eine vom Finanzamt ihres Wohnsitzes ausgestellte Nichtveranlagungs-Bescheinigung der Bank vorlegen können, kann der Kapitalertragssteuerabzug vermieden werden; zudem wird Ihnen bei der Fälligkeit von Dividenden auch das Steuerguthaben ($^9/_{16}$ der Bruttodividende) sofort gutgeschrieben. Eine NV-Bescheinigung erhalten nur Arbeitnehmer mit einem Jahreseinkommen von unter DM 24'000 (bzw. DM 48'000 bei Ehepaaren) und Nebeneinkünften von max. DM 800. Ab 1990 betragen die Veranlagungsgrenzen DM 27'000 resp. DM 54'000. Für Kinder und Rentner bestehen Sonderregelungen.

7.3.3 Spekulationsgeschäfte

Werden Wertpapiere des Privatvermögens innerhalb von 6 Monaten nach dem Erwerb veräussert, liegt ein Spekulationsgeschäft vor. Der Unterschied zwischen dem Veräusserungspreis einerseits und den Anschaffungskosten und Werbungskosten (z.B. Telefon- und Telexkosten) und den Kosten bei der Veräusserung (z.B. Börsenumsatzsteuer, Maklercourtage, Effektenprovision) anderseits ergibt den Spekulationsgewinn bzw. -verlust. Beträgt der aus Spekulationsgeschäften erzielte Gesamtgewinn im Kalenderjahr weniger als DM 1000, so ist dieser steuerfrei. Wird diese Freigrenze überschritten, ist der gesamte Gewinn zu versteuern. Spekulationsgeschäfte sind auch solche Transaktionen, bei denen die Veräusserung der Wertpapiere früher erfolgt als der Erwerb.

7.3.4   Besonderheiten

- Werden festverzinsliche Wertpapiere zwischen zwei Zinsterminen verkauft, so werden die Zinsen für die laufende Zinsperiode auf Verkäufer und Käufer entsprechend ihrer Besitzzeit verteilt. Technisch geschieht dies dadurch, indem der Käufer dem Verkäufer die auf dessen Besitzzeit entfallenden aufgelaufenen Zinsen zusätzlich zum Kaufpreis für das Wertpapier vergütet. Die dem Verkäufer gezahlten Zinsen gehören bei ihm zu den steuerpflichtigen Einnahmen. Der Käufer kann die von ihm gezahlten Stückzinsen vom steuerpflichtigen Zinsertrag abziehen.

- Bei **Null-Coupon-, Deep-Discount-** und ähnlichen Anleihen gehört der Unterschied zwischen dem Ausgabe- und Einlösungsbetrag zu den steuerpflichtigen Einnahmen. Dieser Kapitalertrag ist in dem Kalenderjahr zu versteuern, in dem die Laufzeit endet. Ob und auf welchen Betrag Einkommensteuer anfällt, wenn ein Null-Coupon-Bond während der Laufzeit veräussert wird, war früher gesetzlich nicht geregelt. Diese Gesetzeslücke wurde im Jahre 1989 geschlossen. Seither hat jeder Inhaber den Ertrag (Zinszuwachs) zu versteuern, der rechnerisch auf seine Besitzzeit entfällt. Dies gilt auch, wenn der Veräusserungs- bzw. Erwerbspreis niedriger oder höher ist als der Ausgabepreis zuzüglich des besitzzeitanteiligen Zinszuwachses. Für die Zeit vor 1989 ergibt sich dieses Ergebnis nur aufgrund einer - allerdings nicht unumstrittenen - Erlassregelung.

- **Emissionsdisagien** und **Rückzahlungsdisagien** sind grundsätzlich einkommensteuerpflichtig. Sie werden jedoch bei Privatpersonen aus Vereinfachungsgründen steuerlich nicht erfasst, wenn die folgenden Sätze nicht überschritten werden:

Laufzeit	Disagio
bis unter 2 Jahren	1%
2 Jahre bis unter 4 Jahren	2%
4 Jahre bis unter 6 Jahren	3%
6 Jahre bis unter 8 Jahren	4%
8 Jahre bis unter 10 Jahren	5%
ab 10 Jahren	6%

7.3.5 Erträge aus ausländischen Wertpapieren

Wie bereits erwähnt, werden Erträge aus ausländischen Wertpapieren oft bereits an der Quelle - je nach Steuerrecht des Quellenstaates - besteuert. Sofern ein deutsches Doppelbesteuerungsabkommen (DBA) mit dem betreffenden Staat besteht, wird der Steuerabzug nachträglich ganz/teilweise oder gar nicht zurückerstattet; in einigen Fällen erfolgt die Entlastung bereits bei der Gutschrift der Erträge. Die entsprechenden Quellensteuerabzüge (volle Steuer) in verschiedenen Ländern ersehen Sie aus der Tabelle im Kap. 7.1; die innerhalb der DBA vorgesehenen aktuellen Entlastungs- bzw. Rückvergütungs-Sätze können Sie bei der Hausbank oder beim Finanzamt erfragen.

Länderübersicht über das bei der Steuerermässigung bzw. -befreiung anzuwendende Verfahren für die Ermässigung im Abzugsstaat

Land	Dividenden		Zinsen		Antrags-adresse
	Ermässigung bei Gutschrift	Erstattung	Ermässigung bei Gutschrift	auf Antrag	
Australien	ja	—	entfällt	entfällt	entfällt
Belgien	—	276 Div Aut.[1]	—	276 Int Aut.[1]	a)
Dänemark	—	U 34 D[2]	entfällt	entfällt	—
Frankreich [3]	—	RF 1 A	—	RF 2	b)
Grossbritannien	entfällt	entfällt	—	FRG [4]	c)
Japan	ja	—	ja	—	—
Kanada	—	Formbl. NR 7 R	—	Formbl. NR 7 R	—
Luxemburg	entfällt	entfällt	entfällt[5]	entfällt[5]	—
Niederlande	—	Inkomsten-belasting Nr. 92 D	entfällt[6]	entfällt[6]	d)

233

Norwegen	ja	In Aus-nahmefällen: formlos	entfällt	entfällt	e)
Schweden	ja	—	entfällt	entfällt	—
Schweiz	—	Form.85[7]	—	Form.85[7]	f)
Spanien	—[8]	EE-RFA Devolucion[9]	—[8]	EE-RFA Devolucion	g)
USA	ja[10]	—	ja, bei Vorlage des Formbl.1001[10]	—	h)

[1] Dem Antrag ist die betreffende Zins- oder Dividendengutschrift beizufügen.

[2] Im Erstattungsantrag muss von der dänischen Verwahrbank der Abzug der dänischen Dividendensteuer bestätigt werden. Daher ist der unterschriebene und mit Wohnsitzbestätigung versehene Antrag zur entsprechenden Weiterleitung bei Ihrer Bank einzureichen.

[3] Pro französischer Schuldner ist ein gesonderter Antrag zu stellen.

[4] Dem Antrag ist eine Steuerabzugsbescheinigung beizufügen, welche die Banken den Kunden auf Anforderung ausstellen.

[5] Bei Zinsen aus Wandel- und Gewinnobligationen wird die luxemburgische Quellensteuer von 15% auf formlosen Antrag erstattet. Die Antragsfrist beträgt 2 Jahre ab Zufluss der Zinsen. Die Erstattungsanträge sind einzureichen bei der Steuerdirektion Luxemburg, Boulevard Roosevelt 45. Dort kann auch ein Merkblatt angefordert werden.

[6] Zinsen aus Wandel-Gewinnobligationen werden hinsichtlich der Quellensteuer nicht wie Zinsen, sondern wie Dividenden behandelt.

[7] Unbedingt Gutschriftsanzeige beifügen.

[8] Laut einer Verordnung der spanischen Finanzbehörden soll auch die Ermässigung bei Gutschrift möglich sein, die jedoch einen Antrag auf dem Formblatt EE-RFA Reduccion voraussetzt, der bei der jeweiligen spanischen Gesellschaft oder dem jeweiligen spanischen Schuldner einzureichen ist. Praktische Erfahrungen mit diesem Verfahren bestehen bisher nicht; das Funktionieren eines solchen Verfahrens dürfte aber in jedem Fall zur Voraussetzung haben, dass der Antrag auf Formblatt EE-RFA Reduccion bereits vor Gutschrift vorliegt. Die Formblätter EE-RFA Devolucion und EE-RFA Reduccion sind beim Bundesamt für Finanzen, Friedhofstrasse 1, 5300 Bonn 3, erhältlich.

[9] Nach den bisherigen praktischen Erfahrungen ist wegen der Spesenaufwendungen und wegen des teilweise umständlichen Erstattungsverfahrens in Spanien ein Erstattungsantrag bei Erstattungsbeträgen von geringer Höhe nicht sinnvoll.

[10] In den USA soll das bisherige Verfahren geändert werden. Es ist damit zu rechnen, dass bei Zinsen wie bei Dividenden zukünftig ein förmlicher Antrag erforderlich sein wird. Ungewiss ist noch, ob bei dem zu erwartenden neuen Antragsverfahren eine Ermässigung bereits bei Gutschrift stattfinden wird, oder ob nur die nachträgliche Erstattung der einbehaltenen bzw. zuviel einbehaltenen Quellensteuer beantragt werden kann. Mit diesen Aenderungen ist jedoch kurzfristig nicht zu rechnen.

234

a) Bureau Central de Taxation de Bruxelles - Extranéité, Rue Royale 97, 1000 Brüssel
b) jeweilige franz. Gesellschaft bzw. jeweiliger franz. Schuldner
c) Inspector of Foreign Dividends, Lynwood Road, Thames Ditton, Surrey, KT 7 ODP
d) jeweilige niederländische Gesellschaft
e) jeweilige norwegische Gesellschaft
f) Eidgenössische Steuerverwaltung, Eigerstrasse 65, 3003 Bern
g) Spanisches Finanzamt am steuerlichen Wohnsitz der Gesellschaft bzw. des Schuldners
h) jeweilige US-Gesellschaft bzw. jeweiliger US-Schuldner

7.4 Quellensteuerfreie Anlagealternativen

Für den Anleger, dem die Steuerrückforderung zu umständlich oder nicht möglich ist, bestehen oft **quellensteuerfreie Anlagealternativen**. Im kurzfristigen festverzinslichen Bereich (Laufzeiten bis 1 Jahr) werden deshalb oft Treuhandanlagen getätigt. Anstelle von Inlandobligationen/-notes kann er quellensteuerfreie Auslandanleihen und Eurobonds/-notes erwerben, die allerdings gewisse zusätzliche Risiken beinhalten. Kurzfristig operierende Investoren werden Aktien, die kurz vor der Dividendenzahlung (ex-date) stehen, möglichst meiden, wenn sie den Dividendensteuerabzug nicht vollumfänglich zurückfordern können und gleichwertige Anlagealternativen haben. Ebenso wird beispielsweise ein Anleger mit Domizil ausserhalb der Bundesrepublik Deutschland nur im Ausnahmefall eine deutsche Aktie unmittelbar vor der Dividendenausschüttung kaufen, da der Ausländer keinen Anspruch auf die deutsche Körperschaftssteuer-Gutschrift (9/16 der Bardividende) geltendmachen kann. Als Illustration das folgende Beispiel aus der Sicht eines Schweizers:

Erklärte Dividende einer deutschen Aktiengesellschaft vor Körperschaftsteuer	DM	100
- Körperschaftsteuer (36%, bzw. 56.25% der Bardividende) *	DM	36
Ausschüttungsbetrag (Bardividende)	DM	64
- Kapitalertragsteuer (25% der Bardividende) **	DM	16
Effektiv ausgezahlte Dividende	DM	**48**

* Eine Gutschrift der Körperschaftssteuer wird nur Aktionären mit deutschem Wohnsitz gewährt.

** Für Schweizer sind 10% (bezogen auf die Bardividende also DM 6.40) aufgrund des DBA wieder rückforderbar.

Abschliessender Hinweis: Für Steuerzahler mit überdurchschnittlich grossem Vermögen und/oder hohem Einkommen ist die Konsultation eines ausgewiesenen Steuerexperten eine gute Investition.

Hole-
in-one!

Dazu gehört schon eine gute Portion Glück. Aber
im Golfsport hat man nie ausgelernt. Üben, üben, üben
heisst die Devise – und dabei natürlich entspannen,
Stress abbauen und die Sorgen vergessen.
Damit Sie aber mehr zum Üben kommen, brauchen Sie
Profis, die sich um Ihre Geldanlagen kümmern –
ganz persönlich und mit viel Engagement.
Anlageprobleme lösen wir – mit einem
sehr guten Handicap!

Kapitel 8

THEMEN DER 90er JAHRE

Der Trend an den Werpapiermärkten und die Marktpsychologie wird in jeder Börsenphase von bestimmten Faktoren, die sich im Verlaufe der Jahre ändern, entscheidend beeinflusst. Während Anfang der achtziger Jahre die Veränderungstendenzen der amerikanischen Geldmenge, der Teuerungsraten und der Zinsen die dominierenden Themen waren, verfolgen die Investoren zurzeit die Entwicklungen in den nachfolgend erwähnten Bereichen mit Argusaugen:

— Internationale Verschuldungskrise
— Börsencrash 1987 - Folgen
— Amerikanisches Leistungs- und Handelsbilanzdefizit
— US-Budgetdefizit
— US-Auslandverschuldung
— EG Binnenmarkt (1.1.1993)

Einige Erläuterungen zu diesen "main topics" erscheinen deshalb unerlässlich. Ebenso sollte man sich bereits heute Gedanken machen, welche Probleme in den nächsten Jahren die Marktpsychologie zunehmend prägen könnten, um rechtzeitig die Konsequenzen für die Anlagepolitik ziehen zu können.

8.1   Die internationale Verschuldungskrise

Verschuldungskrisen sind **kein neues Phänomen.** Anfang der dreissiger Jahre stellten beispielsweise eine Reihe lateinamerikanischer Staaten, fünf osteuropäische Länder sowie Deutschland und Oesterreich (die unter hohen Reparationszahlungen leidenden Verlierer des Ersten Weltkrieges) ihre Zins- und Kapitalrückzahlungen ein. In der Folge kam es zur längsten und schwersten Weltwirtschaftsdepression in diesem Jahrhundert. Nachdem die Finanzwelt bereits im Jahre 1980 durch die drohende Zahlungsunfähigkeit Polens wachgerüttelt wurde, brach im August 1982 eine erneute Schuldenkrise aus. Mexiko konnte seinen Zahlungsverpflichtungen nicht mehr nachkommen, und in den darauffolgenden vier Monaten mussten noch weitere 20 Entwicklungsländer um eine Schuldenrestrukturierung nachsuchen. In einer ersten Phase der Krisenbewältigung wurden von verschiedenen Zentralbanken, der Bank für Internationalen Zahlungsausgleich (BIZ) und dem Internationalen Währungsfonds (IWF) kurzfristige Ueberbrückungskredite gewährt. In einem zweiten Schritt wurde eine längerfristige Problembewältigung angestrebt. Diese bestand u.a. in der Umwandlung von kurz- in langfristige Kredite und dem Plan, die Volkswirtschaften der Schuldnerländer zu sanieren. Dabei standen die Verbesserung der aussenwirtschaftlichen Bilanzen, der Abbau der Haushaltsdefizite und die Bekämpfung der vielerorts "galoppierenden" Inflation im Vordergrund der Bemühungen. Der Trend in Richtung Austerity-Politik zeitigte vorübergehend gewisse Erfolge, doch bereits im Jahre 1985 gerieten die Erholungsprozesse ins Stocken. Der zunehmende innenpolitische Druck und die Verweigerungsstrategie von Kuba und Peru führten in zahlreichen südamerikanischen Ländern allmählich zu einer Schwächung des politischen Willens, den Zahlungsverpflichtungen fristgerecht nachzukommen. Ermüdungserscheinungen machten sich mittlerweile auch bei den Gläubigern bemerkbar, und die Solidarität zwischen den Banken nahm spürbar ab. Aus diesem Grund lancierten die USA im Herbst 1985 den sogenannten **Baker-Plan**. Weitere bekannte Entschuldungsvorschläge wurden in der Folge von US-Senator Bill Bradley, Alfred Herrhausen (Deutsche Bank), John LaFalce (US-Kongressabgeordneter) und Jeffrey Sachs (von der Harward-Universität) ausgearbeitet; sie sind jedoch bisher weitgehend im Sande verlaufen, was angesichts der Komplexität des Problems und der divergierenden Interessen der Direktbeteiligten nicht erstaunlich ist. Mittlerweilen haben die Schulden der meisten Drittweltländer jedoch weiter zugenommen, und zahlreiche Staaten können nur noch dank Umschuldungen und neuen Krediten den Zinsendienst leisten. Im Februar 1987 verhängte Brasilien, als erste grosse Schuldnernation, ein einseitiges Moratorium, das mittlerweile allerdings wieder teilweise aufgehoben wurde. Angesichts der seit 1988 in den führenden Industrienationen vorgenommenen Straffung der Geldmengenpolitik und des damit verbundenen weltweiten Zinsanstiegs hat sich die Lage in jüngster Zeit weiter verschlechtert; wenn sich die bisher günstige Entwicklung der Weltwirtschaft Anfang der 90er Jahre wie allgemein erwartet abschwächen sollte, erscheint eine Eskalation des Konfliktes unausweichlich. Vor diesem Hintergrund verdient der von US-Finanzminister **Nicholas Brady** im Frühjahr 1989 lancierte Entschuldungsplan besondere Beachtung; die Verwirklichung eines umfassenden Massnahmenpakets ist zurzeit ebenso notwendig wie dringlich !

Die Schuldenkrise der dreissiger Jahre unterscheidet sich von der jetzigen Situation wesentlich durch die **unterschiedliche Gläubigerstruktur**; während heute hauptsächlich grosse international tätige und supranationale Banken als Kreditgeber fungieren, waren es damals hauptsächlich private Obligationäre. Im weiteren weist die jetzige Schuldenpyramide betragsmässig eine **neue Dimension** auf.

Verschuldung der Entwicklungsländer (in Mrd. US$)

	1984	1985	1986	1987	1988[b]	1989[b]
DRS Länder [a]	852	962	1053	1170	1200	1175
Langfristige Schulden [c]	687	794	894	996	1020	1000
Kurzfristige Schulden	132	131	119	113	140	135
IMF-Kredite	33	38	40	40	40	40
andere Entwicklungsländer [d]	81	89	99	111	120	125
Gesamtschuld	**933**	**1051**	**1152**	**1281**	**1320**	**1300**

[a] 109 Länder, die ans Debitor Reporting System (DRS) angeschlossen sind.
[b] vorläufige Schätzungen.
[c] inkl. Polen.
[d] übrige, nicht ans DRS rapportierende Entwicklungsländer; exkl. ölexportierende Staaten mit hohem Einkommen.

Quelle: Weltbank

Nicht weniger erschreckend als die Höhe der Gesamtverschuldung ist die Lage der meisten nachfolgend aufgeführten Schuldnerländer. Insbesondere die Verhältniszahlen Schulden/Bruttosozialprodukt und Zinszahlungen/Exporte zeigen grösstenteils ein hoffnungsloses Bild. In der Periode 1982-89 stellte sich in diesen hochverschuldeten Ländern zwar eine durchschnittliche jährliche Wachstumsrate des Bruttosozialprodukts von 2.6% ein, doch gingen die Investitionen im selben Zeitraum um jährlich 1.5% zurück.

Verschuldungsdaten von 17 hochverschuldeten Ländern

Länder	Schuld 1988 [a]	Schuldendienst 1988-90 [b]		Ratio
	Total Mrd. US$	Total Mrd. US$	Zinsen Mrd. US$	Zinsen/Exporte[c] (%)
Argentinien	59.6	17.7	11.4	41.5
Bolivien	5.7	1.8	0.8	44.4
Brasilien	120.1	63.4	21.8	28.3
Chile	20.8	7.0	5.2	27.0
Costa Rica	4.8	2.2	0.7	17.5
Elfenbeinküste	14.2	5.0	2.2	19.7
Equador	11.0	5.5	2.1	32.7
Jamaica	4.5	1.6	0.7	14.2
Kolumbien	17.2	10.3	3.6	17.0
Mexiko	107.4	43.5	24.0	28.1
Marokko	22.0	9.7	2.9	17.3
Nigeria	30.5	16.4	4.6	23.3
Peru	19.0	7.4	2.4	27.2
Philippinen	30.2	11.9	5.0	18.7
Uruguay	4.5	1.8	0.8	17.7
Venezuela	35.0	15.6	7.8	21.9
Yugoslawien	22.1	13.8	4.4	10.8
Total	**528.6**	**234.6**	**100.2**	**24.2**

[a] Schätzungen, inkl. IMF-Kredite.
[b] Basierend auf langfristigen Schulden per Ende 1987.
[c] Basierend auf Zinsen fällig 1988 auf langfristigen Schulden per Ende 1987;
Exporte beinhalten Ausfuhren von Waren und Dienstleistungen 1987.

Quelle: Weltbank

Die **Ursachen** der Verschuldungskrise sind vielfältig und nur im Zusammenhang mit der historischen weltwirtschaftlichen Entwicklung verständlich. Die 70er Jahre waren gekennzeichnet durch den Glauben an die keynesianische Globalsteuerung, die anhaltendes Nachfragewachstum versprach. Ein stark expandierender Welthandel, steigende Zinssätze und Inflationsraten sowie anziehende Rohstoffpreise bildeten ein günstiges Umfeld für eine forcierte Ausweitung des Kreditgeschäftes seitens der international tätigen Banken. Diese wurden zudem aufgrund der stark angestiegenen Erdölpreise (1973/74) bzw. des Recycling der Petrodollars mit anlagesuchenden Geldern überhäuft. Leicht erhältliche Kredite und steigende Rohstoffpreise veranlassten viele Entwicklungs- und Schwellenländer, ihren Entwicklungspfad kapitalintensiver zu gestalten, was ihnen angesichts vorübergehend negativer Realzinsen besonders attraktiv erschien. Sie erhöhten im Verlaufe der 70er Jahre die Mittelaufnahme in einem Tempo, welches das Wachstum des Bruttosozialproduktes und der Exporte bei weitem überstieg. Im Zusammenhang mit dem zweiten Oelpreisschock im Jahre 1979 veränderten sich die Rahmenbedingungen der Weltwirtschaft schlagartig. Zahlreiche Industrienationen mussten zur Inflationsbekämpfung auf eine restriktivere Geldmengenpolitik übergehen, was wesentlich zur darauffolgenden, drei Jahre andauernden Wirtschaftsrezession beitrug. Die Rohstoffpreise, und damit auch die Deviseneinnahmen zahlreicher Entwicklungsländer, sanken. Der US-Dollar begann zu steigen, und das Zinsniveau für kurzfristige US$-Ausleihungen verdoppelte sich beinahe in der Periode 1979 bis Mitte 1981 (Vergleichsperiode 1970-78), wodurch sich die aufgenommenen Kredite enorm verteuerten. Die Rezession und steigende Arbeitslosenraten veranlassten zudem zahlreiche Industrienationen, verstärkt protektionistische Massnahmen zu ergreifen, was die Ausfuhren der Drittweltländer zusätzlich behinderte. Die hochverschuldeten Staaten gerieten durch die Kumulation externer negativer Faktoren, aber auch durch hausgemachte Probleme (galoppierende Inflationsraten, hohes Bevölkerungswachstum, Korruption und Fluchtkapital - gemäss IWF-Schätzungen 1985 betrugen die Auslandguthaben aller kapitaleinführenden Entwicklungsländer rund 500 Mrd. US$, was beinahe der Hälfte ihrer Auslandschulden entspricht), in eine äusserst schwierige Lage. Der Zinsrückgang in der Periode 1984-87 und der Verfall der Erdölpreise brachte einigen bedrängten Nationen eine gewisse Entlastung; bei den erdölexportierenden Schuldnerländern (wie z.B. Mexiko) fielen die Ausfuhreinbussen jedoch höher aus als die Zinsentlastungen. Der seit Mitte 1988 wieder eingesetzte Zinsauftrieb im Dollarraum wird die Schuldnerländer erneut erheblich belasten, was durch die teilweise höheren Rohstoffpreise nur in wenigen Fällen ausgeglichen werden kann. Bei den zwei am höchsten verschuldeten Ländern (Brasilien und Mexiko) erhöht sich die Zinsrechnung bei jeder Zinserhöhung von 1% um knapp 1 Mrd. US$ pro Jahr.

Angesichts der Höhe der weltweiten Verschuldung und der mangelnden Zahlungsfähigkeit der Schuldnerländer ist die **Lage auch für die Gläubiger schwierig** geworden. Dies kommt auch in den Marktpreisen der - grösstenteils in den USA - gehandelten Anleihen von hochverschuldeten Ländern zum Ausdruck, die in den letzten Jahren weiter absackten; sie geben auch einen Hinweis auf den Abschreibungsbedarf, den die Gläubiger auf ihren ausstehenden Krediten vorzunehmen haben.

Sekundärmarktpreise von ausstehenden US$-Krediten an hochverschuldete Länder

	Juni 1986 *)	Juni 1987 *)	August 1988 *)	August 1989 **)
			(Werte in % des Nominalwertes)	
Argentinien	64	47	22	17
Bolivien	6	9	10	12
Brasilien	75	61	46	34
Chile	66	69	60	65
Equador	64	49	21	19
Mexiko	60	56	47	44
Nigeria	55	29	27	24
Philippinen	59	69	53	53
Venezuela	76	70	51	40
Yugoslawien	79	75	47	56

*) Quelle: Salomon Brothers Inc., New York.
**) Quelle: Dresdner Bank, Frankfurt.

Am stärksten betroffen sind die grossen amerikanischen Kreditinstitute, die im Kampf um Marktanteile die Kreditengagements in Ländern der Dritten Welt in den 70er Jahren drastisch ausgeweitet haben. Gleichzeitig haben sie es versäumt, ausreichende Reserven und Rückstellungen auf ihren problembehafteten Länderkrediten zu bilden; einen ersten Schritt in die richtige Richtung vollzog die mit den höchsten Lateinamerika-Krediten behaftete Citicorp, die im Mai 1987 die entsprechenden Reserven um spektakuläre 3 Mrd. US$ erhöhte. Deutlich weniger brisant präsentiert sich die Lage für die meisten europäischen Banken (mit Ausnahme einiger englischer Institute). Die von der Eidgenössischen Bankenkommission angeordnete 50%ige Rückstellungsquote auf allen ausstehenden Forderungen (Ausnahme: kurzfristige Handelskredite, 10%) per Ende 1989 ist von sämtlichen Schweizer Grossbanken bereits früher erfüllt worden, was durch die Steuerfreiheit auf Reserven zur Abdeckung von Länderrisiken erleichtert wurde (eine solche wird in den USA nicht gewährt). In Fachkreisen wird vermutet, dass die grossen Schweizer Finanzinstitute etwa 70% ihrer Problemkredite bis Ende 1989 abgeschrieben haben; die deutschen Banken zirka 60% und die amerikanischen lediglich zwischen 25 und 40%. Die Gefahren für die Schweizer Banken liegen deshalb hauptsächlich in einem möglichen Zusammenbruch des amerikanischen oder japanischen Bankensystems, der eine weltweite Kettenreaktion zur Folge hätte.

Die **Perspektiven** bezüglich der weiteren Entwicklung der internationalen Schuldenkrise müssen als **düster** bezeichnet werden. Richtungweisende Problemlösungsansätze, wie der am 8.5.1985 anlässlich der Jahrestagung der Weltbank und des IWF vorgeschlagene "Baker-Plan", müssen aus heutiger Sicht zumindest teilweise als gescheitert betrachtet werden. Der Plan enthält im wesentlichen folgende drei Punkte:

1. Die Wirtschafts- und Währungspolitik der Schuldnerländer muss reformiert werden. Wechselkurs-, Zins-, Preis- und Lohnpolitik sollen auf ein angemessenes Wirtschaftswachstum ausgerichtet werden.

2. Die Rolle des 1945 (aufgrund des Bretton-Woods-Abkommens) geschaffenen Währungsfonds (IWF) als Vermittler zwischen Banken und den Schuldnerländern soll weiter ausgebaut werden. Durch marktorientierte Auflagen hat der IWF vermehrten Einfluss auf die Wirtschafts- und Währungspolitik der Kreditnehmer auszuüben. Die Zusammenarbeit zwischen IWF und Weltbank muss intensiviert werden.

3. Die Weltbank und andere supranationale Entwicklungsbanken sollen bis Ende 1988 weitere Kredite im Umfang von 9 Mrd. US$ und die involvierten Geschäftsbanken solche von 20 Mrd. US$ gewähren.

Das Ziel dieses Plans, die Kreditwürdigkeit der verschuldeten Länder durch wachstumsfördernde Massnahmen zu verbessern, konnte bisher nicht erreicht werden. Zudem hat bei verschiedenen Schuldnerländern die Bereitschaft, sich der wirtschaftspolitischen Disziplin eines IWF-Beistandsabkommens zu unterziehen oder angekündigte Reformen durchzuführen, nachgelassen. In gleichem Masse hat sich bei den Gläubigern der Wille, Neugeld nachzuschiessen, verringert. Die Tatsache, dass viele Entwicklungsländer immer weniger bereit sind, den Gürtel noch enger zu schnallen, ist einerseits bedauerlich, anderseits aber auch verständlich. Die Bevölkerungen reagieren zunehmend militanter auf das weitere Absinken ihres Lebensstandards (siehe Abb. 57). In den hochverschuldeten Ländern in Mittel- und Südamerika ist diese Tendenz am deutlichsten sichtbar.

Neue Entschuldungsstrategien, wie z.B. die Umwandlung von Schulden in Anlagevermögen (Dept-Equity-Swaps) oder die Veräusserung von (meist unproduktiven) Staatsbetrieben und der Rückkauf der zu Discountpreisen gehandelten eigenen Anleihen durch die Schuldnerländer sind zwar zu begrüssen, doch ist der dadurch mögliche Entschuldungseffekt limitiert. Bedeutend effektiver wäre die Rückführung von Fluchtkapital, doch ist diese nur schwer realisierbar. Ein radikaler Schuldenerlass ist nicht im Interesse der Gläubiger und würde jene Länder bestrafen, die (wie z.B. Indonesien) eine Ueberschuldung vermieden haben. Eine Zahlungsverweigerung der Schuldner würde deren Kreditwürdigkeit schädigen und ihnen den Zugang zu den internationalen Kreditmärkten über Jahrzehnte versperren. Einen überdenkenswerten Vorschlag zur Schuldensanierung hat im Herbst 1988 das Institut für Internationale Wirtschaftsbeziehungen unterbreitet. Er sieht vor, dass diejenen Gläubigerban-

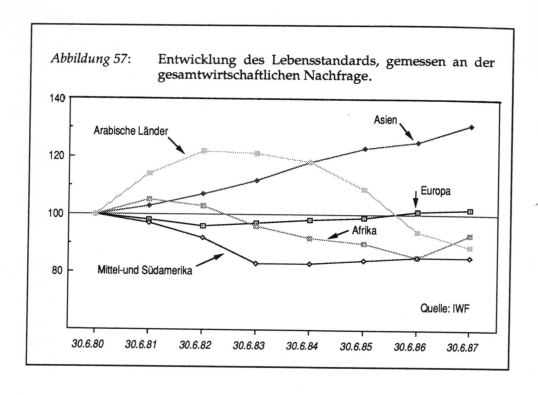

Abbildung 57: Entwicklung des Lebensstandards, gemessen an der gesamtwirtschaftlichen Nachfrage.

die sich von weiteren Umschuldungen und erzwungenen Neuausleihungen befreien wollen, auf freiwilliger Basis ihre Forderungen an die Weltbank abtreten. Dabei sollen 50% der Kredite in sogenannte "Exit Bonds" mit Weltbankgarantie umgewandelt werden; die andere Hälfte müssen die Banken abschreiben. Dadurch könnten die Schulden erheblich abgebaut und die Guthaben der längerfristig engagierten Kreditinstitute aufgewertet werden.

Anlässlich der im September 1988 in der Bundesrepublik Deutschland abgehaltenen Jahrestagung der Weltbank und des IWF wurde die Erkenntnis bekräftigt, dass ohne koordinierte, tiefgreifende Massnahmen seitens der Gläubiger eine Entschärfung der Schuldenkrise kaum möglich ist. Von grosser Bedeutung für die hochverschuldeten Länder wäre (nebst einer unerlässlichen Neugeldzufuhr) eine stabilere, angemessenere Rohstoffpreispolitik und ein Abbau des in den Industrieländern grassierenden Protektionismus. Zur Umgehung der bestehenden GATT-Abkommen ist anstelle von Importzöllen eine Vielzahl neuer, nichttarifärer Handelshemmnisse (z.B. technische Normen, Export-Selbstbeschränkungsabkommen usw.) getreten. Wie die nachstehende Graphik zeigt, werden die Exporte der Entwicklungsländer dadurch besonders stark betroffen.

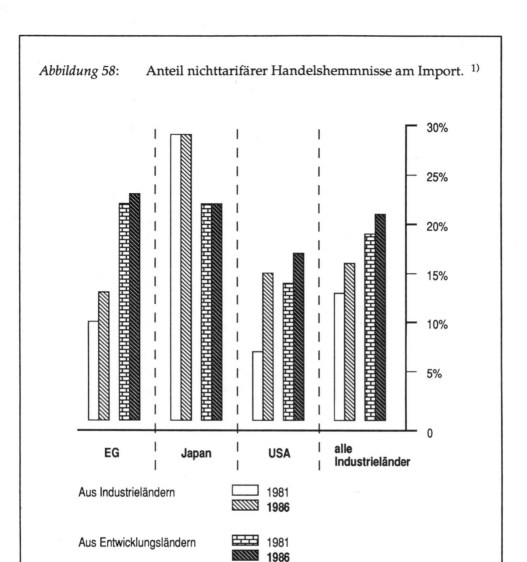

Abbildung 58: Anteil nichttarifärer Handelshemmnisse am Import. [1]

Aus Industrieländern ☐ 1981
                        ▨ **1986**

Aus Entwicklungsländern ▦ 1981
                            ■ **1986**

1) %-Anteil der von den wichtigsten nichttarifären Handelshemmnissen
betroffenen Importe einzelner Länder oder Ländergruppen an der
Gesamteinfuhr aus Industrie- bzw. Entwicklungsländern, 1981 und 1986.

Quelle: Weltbank

245

Angesichts der Erfolglosigkeit der bisherigen Schuldenstrategien und der sich verschärfenden politischen Probleme in Lateinamerika präsentierte der amerikanische Finanzminister **Nicholas Brady** Anfang März 1989 einen neuen Plan zur Krisenbewältigung. Zentrales Anliegen seines Konzeptes ist die Verringerung der Schulden und der Zinsenlast der Dritten Welt; dadurch soll die Kreditwürdigkeit und die Wirtschaft dieser Länder längerfristig gefördert werden. Im Mittelpunkt der operationellen Ueberlegungen stehen dabei die Weltbank und der Internationale Währungsfonds, deren gegenseitige Beziehungen in letzter Zeit allerdings durch Spannungen und Kompetenzstreitigkeiten geprägt waren. In Abweichung zur bisher geltenden Doktrin sollen die beiden Bretton-Woods-Institute Kredite für Programme zur Reduktion des Schuldendienstes (z.B. für Schuldenswaps) gewähren. Reformbereiten Schuldnerländern soll dadurch ermöglicht werden, ihre Schulden bei privaten Gläubigern (v.a. Banken) zu aktuellen Marktkonditionen, d.h. zu einem Bruchteil des Nominalwertes, zurückzukaufen. Die Gelder, die nur im Rahmen einer strikten Auflagenpolitik bereitgestellt werden sollen, würden nach Berechnungen des US-Schatzamtes den Schuldenberg innerhalb der nächsten 3 Jahre um bis zu 70 Mrd. US$ abtragen helfen. Zusätzlich sollen die Weltbank und der Internationale Währungsfonds Mittel zur Absicherung eines bestimmten Teils des Zinsendienstes bereitstellen. Im weiteren will das US-Schatzamt zusätzlich öffentliche Mittel zur Schuldenreduktion heranziehen, wobei auch an Beiträge der Handelsbilanz-Ueberschussländer Japan und Deutschland gedacht wurde. Um die Vergabe von Neugeld zu stimulieren, wird die Unterscheidung von *"alten"* und *"neuen"* mit Garantien ausgestatteten Krediten vorgeschlagen.

Ob die Brady-Initiative erfolgreich in die Tat umgesetzt werden kann ist zurzeit fraglich und hängt von der Bereitschaft sämtlicher involvierter Kreise ab. Aus den Reihen der Gläubiger wurde denn auch schon **Kritik** laut; sie weisen u.a. darauf hin, dass der Plan nur einen unwesentlichen Teil der bestehenden Schulden zum Verschwinden bringt und die wenigen, sparsamen Entwicklungsländer indirekt bestraft. Andere Stimmen verweisen auf die Gefahr einer Verlagerung des Risikos von privaten auf öffentliche Kreditgeber und betrachten den Brady Plan lediglich als Strategie zum Vollzug amerikanischer aussenpolitischer Interessen. Ungelöst ist auch die Frage, wie ausreichende Sicherheiten und Anreize für die dringlichst benötigten neuen Bankkredite geschaffen werden können. Als ersten Schritt sollten die USA als grösster Teilhaber des IWF (20%) einer substantiellen Mittelaufstockung des Fonds (um 60 Mrd. auf 180 Mrd. US$) zustimmen.

Das Ende Juli 1989 abgeschlossene Abkommen zwischen den privaten Gläubigerbanken und Mexiko kann als erstes greifbares Resultat des Brady-Plans angesehen werden. Der Vertrag, der erstmals eine Reduzierung der Schuldenlast vorsieht, bietet den Banken die Möglichkeit, aus 3 Optionen auszuwählen:

1. Die bestehenden mittel- und längerfristigen Schulden (ca. 53 Mrd. US$) sollen durch 30jährige Anleihen abgelöst werden. Der Umtausch erfolgt mit einem Discount von 35%. Die Obligationen werden zu einem variablen Marktzinssatz (LIBOR + $^{13}/_{16}$%) verzinst.
2. Die alten Schulden werden in garantierte Anleihen umgewandelt, deren Zinssatz auf 6.25% (also deutliche unter den Marktkonditionen) festgelegt wird.
3. Die Banken, welche sich nicht für Option 1 oder 2 entschliessen, müssen bis 1992 im Rahmen von insgesamt 25% ihrer jetzigen Mexiko-Ausstände zusätzliches Neugeld bereitstellen.

Bei der Variante 1 und 2 wird die verbleibende Schuld durch laufzeitkongruente Zerobonds unterlegt. Kapital und Zinsen sind damit sichergestellt. Für die Garantieleistung stehen gemäss Abkommen 7 Mrd. US$ zur Verfügung, die im wesentlichen durch die Weltbank, den Internationalen Währungsfonds und Japan bereitgestellt werden.

Je nach Optionswahl der Banken wird somit die Reduktion der Schulden und des zukünftigen Schuldendienstes mehr oder weniger stark ausfallen. Zurzeit erwartet man, dass sich etwa 60-80% der Banken für die ersten beiden Varianten entscheiden werden, wodurch Mexiko eine jährliche Erleichterung von rund 2 Mrd. US$ erfahren würde. Ob das Abkommen ein Meilenstein in der Bewältigung der Schuldenkrise darstellt, muss allerdings in Frage gestellt werden. Für Mexiko bringt es wohl eine Entlastung, aber kaum ausreichende Impulse für eine deutliche Beschleunigung des Wirtschaftswachstums. In anderen bedeutenden Schuldnerländern, wie Argentinien, Venezuela und Brasilien, sind zuerst radikale wirtschaftliche Reformen nötig, bevor das Mexiko-Modell auf sie übertragen werden kann.

Aus den obenerwähnten Gründen ist anzunehmen, dass sich die Lage vorerst kaum wesentlich entspannt und die internationale Finanzwelt sich noch bis weit in die 90er Jahre mit dem Verschuldungsproblem zu befassen hat; der Anleger sollte die Entwicklung weiterhin genau verfolgen.

8.2   Börsencrash 1987

8.2.1   Schadenbilanz

Nachdem die New Yorker Börse bereits am Freitag, dem 16. Oktober 1987, einen Kurseinbruch von knapp 5% registrierte, kam es am darauffolgenden Montag an sämtlichen Börsenplätzen der Welt zu einer beispiellosen Panik. In den USA fiel der Dow Jones Index innerhalb von sechseinhalb Stunden um 508.33 Zähler auf 1738.41 Punkte zurück und büsste somit 22.6% ein. Dabei erreichten die Umsätze an der Wall Street mit über 600 Millionen Aktien ein absolutes Rekordvolumen. Der vielbeachtete Dow Jones - ein ungewichteter Index, der lediglich 30 führende Industriewerte umfasst - zeigte an diesem Tag allerdings eine Ueberreaktion und widerspiegelte die durchnittlichen effektiven Verluste des Gesamtmarktes nicht. Dies beweisen die etwas moderateren Rückschläge des breiter angelegten Wilshire Index (rund 18%) und die Indizes der American Stock Exchange und Nasdaq, die um rund 12% zurückfielen. Trotzdem handelte es sich zweifellos um den nominell und prozentual grössten Kurseinbruch des amerikanischen Aktienmarktes in diesem Jahrhundert. Selbst der berüchtigte und oft zitierte 29. Oktober 1929 verliert mit einem Tagesverlust von 12.8% (gemessen am Dow Jones Index) aus heutiger Sicht an Dramatik.

Am ersten darauffolgenden Börsenhandelstag griff das Debakel sofort auf sämtliche anderen Börsenplätze über. Besonders stark betroffen wurden am *"Schwarzen Montag"*, dem 19.10.1987, die Börsen in Hongkong, Singpur, Zürich und London mit Tageseinbussen von 10 bis 13%. Dagegen erwies sich der Kabuto-Cho, Tokios Börsendistrikt, als ausgesprochen widerstandsfähig. Durch den Kurskollaps an den Aktienmärkten wurden allein am 19.10.1987 weltweit Vermögenswerte im Umfang von schätzungsweise 500 bis 700 Mrd. US$ vernichtet, und in den nachfolgenden Tagen und Wochen hat sich die Verlustbilanz weiter erhöht. Mit dem **"Schwarzen Montag"** waren die **Kurskorrekturen** allerdings längst **nicht abgeschlossen**. Wie die nachfolgende Graphik veranschaulicht, setzte sich der Kursverfall bis Ende 1987 in besonders deutlichem Ausmass in den exportorientierten Hartwährungsländern Europas fort. Da die Regierungen dieser Länder in den ersten 3 Quartalen 1987 nur ungenügende Schritte zur Stimulierung der Binnenwirtschaft unternommen hatten, befürchteten wohl viele Anleger verstärkten Druck und zunehmenden Protektionismus seitens der USA gegenüber diesen Staaten.

Zur **Heftigkeit und Schnelligkeit** der seit Mitte Oktober 1987 erfolgten weltweiten Kursrückschläge hat einerseits der massive Einsatz neuer Anlagetechniken (v.a. die Portfolio Insurance) und anderseits der in den letzten Jahren verstärkte Trend zur Internationalisierung der Vermögensanlagen beigetragen. Diese Entwicklung wurde durch die Verwendung moderner Computer und

Kommunikationsmittel und die vermehrte Einführung des 24-Stunden-Handels (rund um die Welt) gefördert, was wiederum die **Kapitalmobilität wesentlich erhöht** hat. Selbst wenn nur Teilbeträge der Hunderte von Milliarden US-Dollars betragenden international vagabundierenden Kapitalströme gleichzeitig umgelenkt werden, sind die Auswirkungen an den betroffenen Märkten dramatisch. Die ständig zunehmende Konzentration der anlagesuchenden Mittel, d.h. immer mehr Geld wird von immer wenigeren, aber mächtigeren Institutionen verwaltet, hat die Volatilität an den Märkten zusätzlich erhöht.

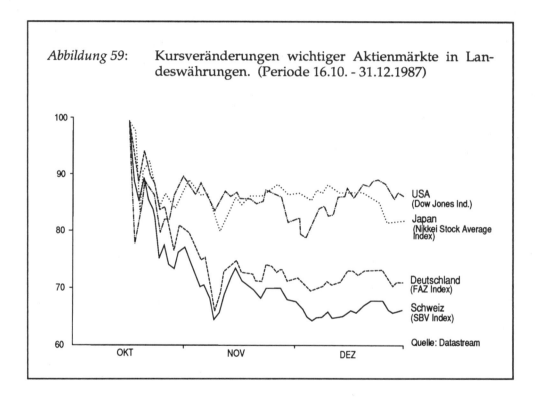

Abbildung 59:   Kursveränderungen wichtiger Aktienmärkte in Landeswährungen. (Periode 16.10. - 31.12.1987)

Interessant ist die Tatsache, dass diejenigen Finanzplätze, die in den letzten Jahren besonders spürbar von der zunehmenden **Globalisierung** der Vermögensanlagen profitiert haben, die stärksten Rückschläge hinnehmen mussten. Dazu zählen vor allem die europäischen Aktienmärkte von Deutschland, Frankreich, Holland und der Schweiz. Ausländische, meist Dollar-basierende Anlegerkreise reagierten in der Krisensituation mit einem bedingungslosen Rückzug aus den Fremdmärkten, was sie dank substantiellen Währungsgewinnen meist auch ohne grössere Verluste tun konnten. Diese Umorientierung kann am Beispiel Deutschlands verdeutlicht werden, wo in der Zeitspanne zwischen dem 16.10.1987 bis zum Jahreswechsel Nettoaktienverkäufe seitens ausländischer Anleger im Betrag von 7 Mrd. DM vorgenommen wurden, während die Ausländer im Gesamtjahr 1986 noch Nettoaktienkäufe im Umfang von 15 Mrd. DM getätigt hatten. Bemerkenswert ist auch der Umstand, dass die Aktienmärkte jener Länder besonders stark unter Druck gerieten, in denen die **Institutionalisierung des Anlagegeschäfts** weit fortgeschritten ist und somit ein überdurchschnittlich grosser Vermögensanteil der Bevölkerung durch Institutionen wie Pensionskassen, Anlagefonds, Versicherungen usw. verwaltet werden. In den obenerwähnten vier europäischen Ländern werden heutzutage über 80% der ausstehenden Aktien durch professionelle Vermögensverwalter angelegt. Eine völlig andere Sachlage präsentiert sich in den USA und in Kanada, wo sich über zwei Drittel aller Aktien in privaten Händen befinden.

Auffallend ist die ausserordentlich gute Haltung der **japanischen Börse**; gerade sie war von zahlreichen fundamental orientierten Finanzanalysten vor dem 19. Oktober 1987 oft als **"Crash-Kandidat Nr. 1"** bezeichnet worden, was angesichts der hohen Preis/Gewinn-Verhältnisse (p/e ratio) von durchschnittlich rund 70 und minimaler Aktienrenditen zumindest auf den ersten Blick einleuchtend erschien. (Es sollte allerdings mittlerweilen bekannt sein, dass die bei uns angewandten Bewertungskennziffern sich nicht ohne weiteres auf Aktien japanischer Unternehmen übertragen lassen, da diese u.a. meist nur Stammhauszahlen, bzw. keine konsolidierten Gewinne ausweisen und zudem oft hohe stille Reserven bilden.) Der japanische Aktienmarkt dürfte in erster Linie Nutzen gezogen haben aus der hohen Marktliquidität und der in kurzer Zeit vorangetriebenen Umstrukturierung der Wirtschaft. (Die wirtschaftspolitische Zielsetzung verfolgt die Absicht, die Exportabhängigkeit zu vermindern und die Binnenwirtschaft zu fördern; der Ausbau der zivilen Infrastruktur, die Verbesserung des Wohnstandards und eine Steigerung der im internationalen Vergleich immer noch tiefen Konsumquote stehen dabei im Vordergrund der Massnahmen.) Die Tatsache, dass ausländische Investoren vor dem Börsencrash lediglich rund 5% der ausstehenden japanischen Aktien besassen und einen dementsprechend geringen Einfluss auf das Börsengeschehen ausübten und dass die inländischen institutionellen Investoren besonnen und solidarisch agierten, haben dem Markt ebenfalls eine wichtige Stütze gegeben. Die Ausländer, die bereits seit 1984 ihre Japan-Portfolios abgebaut und damit den grössten Teil der Haussephase verpasst haben, verringerten im Jahre 1987 ihren Anteil an japanischen Aktien um weitere 80 Mrd. Fr., womit der von Ausländern gehaltene Anteil an japanischen Aktien auf rund 3.5% sank.

Im **Gesamtjahresvergleich 1987** schlossen aus Schweizer Sicht beinahe sämtliche wichtigen Aktienmärkte mit Verlusten ab; lediglich die japanischen und englischen Börsenplätze verbuchten in SFr. gerechnet noch Höherbewertungen. Aufgrund des festen Yen erlitten die japanischen Investoren im Jahre 1987 die höchsten Verluste bei Aktienanlagen im Ausland, während die Bilanz der Auslandengagements für die Amerikaner bedeutend günstiger ausfiel.

Abbildung 60: Währungsberichtigte Entwicklung wichtiger Börsenplätze 1987/88 (in %)

Anlageland	Währungen/Indizes	Ende 1986	Ende 1987	Ende 1988	AUS 87/88	BRD 87/88	GB 87/88	F 87/88	HONG 87/88	I 87/88	JP 87/88	CDN 87/88	NL 87/88	CH 87/88	SING 87/87	USA 87/88
Australien	A$/SFr	1.08	0.93	1.29												
	All Ord.	1473.10	1318.90	1487.40	-10/13	-20/49	-23/38	-19/50	-2/37	-11/52	-26/36	-8/20	-21/49	-23/56	-12/30	-2/33
Deutschland	DM/SFr	83.65	80.95	84.74												
	FAZ	676.37	425.45	549.86	-29/-2	-37/29	-39/19	-36/30	-23/19	-29/32	-41/18	-27/4	-37/30	-39/35	-31/13	-2/15
England	£/SFr	2.39	2.40	2.72												
	FT All Share	835.48	870.22	926.59	22/-13	8/15	4/6	11/16	34/6	22/17	1/5	26/-7	8/15	5/21	19/1	34/3
Frankreich	FFr/SFr	25.30	23.90	24.82												
	CAC Général	397.80	280.73	415.60	-22/11	-31/47	-34/36	-29/48	-15/35	-23/50	-36/34	-20/18	-31/47	-33/54	-24/29	-15/31
Hongkong	HK$/SFr	0.21	0.17	0.19												
	Hang Seng	2568.3	2302.75	2687.44	-18/-4	-27/27	-30/18	-25/28	-10/17	-18/30	-32/16	-16/2	-27/27	-30/33	-20/11	-10/13
Italien	Lit/SFr	0.12	0.11	0.12												
	Comit	722.78	487.99	589.72	-32/-10	-40/19	-42/10	-38/19	-26/9	-32/21	-44/8	-30/-5	-40/19	-42/24	-34/4	-26/6
Japan	Yen/SFr	1.01	1.05	1.20												
	Tokyo DJ	18701.3	21564.0	30159.0	39/16	24/53	19/41	27/54	52/40	39/56	15/40	43/23	23/53	20/60	36/34	52/36
Kanada	Can$/SFr	1.18	0.97	1.26												
	TSE 300	3066.18	3160.10	3390.00	0/1	-11/33	-14/23	-9/34	9/22	0/36	-17/22	3/7	-11/33	-14/39	-2/17	10/19
Niederlande	Hfl/SFr	74.05	71.95	75.06												
	ANP/CBS	278.40	208.70	287.20	-15/4	-25/37	-27/27	-23/38	-7/26	-15/40	-30/26	-13/11	-25/38	-27/44	-17/20	-7/22
Schweiz	SBV	677.60	467.30	559.80	-20/-13	-29/14	-31/6	-27/15	-12/5	-20/17	-34/5	-17/-8	-29/15	-31/20	-21/0	-12/2
Singapur	Sing$/SFr	0.74	0.65	0.78												
	Straits Times	891.30	823.58	1038.62	-6/9	-16/44	-19/33	-14/45	3/32	-6/47	-22/32	-3/16	-16/44	-19/51	-8/26	3/28
USA	US$/SFr	1.63	1.28	1.50												
	Dow Jones	1895.95	1938.83	2168.57	-6/-5	-17/26	-20/16	-15/27	2/15	-7/28	-23/15	-4/1	-17/26	-20/31	-9/10	2/12

Herkunftsland des Anlegers

251

Eine für die meisten Börsenfachleute ebenso überraschende wie auch **erfreuliche Entwicklung** fand im **Jahre 1988** an praktisch sämtlichen Aktienbörsen der Welt statt. An der Spitze der Kursgewinner rangierten mit Brüssel (+52%) und Paris (+48%) allerdings nicht die (gemessen an der Börsenkapitalisierung) bedeutendsten Märkte. Verschiedene Börsenplätze erreichten Ende 1988 bereits wieder ihr "Vorcrash-Niveau" oder holten im Jahresverlauf zumindest erhebliche Teile des eingebüssten Terrains wieder auf. Die gute Börsenverfassung hielt an praktisch sämtlichen wichtigen Aktienmärkten im 1. Halbjahr 1989 an, wovon diesmal die österreichischen Titel am meisten profitierten. Der besonnene, antizyklisch handelnde Anleger wurde somit einmal mehr belohnt !

Die **negativen Auswirkungen** des Börsencrash vom 19. Oktober 1987 auf die Entwicklung der Weltwirtschaft wurden anfänglich von den meisten Wirtschaftsexperten **überschätzt.** Die von zahlreichen Marktbeobachtern geäusserten Rezessionsängste und die von Crashpropheten angestellten Vergleiche mit dem Kurskollaps vom Jahre 1929 und der damit eingeläuteten mehrjährigen Depressionsphase haben sich als unzutreffend erwiesen. Doch selbst gemässigte Wirtschaftsfachleute haben ihre Schätzungen in bezug auf das Weltwirtschaftswachstum der Jahre 1988 und 1989 fälschlicherweise deutlich nach unten revidiert. Die Erwartung eines langsameren Wirtschaftswachstums basierte auf der Ueberlegung, dass die Reduzierung der privaten Vermögen zu einem geringeren privaten Konsum, einer verstärkten Sparneigung und einer vermehrten Zurückhaltung bei den Unternehmensinvestitionen führen könnte. Verbunden mit dieser Lagebeurteilung wurden auch die Zins- und Inflationsschätzungen oft nach unten revidiert.

Die Gründe, weshalb die **Weltwirtschaft** durch das Oktober-Debakel **nicht stärker tangiert** wurde, sind vielfältig. Von grosser Bedeutung war, dass sich der Kurskollaps lediglich auf die Aktien-, Options- und Futuresmärkte beschränkte und ein Teil der Vermögensverluste durch kurzfristige Kursgewinne an den Obligationenmärkten kompensiert werden konnte. Zu wenig beachtet wurde anfänglich auch die Tatsache, dass die Aktienbörsen in den USA und Japan, die zusammen rund 75% der Weltbörsenkapitalisierung auf sich vereinigen, das Gesamtjahr 1987 mit einem positiven Saldo (in lokalen Währungen gerechnet) abschlossen und somit durch den Börsencrash "lediglich" die Kursgewinne der vorangegangenen Monate vernichtet wurden. Günstig hat sich zudem ausgewirkt, dass sich die Aktionärsstruktur in den letzten Jahrzehnten in vielen Ländern stark zugunsten der institutionellen Investoren und zulasten der privaten Anleger verschoben hat; die Vermögenseinbussen sind dadurch weniger konsum- und konjunkturwirksam geworden. Als letztes und zugleich wichtigstes Element, das zur Schadenbegrenzung beitrug, sind die teilweise **energischen monetären Massnahmen** der wichtigsten Geldbehörden zu erwähnen. Die in der ersten Phase zur Stabilisierung der Finanzmärkte sofort vorgenommenen Liquiditätsspritzen und die darnach im Hinblick auf die Konjunktur über Monate weiter praktizierte Politik des billigen Geldes hat sich als wirksamer als erwartet erwiesen. Innert kurzer Zeit ermässigte sich das Zinsniveau weltweit beträchtlich, wobei der Zinsabbau in den USA besonders ausgeprägt ausfiel. Dadurch konnte der befürchtete Einbruch im amerikanischen Konsumbereich vermieden, die Lagerhaltung in der Industrie verbilligt und das Vertrauen im Investitionssektor gefördert werden. Verschiedene wichtige Komponenten des amerikanischen Bruttosozialprodukts haben sich seit dem Börsencrash wesentlich günstiger als erwartet entwickelt und damit zum erstaunlich hohen US-Wirtschaftswachstum im Jahre 1988 (+3.9%) beigetragen. Da die japanische Wirtschaft, die seit einiger Zeit von umfangreichen Massnahmen zur Belebung der Binnennachfrage profitiert, ebenfalls durch eine anhaltend robuste Verfassung gekennzeichnet war, ist im Verlauf des Jahres 1988 auch im EG-Raum wieder ein erfreulicher Optimismus erkennbar geworden, der auch im 1. Halbjahr 1989 nicht wesentlich an Kraft eingebüsst hat.

Wirtschaftswachstum
(Veränderung in % gegenüber Vorjahr, saisonbereinigt)

	Ø 80-86	1987	1988	1989[*]	1990[*]
Schweiz [1]	1.7	2.3	3.0	3.0	2.0
BRD [2]	1.4	1.7	3.4	4.0	1.4
Frankreich [1]	1.3	2.4	3.7	3.3	2.8
Italien [1]	1.8	3.0	3.9	3.4	2.6
Grossbritannien [1]	2.1	4.4	3.8	1.5	1.0
USA [2]	2.6	3.6	4.4	2.6	1.4
Japan [2]	3.8	4.5	5.7	5.0	4.3

[1] = BIP real; [2] = BSP real; [*] = SBV-Schätzungen(10/89)

Quelle: Nationale Statistiken

8.2.2   Ursachen des Börsencrash

Die Hauptursachen, die den weltweiten Kurssturz an den Aktienbörsen herbeigeführt haben, sind primär die seit mehreren Jahren allgemein bekannten globalen und nationalen fundamentalen Probleme. Diese haben sich im Jahre 1987 teilweise entgegen den Erwartungen weiter vergrössert; bestehende Strategien zu deren Bewältigung konnten vorerst aus politischen oder wirtschaftlichen Gründen nicht durchgesetzt werden. Zusätzlich tauchten im Jahresverlauf unerwartete neue Belastungsmomente für die Aktienmärkte auf. Nachdem die Zinssätze in den USA und in anderen wichtigen Industrienationen in den ersten drei Quartalen 1987 deutlich angestiegen sind und die Inflationsraten eher wieder einen steigenden Trend erkennen liessen, befürchteten viele Anleger, dass der über 5jährige Konjunkturaufschwung bzw. -zyklus allmählich abgeschlossen sei. Diese Anhäufung negativer Faktoren hat offensichtlich das "Fass zum Ueberlaufen" gebracht und zu einer schlagartigen Aenderung der Marktpsychologie geführt. Die dem 19. Oktober 1987 folgenden Börsentage verliefen entsprechend einer alten Börsenweisheit: *"La baisse amène la baisse."*

Fundamentale, langfristige Probleme

1. Internationale und nationale Wirtschafts- und Strukturprobleme:
   a. Ungleichgewicht der Handelsbilanzen führender Industrienationen
   b. Hohe Staatsverschuldung und Budgetdefizite in zahlreichen Staaten
   c. Protektionismus
   d. Hohe Arbeitslosigkeit
   e. Zunehmende Verschuldung der Drittweltländer und die teilweise damit zusammenhängenden Probleme im amerikanischen Bankensystem

2. Instabiles Währungssystem

3. Anwachsende Umweltprobleme mit kaum abschätzbaren Folgekosten

4. Unsicherheiten im Energiebereich haben sich seit Tschernobyl wesentlich erhöht

5. Ungebremste weltweite Bevölkerungszunahme (z.Z. über 5 Mrd. Menschen) bei begrenzten Wachstumsmöglichkeiten der Weltwirtschaft

Kürzerfristige Marktbelastungen

1. Anziehende amerikanische Zinssätze im 2. und 3. Quartal 1987. Ankündigung einer zukünftigen Quellensteuerbelastung auf Obligationenzinsen in der BRD.

2. Tendenziell leicht ansteigende Inflationsraten und zunehmende Teuerungsängste v.a. in den USA

3. Rapider Kursverfall des US-Dollars trotz des Louvre-Abkommens vom Februar 1987. Am 18. Oktober 1987 drohte der amerikanische Finanzminister Baker, den US$ weiter sinken zu lassen.

4. Führungsschwäche der amerikanischen Regierung u.a. infolge der Iran/Contra-Affäre

5. Erhöhte Spannungen in Nahen Osten, Beschuss eines kuwaitischen Oelverladeterminals am 22. Oktober 1987 durch den Iran.

Nach dem Börsenkollaps vom 19.10.1987 beauftrage der amerikanische Präsident Reagan eine Kommission, die Ursachen für den rapiden Kursverfall am amerikanischen Aktienmarkt zu untersuchen. Der Anfang Januar 1988 veröffentlichte Bericht der **Brady-Kommission** kam zum Schluss, dass die als *"Program Trading"* (programmierte, computergesteuerte Depotverwaltungsstrategien) bezeichneten Techniken bzw. die damit zusammenhängenden massiven Verkäufe von rund 10 Grossanlegern im Umfang von 20 bis 30 Mrd. US-Dollar in der Periode vom 14. bis 20. 10. 1987 eine wesentliche Ursache für den rapiden Kurseinbruch waren. Insbesondere die Mechanismen der sogenannten "Portfolio Insurance" sollen sich negativ ausgewirkt haben.

Die Portfolio Insurance ist eine Methode des Risiko-Managements. Diese Anlagestrategie hat zur Folge, dass in einer Baisse-Phase der Aktienanteil eines Wertpapierdepots reduziert wird, um die Verlustrisiken bei weiteren Kursrückschlägen zu minimieren; sie hat in diesem Falle eine Hedge- bzw. Absicherungsfunktion. Anderseits wird in einer Hausse-Phase der Aktienanteil zulasten anderer Anlageinstrumente wie Obligationen, Geldmarktpapiere und Liquidität erhöht. Diese Umschichtungen werden durch physische Aktienkäufe bzw. -verkäufe (teilweise unter Einsatz des Programmhandels) mittels Aktienindex-Future-Transaktionen und seltener auch über Optionen vorgenommen. Die von gewissen Kreisen ebenfalls angeprangerte "Indexarbitrage" hat grundsätzlich keinen destabilisierenden Effekt. Sie basiert nicht wie die "Portfolio Insurance" auf Spekulationsannahmen, sondern nützt lediglich momentan verzerrte Preisverhältnisse zwischen Futures und dem entsprechenden Index aus. Sie schafft dadurch eine Wertangleichung zwischen den beiden Elementen. Diese Transaktionen erhöhen vielmehr die Effizienz der Märkte.

Beim Studium des Brady-Dokuments stellte man mit Ernüchterung fest, dass nur **markttechnische Aspekte** des Börsenkollapses untersucht wurden. Die Reformvorschläge beschränkten sich in erster Linie darauf, Ausmass und Geschwindigkeit von Kursveränderungen an den Aktien- und Futuresmärkten in Zukunft zu verringern. Im Detail wurden für die amerikanischen Märkte u.a. folgende Massnahmen vorgeschlagen:

1. Eine staatliche Behörde, vorzugsweise das FED (Zentralbank), soll die Aufsicht über die US-Finanzmärkte ausüben.
2. Schaffung eines einheitlichen Clearing-Systems.
3. Konsistente Margenbestimmungen für Aktien- und Futures-Märkte.
4. Einführung von *Circuit Breakers* (Sicherungen) zur Vermeidung eines Kollapses der Märkte. Dabei wurde an Kurslimiten und/oder eine koordinierte Einstellung des Börsenhandels gedacht.
5. Errichtung eines neuen Informationssystems, um Börsentransaktionen und Marktverhältnisse besser beobachten zu können.

Auch an **anderen Börsenplätzen** hat man sich eingehend mit dem Börsencrash beschäftigt. Es wurden Kommissionen ins Leben gerufen mit dem Ziel, in Zukunft ähnliche Entwicklungen, wie sie im Oktober 1987 stattgefunden haben, zu vermeiden. Die Untersuchungsergebnisse brachten eine Vielzahl von Detailvorschlägen zutage, wobei die Forderungen nach erhöhter Transparenz und Marktliquidität meistens im Vordergrund standen.

8.2.3   Crashfolgen und Massnahmen

Das Börsendebakel vom Herbst 1987 hat in einer ersten Phase eine markante Veränderung der Anlegermentalität bewirkt. Unsicherheit, Mutlosigkeit und ein verstärktes Sicherheitsdenken prägten zumindest bis Anfang 1988 das Handeln der Investoren. Die teilweise markanten Umsatzeinbussen an allen wichtigen Aktien- und Optionsbörsen verdeutlichen diesen Sachverhalt. Die Angst vor neuen erheblichen Kursverlusten dominierte die Börsenszene und erklärt gleichzeitig das im Kontrast zur erstaunlich günstig verlaufenden Weltkonjunktur stehende Verhalten der Börsianer in den ersten 6 Monaten nach dem Börsencrash. Die Unsicherheit beschränkte sich offensichtlich nicht wie in früheren Baissephasen vorwiegend auf konjunkturelle Aspekte. Die heutige Struktur der Finanzmärkte beinhaltet eine Vielzahl relativ neuer destabilisierender Elemente, die wesentlich zur Verunsicherung an den Börsen beitragen. Die im Verlaufe des Jahres 1988 und in der erster Hälfte 1989 eingesetzte Erholung an den Aktienmärkten sollte nicht darüber hinwegtäuschen, dass breite Anlegerkreise durch den Crash auch heute noch stark sensibilisiert sind und die erworbenen Titel bereits mit kleinen Gewinnen wieder abstossen; die Tradermentalität beherrscht zurzeit die Märkte. In solchen Börsenphasen finden Uebernahmegerüchte und Substanzwertspekulationen einen guten Nährboden. Der Börsencrash hat ferner bewirkt, dass die in den letzten Jahren rapide angestiegene Emissionsflut im Bereich der Beteiligungspapiere abrupt zum Stillstand gekommen ist. Diese für die Unternehmen oft sehr günstige Finanzierungsquelle ist insbesondere für unbekanntere, kleinere Gesellschaften vorerst versiegt. Für die Anleger sind die goldenen Zeiten vorbei, in denen man beinahe wahllos Neuemissionen von Aktien und Options- oder Wandelanleihen zeichnen und am ersten Handelstag bereits wieder mit Gewinn verkaufen konnte. Heutzutage lohnt es sich, kurz vor Ende der Zeichnungsfrist die "Graumarkt-Taxen" für die betreffenden Titel bei den Banken einzuholen und erst nachher den definitiven Anlageeintscheid zu fällen.

Knapp zwei Jahre nach dem ominösen 19. 10. 1987 fragt man sich, welche **Massnahmen** bisher getroffen, bzw. Schritte eingeleitet worden sind, um die

Finanzmärkte vor einer allfälligen erneuten Kurskatastrophe zu bewahren. Mit Ernüchterung stellt man fest, dass, abgesehen von verbalen Beruhigungsappellen seitens der Regierungen, Notenbanken, Banken und Börsenaufsichtsorganen sowie vom Einsatz von Untersuchungskommissionen, bisher wenig Konkretes unternommen worden ist. Die von der Brady-Kommission vorgeschlagenen Reformen werden bisher grösstenteils nicht realisiert. Auch in Europa vermisst man neue regulierende und vertrauensbildende Massnahmen. Während in den USA bereits zahlreiche Gesetze und Vorschriften mit dieser Zielsetzung bestehen und vereinzelt neue Massnahmen eingeleitet worden sind, scheint hierzulande mit wachsender Distanz zum Schock von 1987 die Diskussion um Reformen in sich zusammenzufallen. Das Beharren am Status quo, das in der Vergangenheit oft zur Stabilität und Ueberschaubarkeit beigetragen hat, ist in der heutigen Zeit gefährlich. Aenderungen sind notwendig und sollten deshalb möglichst bald realisiert werden.

Die Märkte könnten auf folgende Weise sinnvoll stabilisiert werden:

- Vorsichtige und antizyklische Belehnung von Wertpapieren. Die von vielen Banken praktizierte Belehnungspolitik wirkt prozyklisch; dem Anleger stehen beim Indexhöchststand die grössten Kreditbeträge zur Verfügung, während er in Baisse-Phasen Geld nachschiessen und/oder die Titel zu Tiefstkursen verkaufen muss, was die rückläufige Markttendenz noch verstärkt. Deshalb sollten die maximalen Belehnungsquoten bei einem (historisch gesehen) hohen Indexstand gesenkt und in gedrückten Börsenphasen (bis zu einer Maximalgrenze) erhöht werden.

- Verbot von Leerverkäufen bei gegenüber dem Vortag sinkenden Aktien- bzw. Optionskursen.

- Beschränkungen im Optionshandel. Die Anzahl sämtlicher gehandelter Optionsscheine und Optionskontakte von einer Gesellschaft sollte einen bestimmten Prozentsatz (gemessen an sämtlichen ausstehenden Aktien des betreffenden Unternehmens) nicht überschreiten.

- Bessere Transparenz an den Aktienmärkten und im Bereich der Rechnungslegung von kotierten Aktiengesellschaften. Diese Forderung richtet sich an verschiedenste Instanzen wie Banken, Börsen, Unternehmer und Politiker:

  — Ein dringliches Anliegen ist die längst fällige Einführung einer möglichst aktuell nachgeführten Umsatzstatistik für **sämtliche** an den Börsen gehandelten Schweizer Aktien. Die Umsatzangaben sollten Kompensationsgeschäfte beinhalten und von einer unabhängigen Kontrollstelle auf Richtigkeit und Vollständigkeit (mittels Stichproben) überprüft werden. Die Umsätze sind für den fachkundigen

Anleger deshalb wichtig, weil eine technische Beurteilung der Märkte und Titel nur unter Berücksichtigung des Handelsvolumens sinnvoll möglich ist. Im weiteren sollten Daten wie die Beta-Faktoren (gemessen am Index) und die Volatilitätswerte der wichtigsten Aktien (insbesondere die permanent gehandelten) einem breiten Publikum verfügbar gemacht werden. Dadurch würde die Titelauswahl im Hinblick auf die Risikoabschätzung und die Depotdiversifikation erleichtert.

— Das interessierte Publikum sollte aktueller über das Börsengeschehen informiert werden. Die Uebermittlung der neuesten Börsenkurse und Umsatzzahlen via Fernseher wäre sicher ein Schritt in die richtige Richtung. Dieser Service sollte so kostengünstig offeriert werden, dass breite Bevölkerungsschichten erreicht werden und das Aktiensparen - auch zum Vorteil von Banken und Börsen - popularisiert wird.

— Die Informationsbereitschaft von Unternehmen, deren Aktien an der Börse gehandelt werden, muss in vielen Fällen verbessert werden. Gefordert ist u.a. die Publikation einer halbjährlichen Bilanz- und Erfolgsrechnung (Jahresabschluss und Zwischenbericht) für das Stammhaus und mindestens eines konsolidierten Rechnungsabschlusses pro Jahr für Konzerne. Gerade die in der Schweiz gesetzlich noch nicht vorgeschriebene Konsolidierung der Abschlüsse ist für die Beurteilung eines Konzerns unerlässlich.

— Die Rechnungslegung von Aktiengesellschaften sollte nach einheitlichen Kriterien vorgenommen und im Hinblick auf den EG-Binnenmarkt dem internationalen Standard angeglichen werden; der Quervergleich zwischen Gesellschaften verschiedener Länder könnte dadurch erheblich erleichtert werden. Die Vorschriften bezüglich der Bewertung von Aktiven und Passiven und die Schaffung von stillen Reserven sollten möglichst vereinheitlicht werden. Ebenso sollten Richtlinien die Wechselkursproblematik bei Konzernabschlüssen entschärfen. Aussagekräftigere Geschäftsabschlüsse erlauben dem Aktionär und den Medien eine bessere Beurteilung der Finanz- und Ertragslage, des Managements und der Dividendenpolitik einer Gesellschaft.

• Erhöhung der Marktliquidität. Sie könnte durch die Sammlung der Kräfte, das heisst die Konzentration auf einen oder zwei Börsenplätze pro Land, erreicht werden. Die Effizienz der Märkte könnte auch durch die Einführung des *Market-Maker-Systems* erhöht werden, wie es beispielsweise an der SOFFEX (Swiss Options and Financial Futures Exchange) praktiziert wird. Auch die Abschaffung der Stempelsteuer in der Schweiz würde zu einer Erhöhung der Marktliquidität an den Schweizer Börsen beitragen.

8.2.4 Konsequenzen für die Anleger

Nach dem weltweiten Börsencrash vom Herbst 1987 stellt sich auch heute noch die Frage, ob sich ähnliche Kurseinbrüche erneut einstellen können und welche Schlussfolgerungen aus den Geschehnissen in der zukünftigen Vermögensverwaltung zu ziehen sind. Die Kurserholungen in der Periode 1988/89 sollten die Anleger nicht dazu verführen, nötige Weichenstellungen zu vernachlässigen und einfach zur Tagesordnung überzugehen; denn **die nächste Krise kommt bestimmt!** Diese Aussage ist nicht nur historisch begründet, sondern basiert auf der Tatsache, dass sich das Gefahrenpotential nicht wesentlich verringert hat. Die zentrale Frage ist somit nicht ob, sondern wann mit neuen Turbulenzen an den Finanzmärkten zu rechnen ist. Fundierte, präzise Angaben bezüglich des Zeitpunktes eines erneuten Kurskollapses kann - mangels prophetischer Gaben - niemand geben; die einzige Möglichkeit, sich vor unnötigen Verlusten zu schützen, liegt deshalb im Bereich einer rechtzeitig eingeleiteten Vorsorge. Diese sollte neben den rein anlagepolitischen Konsequenzen eine Reihe weiterer Massnahmen umfassen:

- Ueberprüfen Sie die Vermögensstruktur. Sie sollte der anlegerspezifischen Situation (vgl. Kap. 2.1), die sich nicht zuletzt durch den Börsencrash möglicherweise verändert hat, angepasst werden. Falls die Vermögensverwaltung durch Dritte vorgenommen wird, müssen die Anlagerichtlinien eventuell neu formuliert werden; dabei sind die zu erwartenden Marktverhältnisse zu berücksichtigen. Diese dürften u.a. durch überdurchschnittliche Kursschwankungen gekennzeichnet sein; eine Prognose, die historisch begründet ist und durch die eingetretenen Strukturveränderungen an den Finanzmärkten erhärtet wird. Den dadurch erhöhten Risiken sollte mittels einer ausgewogenen, eher defensiven Portfolioallokation Rechnung getragen werden.

- Kontrollieren Sie das eingesetzte finanzanalytische Instrumentarium. Wird Ihr Depot unter Anwendung sowohl fundamentaler als auch technischer Analyseverfahren verwaltet, und wie werden diese beiden Elemente bei der Entscheidungsfindung gewichtet ? Falls nur eine einzige Analysemethode praktiziert bzw. beachtet wird, sollten Sie sich nach neuen Beratern umsehen, denn nur die Gesamtheit der traditionellen finanzpolitischen Verfahren verspricht überdurchschnittliche Resultate. Der Glaube an die finanzanalytische Prognosefähigkeit wurde durch die Ereignisse vom Oktober 1987 - teilweise zu Unrecht - erschüttert. Zwar konnte der Zeitpunkt und das Ausmass des Börsencrash nicht genau vorhergesagt werden, doch wiesen eine Vielzahl von wirtschaftlichen und markttechnischen Indikatoren rechtzeitig auf ein erhöhtes Gefahrenpotential hin. Ich erinnere an die damalige Situation :

— Die Kurs/Gewinn-Verhältnisse (p/e-ratios) lagen an den meisten Aktienmärkten historisch gesehen im oberen Bandbereich, und die Aktien wiesen nur noch unterdurchschnittliche Renditen auf.

— Eine Flut von Aktienkapitalerhöhungen und der deutliche Anstieg von Aktienkäufen auf Kredit, die teilweise sogar von Industrieunternehmen getätigt wurden, waren ein untrügliches Indiz dafür, dass die Märkte in eine spekulative Phase eingetreten waren.

— In den ersten drei Quartalen 1987 wurde die US-Geldmengenpolitik merklich restriktiver, und die Zinssätze stiegen deutlich an. Dadurch erhöhte sich die relative Attraktivität von festverzinslichen Anlagen (im Vergleich zu Aktieninvestments) wesentlich.

— Der Kursverfall des US-Dollars setzte sich unvermindert fort und sorgte an den Devisen- und den europäischen Exportmärkten für zunehmende Nervosität.

— Die protektionistischen Massnahmen grassierten weltweit.

— Befürchtungen bezüglich einer bevorstehenden Abschwächung des Wirtschaftswachstums in Industrieländern nahmen zu. Der damalige Konjunkturaufschwung dauerte bereits über 5 Jahre, während die Zyklen in den letzten Jahrzehnten im Durchschnitt lediglich 4 bis 5 Jahre anhielten.

— Wenige Tage vor dem Crash kam es zu einer Kumulation von negativen Nachrichten: Am 14.10.1987 wurde die US-Handelsbilanz veröffentlicht, die ein höheres Defizit aufwies, als allgemein erwartet wurde. Einen Tag später erhöhte die Chemical Bank den Zinssatz für erstklassige Schuldner. Während des 16. und 17. Oktobers eskalierten die Kriegshandlungen am Persischen Golf. Am Wochenende drohte James Baker, dass die USA den US-Dollar wieder fallen lassen werde, falls Deutschland an ihrer restriktiven Geldmengenpolitik festhalten sollte.

Nachdem einige namhafte technisch orientierte Analysten rechtzeitig vor Rückschlägen gewarnt hatten, deuteten verschiedene charttechnische Indikatoren spätestens einen Tag nach dem 19. 10. 1987 unmissverständlich darauf hin, dass sich der Kurszusammenbruch vorerst weiter fortsetzen würde. An den meisten Aktienmärkten wurden sämtliche relevanten Gleitenden Durchschnittslinien bei grossen Umsätzen um mehr als 3% nach unten durchstossen, Trend- und Unterstützungslinien wurden durchbrochen und es entstanden bei zahlreichen Aktien deutliche Verkaufsformationen.

Als Quintessenz lässt sich folgern, dass die traditionellen finanzanalytischen Verfahren in ihrer Gesamtheit nicht versagt haben; vielmehr haben zahlreiche Anleger unter dem Eindruck der damals euphorischen Marktstimmung die "Zeichen an der Wand" nicht wahrhaben wollen.

- Optimieren Sie Ihre Bankverbindungen und Kontakte zum Vermögensberater. In den ersten Tagen nach dem Crash waren bei zahlreichen Banken die Telefon- und Telexanschlüsse in den Börsen- und Anlageberatungsabteilungen permanent besetzt, wodurch das Erteilen von Börsenaufträgen verzögert oder sogar verunmöglicht wurde. Sorgen Sie deshalb zusammen mit Ihrer Hausbank für zukünftig "krisensichere" Kommunikationswege, und lassen Sie sich die private Telefonnummer Ihres Beraters geben. Hat sich Ihr Anlageberater im Oktober 1987 mit Ihrem Depot beschäftigt, und ist das Vertrauensverhältnis zu ihm noch intakt? Verfügt er über gute Fachkenntnisse, langjährige Erfahrung und vor allem ausreichend Zeit für den Kundenkontakt und die Informationsbeschaffung? Ueberlasteten Beratern und solchen, die aufgrund von Sitzungen, Geschäftsreisen usw. häufig am Arbeitsplatz fehlen, sollten Sie Ihr Geld nicht anvertrauen. Verteilen Sie grössere Vermögen (über 1 Mio. SFr.) auf mindestens 2 verschiedene Bankinstitute; dadurch wird eine Konkurrenzsituation geschaffen, und der Anlageerfolg (bei gleichen Anlagerichtlinien), die Betreuung, die Zuteilungspraxis bei Neuemissionen usw. können direkt verglichen werden.

- Erweitern Sie Ihre Fachkenntnisse. Bei den meisten Leuten besteht ein krasses Missverhältnis zwischen dem Aufwand, den sie einerseits für die Vermögensbildung und andererseits für die Vermögensverwaltung betreiben. Fehlende Fachkenntnisse, Zeitmangel und ein umfassendes (oft auch kostengünstiges) Dienstleistungsangebot in diesem Bereich erklären diese Tatsache teilweise. Selbst wenn die Verwaltung des Vermögens an einen professionellen Anlageberater bzw. einer Bank übertragen worden ist, sollte man sich trotzdem die für die Verwaltung von Geldern nötigen Kenntnisse aneignen. Sie erlauben eine fundierte Beurteilung des Beraters und eine realistischere Betrachtung seines Erfolges. Falls Sie sich als gutinformierter und sachkundiger Gesprächspartner erweisen, wird der Vermögensverwalter zu einer besseren Leistung angespornt, da er anlagepolitische und administrative Fehler weniger leicht kaschieren kann. Zudem wird dadurch das Abschätzen von Risiken und das Formulieren vernünftiger Anlageziele wesentlich erleichtert. Sie werden kritische Marktsituationen früher erkennen und können (gegebenenfalls in Zusammenarbeit mit dem Anlageberater) geeignete Massnahmen für das Depot rechtzeitig treffen.

8.3 Amerikanisches Leistungs- und Handelsbilanzdefizit

Die Entwicklung der monatlich publizierten amerikanischen Leistungs- und Handelsbilanz wird in Finanzkreisen seit längerer Zeit mit grosser Nervosität beobachtet; fallen die veröffentlichten Zahlen schlechter oder besser aus, als es die von den Wirtschaftsexperten vorher abgegebenen Prognosen erwarten lassen, ist mit heftigen Reaktionen an den Devisen- und Wertpapiermärkten zu rechnen. Mittlerweilen reagieren die Märkte bereits auf die Handelsbilanzzahlen Japans, die vor den amerikanischen Werten bekanntgegeben werden. Anhand des japanischen Warenverkehrssaldos mit den USA werden bereits Rückschlüsse gezogen, wie die amerikanischen Zahlen ausfallen werden. Der "Tanz" um diese Daten, die nachträglich meistens erheblich revidiert werden müssen und oft durch ausserordentliche Einflüsse verzerrt sind, ist nicht zuletzt ein massenpsychologisches Phänomen.

Zweifellos ist die Entwicklung der amerikanischen Leistungs- und Handelsbilanz seit Anfang der 80er Jahre beunruhigend. Anderseits machen die Defizite weniger als 3% des Bruttosozialprodukts (dieses beinhaltet sämtliche in einem Jahr produzierten Güter und geleisteten Dienste) aus.

US-Leistungsbilanz (in Mrd US$)

1981	1982	1983	1984	1985	1986	1987	1988	1989*	1990*
7	-9	-46	-107	-116	-139	-154	-135	-123	-116

US-Handelsbilanz (in Mrd US$)

1981	1982	1983	1984	1985	1986	1987	1988	1989*	1990*
-28	-36	-67	-113	-122	-144	-160	-127	-114	-106

* = Schätzungen OECD, Economic Outlook 6/89

Bekanntlich umfasst die Handelsbilanz die Werte für sämtliche importierten und exportierten Güter, während die Leistungsbilanz zusätzlich noch die Ein- und Ausgaben aus dem grenzüberschreitenden Austausch der Dienstleistungen sowie Kapitalerträge und Ueberweisungen einschliesst. Wie die nachfolgende Aufstellung zeigt, wird das Defizit in der US-Leistungsbilanz hauptsächlich durch den unausgeglichenen Warenverkehr verursacht; immer grössere Bedeutung erhalten in Zukunft auch die Nettozinszahlungen.

US-Zahlungsbilanzdaten 1988

	(in Mrd. US$)
Güterexporte	320.2
Güterimporte	446.7
Handelsbilanz	-126.5
Dienstleistungen, Anlageerträge und private Transfers, netto	3.9
Oeffentliche Transfers, netto	-12.7
Leistungsbilanz	-135.3

Seit Anfang der 80er Jahre sind in den USA mehr Güter konsumiert als produziert worden (inkl. Staat), und die preisbereinigte Sparquote ist in dieser Periode von 5.7 auf 1.8% des Bruttosozialproduktes gesunken. Der hohe inländische Finanzbedarf hat deshalb teilweise mit ausländischen Ersparnissen resp. Kapital gedeckt werden müssen, was wiederum nur unter Inkaufnahme steigender realer Zinssätze möglich gewesen ist. Aufgrund der anhaltend hohen Kapitalimporte haben die ins Ausland zu zahlenden Zinszahlungen mittlerweile stark zugenommen und belasten die aussenwirtschaftliche Bilanz in zunehmendem Masse. Die Ursachen für diese Entwicklung sind vielfältig, doch dürften die nachfolgend aufgeführten Faktoren eine wesentliche Rolle gespielt haben:

— im Zeitraum von 1981-85 stieg der handelsgewichtete US-Dollar massiv an und wirkte sich negativ auf die internationale Wettbewerbsposition der US-Wirtschaft aus (siehe Abbildung 61); gleichzeitig verbilligten sich die Importe aus amerikanischer Sicht deutlich;

— trotz einer langanhaltenden Konjunktur-Aufschwungphase nahm das Staatshaushaltdefizit bis zu einer Rekordmarke von 221 Mrd. US$ (1986) zu und ist auch heute noch hoch; die angestiegenen Staatsausgaben sind also nicht durch entsprechende Steuermehreinnahmen ausgeglichen worden;

— die amerikanische Wirtschaft hat in zahlreichen Bereichen ihren technologischen Vorsprung eingebüsst, und der Protektionismus hat insbesondere in den traditionellen Abnehmerländern von US-Agrarprodukten zugenommen.

Die **Ursache**, weshalb sich das US-Handelsbilanzdefizit trotz des von 1985 bis 1988 gesunkenen US-Dollars und der seit längerer Zeit volumen- wie auch wertmässig steigenden Exporte erst im Jahre 1988 abzubauen begonnen hat, liegt bei der rapiden Zunahme der Importe. Diese sind u.a. durch das hohe Wirtschaftswachstum in den USA und die Anstrengungen der traditionellen Exportländer, ihre Anteile am US-Markt zu verteidigen (Billigpreispolitik unter Inkaufnahme geringerer Margen), gefördert worden. Zweitens sind die USA aufgrund der prekären Lage der hochverschuldeten Länder Lateinamerikas gezwungen, hohe Importe aus dieser Region zuzulassen. Die wohl wichtigste

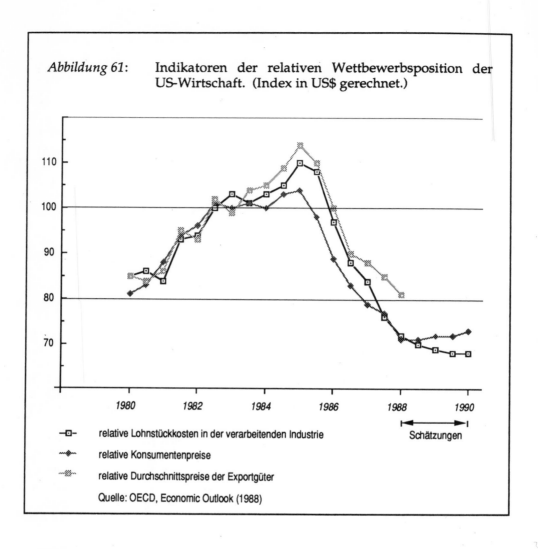

Abbildung 61: Indikatoren der relativen Wettbewerbsposition der US-Wirtschaft. (Index in US$ gerechnet.)

—□— relative Lohnstückkosten in der verarbeitenden Industrie

—◆— relative Konsumentenpreise

—▨— relative Durchschnittspreise der Exportgüter

Quelle: OECD, Economic Outlook (1988)

Schätzungen

Ursache für den verzögerten Defizitabbau ist jedoch im sogenannten J-Kurven-Effekt zu suchen. Darunter versteht man die Beobachtung, dass sich nach der Abwertung einer Währung die Handelsbilanz in einer ersten Phase weiter verschlechtert, da die mengenmässig vorerst wenig veränderten Importe teurer und die Exporterlöse geringer werden. Erst in einer zweiten Phase nehmen die Einfuhren mengenmässig tendenziell ab und die Ausfuhren zu. Dies bewirkt allmählich eine Verbesserung der Handelsbilanzzahlen, wie wir sie heute in den USA beobachten können.

Die Defizite der amerikanischen Dienstleistungs- und Handelsbilanz werden voraussichtlich in den nächsten Jahren tendenziell sinken, wobei sich der

Fehlbetrag der Leistungsbilanz aufgrund der steigenden Zinszahlungen ins Ausland allerdings weniger schnell abbauen wird. Die in den Jahren 1988/89 vorgenommenen Zinssatzerhöhungen werden die Konjunktur allmählich abbremsen und sich insbesondere im Konsumbereich dämpfend auswirken. Einen positiven bzw. weniger negativen Beitrag sollte auch das voraussichtlich geringer ausfallende Budgetdefizit leisten. Zudem hat sich der politische Druck in Richtung Defizitabbau in den USA verstärkt. Unter diesem Aspekt ist auch das Anfang August 1988 verabschiedete neue US-Aussenhandelsgesetz zu verstehen, wonach der Präsident gezwungen werden kann, Vergeltungsmassnahmen gegen *"unfaire Handelspraktiken seitens der Ausländer"* zu verhängen und Schutzklauseln gegen Importe zu verhängen. Dieses Gesetz richtet sich in erster Linie gegen die Länder, die im bilateralen Handel mit den USA hohe Ueberschüsse erwirtschaften; es sind dies vor allem Japan, die kürzlich industrialisierten asiatischen Staaten (NICs: Taiwan, Südkorea usw.) und die Bundesrepublik Deutschland. Der im Herbst 1988 gefällte Entscheid der US-Regierung, die Ein- und Ausfuhren ab Januar 1989 nur noch auf Zollbasis (bisher Zoll- und CIF-Basis) zu veröffentlichen, verfolgt u.a. auch das Ziel, die US-Handelsbilanz in ein optisch positiveres Bild zu rücken. Die bisher mehrheitlich beachtete CIF-Statistik wies nämlich beispielsweise im Jahre 1987 ein (gegenüber der Zollstatistik) rund 10% höheres Handelsbilanzdefizit aus, da die Fracht- und Versicherungskosten im Umfang von monatlich rund 1.5 Mrd US$ nur in den CIF-Daten enthalten sind.

8.4 US-Budgetdefizit

Als die USA Anfang der 80er Jahre ihre Staatsausgaben zur Ankurbelung der darniederliegenden (Welt-)Wirtschaft deutlich erhöhten und ein steigendes Staatshaushaltsdefizit in Kauf nahmen (also eine antizyklische Konjunkturpolitik betrieben), klatschte die Welt Applaus. Nachdem aber in der darauffolgenden Konjunkturaufschwungsphase 1983-86 (durchschnittliches BSP-Wachstum von 4%) das Haushaltsdefizit trotz entsprechend hoher Steuereinnahmen weiter anstieg und im Jahr 1986 mit 221 Mrd. US$ einen neuen Rekordstand erreichte, zeigte sich die Finanzwelt über den Trend dieser Entwicklung zutiefst besorgt.

Da die Sparneigung der privaten Haushalte zwischen 1981 und 1986 permanent zurückging (Ersparnisse in % des verfügbaren Einkommens 1981: 7.7%; 1986: 4.2%), stellte man sich immer häufiger die Frage, wer die Defizite finanzieren soll und mit welchen wirtschaftlichen Auswirkungen sie verbunden sind. Man befürchtete negative Effekte auf das Zins- und Inflationsniveau und damit auch auf die privaten Investitionen (*"crowding-out"*) sowie die Handels-

und Ertragsbilanz. Im weiteren wurde darauf hingewiesen, dass die US-Regierung aufgrund der wachsenden Defizite zukünftig nicht mehr in der Lage sei, durch höhere Staatsausgaben einer Rezession entgegenzusteuern. Die Budgetdefizite wurden allmählich zum Sündenbock für die unterschiedlichsten nationalen und internationalen Fehlentwicklungen. Aufgrund der Tatsache, dass Kürzungen der Staatsausgaben in Demokratien schwierig zu bewerkstelligen sind und die Sanierung der Defizite allein durch Sparmassnahmen kaum möglich erscheinen, wurde im Verlaufe des Jahres 1987 der Ruf nach Steuererhöhungen bzw. Einführung neuer Steuern immer lauter. Solch unpopuläre Massnahmen passten der US-Regierung, auch im Hinblick auf die Präsidentschaftswahl, nicht ins Konzept; im Anschluss an den Börsencrash wurden deshalb nur Ausgabenkürzungen (32 Mrd. US$ im Fiskaljahr 1988) vorgenommen.

Weil Präsident Bush anlässlich des Wahlkampfes versprochen hat, keine neuen Steuern einzuführen ("schaut mir auf den Mund"), sind ihm diesbezüglich vorerst die Hände gebunden. Mit grosser Spannung erwartete man deshalb seinen am 9.2.1989 präsentierten Budget-Vorschlag für das am 1. Oktober beginnende Fiskaljahr 1990. Er sieht Staatsausgaben von insgesamt 1'168 Mrd. US$ und Einnahmen von 1'069 Mrd. US$ vor, womit das Jahresdefizit auf 99 Mrd. US$ sinken würde. Dieses liegt damit deutlich unter den 100 Mrd. US$, die das Ende 1985 beschlossene Gramm-Rudman-Hollings-Gesetz für den erzwungenen Budgetausgleich (*"Balanced Budget Act"*) vorschreibt. Die betragsmässig grössten Einsparungen sind im Bereich der Militärausgaben (—2.6 Mrd. US$) zu finden. Dagegen sind für soziale und innenpolitische Belange Mehrausgaben von insgesamt 8.6 Mrd. US$ geplant. Die Ausgabenüberschüsse sollen durch Wirtschaftswachstum und entsprechend höhere Steuereinnahmen sowie eine Senkung der Kapitalgewinnsteuer (wohl in Anlehnung an die von A.B. Laffer entwickelte Theorie über die Beziehung von Steuersätzen und Steuereinnahmen) finanziert werden. Um die vorgelegten Zahlen zu erreichen, müssen jedoch noch zahlreiche Programme gekürzt werden; diese Aufgabe hat der versierte Taktiker Bush einer "Führungsgruppe" übertragen, die aus Mitgliedern des Kongresses und der Exekutive besteht. Die Schwächen des Budgets liegen vor allem in den wirtschaftlichen Eckdaten, auf denen der Etat basiert. Die wirtschaftlichen Annahmen erscheinen den meisten Experten als zu optimistisch; für 1990 wird z.B. mit einem Wirtschaftswachstum von 3.4% und einem Zinsniveau von 5.5% gerechnet. Am 15. August 1989 sollten Präsident Bushs "Office of Management and Budget (OMB)" und das Budget-Büro des Kongresses (CBO) neue Defizit-Schätzungen veröffentlichen; in der Folge wird sich auch zeigen, ob zusätzliche Ausgabenkürzungen gemäss dem GRH-Balanced Budget Act vorgenommen werden müssen. Wie stark die Meinungen bezüglich der Höhe der zukünftigen Budget-Defizite divergieren, zeigt die nachfolgende Aufstellung:

266

US-Budgetdefizit (in Mrd. US$)

Fiskaljahr	GRH(1987) (Balanced Budget Act)	OMB[1]) (Bush Budget)	OECD	CBO (Congress Budget)
1986	221.2	221.2	221.2	221.2
1987	149.7	149.7	149.7	149.7
1988	144.0	155.1	155.1	155.1
1989[*]	136	160	162	159
1990[*]	100	99	141	146
1991[*]	64	64	152	146
1992[*]	28	31	140	140
1993[*]	0	-2[**])	136	135

[1]) Stand Mai 89   [*] Projektionen   [**]) minus = Ueberschuss
Quelle: OECD, Economic Outlook 6/89

Die Diskussion um das US-Budgetdefizit wird in den nächsten Jahren wohl kaum aus den Schlagzeilen verschwinden, da ein spürbarer Abbau der Defizite frühestens Anfang der 90er Jahre zu erwarten ist. Echte Fortschritte wären vor allem bei der Einführung neuer Verbrauchssteuern zu erwarten. Falls sich bei der Konsolidierung des Staatshaushaltes die erwarteten Fortschritte einstellen, dürften die Budgetdefizite jedoch bald eine realistischere Beurteilung erfahren. Betrachtet man das US-Budgetdefizit gemessen am Bruttosozialprodukt und im internationalen Vergleich, relativiert sich die Höhe der amerikanischen Fehlbeträge erheblich :

Budgetdefizite im internationalen Vergleich (in % des nom. BSP/BIP) [*]

	1980	1986	1987	1988	1989[**]	1990[**]
Belgien	-9.2	-9.0	-7.2	-7.0	-6.6	-6.1
BRD	-2.9	-1.3	-1.8	-2.0	-0.5	-1.2
Frankreich	0.0	-2.7	-2.0	-1.3	-1.3	-1.2
Grossbritannien	-3.5	-2.4	-1.5	0.8	1.6	1.7
Holland	-4.0	-5.9	-6.1	-5.4	-4.8	-4.6
Italien	-8.5	-11.5	-10.5	-10.1	-9.9	-10.0
Japan	-4.4	-0.9	0.6	1.3	1.8	2.0
USA	-1.3	-3.4	-2.3	-2.0	-1.9	-1.5

[*] = General government financial balances; Fiskaljahr per 1.4.
[**] = Schätzungen OECD, Economic Outlook 6/89

Im weiteren ist zu berücksichtigen, dass die Buchhaltungspraxis der US-Regierung keinen Unterschied zwischen Investitionen und anderen Ausgaben macht. Das Office of Management and Budget in Washington hat errechnet, dass im Fiskaljahr 1987 122 Mrd. US$ Investitionen (Infrastrukturbildung) und 75 Mrd. US$ investitionsähnliche Ausgaben (Bildung, Forschung usw.) waren. Zudem werden sich die im Budget nicht enthaltenen Ueberschüsse der staatlichen Sozialversicherung in den nächsten 4 Jahren auf rund 100 Mrd. US$ verdoppeln. Schliesslich sollte man nicht vergessen, dass die Haushaltszahlen meist nominell gemessen werden; für eine kritische Analyse der Haushaltsdefizite und der Staatsverschuldung wären aber reale, inflationsbereinigte Daten sinnvoller; sie ergäben ein wesentlich günstigeres Bild.

8.5   Die US-Auslandsverschuldung

Die USA waren seit dem ersten Weltkrieg bis Mitte der 80er Jahre die bedeutendste Kreditgebernation der Welt; wie es die nachfolgenden vom US-Department of Commerce (Bureau of Economic Analysis) veröffentlichten Zahlen illustrieren, hat sich dies in den letzten Jahren drastisch geändert. Im Jahre 1985 war der Saldo zwischen dem Wert der Anlagen im Ausland, die sich im Eigentum von Amerikanern befanden (950 Mrd. US$), und den in den USA liegenden Aktiva der Ausländer (1061 Mrd. US$) mit —111 Mrd. US$ erstmals negativ ausgefallen. Im darauffolgenden Jahr erhöhte sich die US-Auslandsverschuldung auf 269 Mrd. US$. Mit US-Anlagen im Ausland von 1168 Mrd. US$ und im Eigentum von Ausländern befindlichen Vermögenswerten in den USA von 1536 Mrd. US$ erreichte der Negativsaldo mit 368 Mrd. US$ im Jahre 1987 eine neue Rekordmarke. Die Mitte 1988 von der INTEES erstellten Schätzungen lassen auch für die kommenden Jahre keine Trendwende erwarten.

	1988	1990	1992
Geschätzte Netto-Auslandsverschuldung (in Mrd. US$)	488	554	799

Die Ursachen für diese Entwicklung sind vielfältig. Hohe Ertragsbilanzdefizite, steigende und mit einer rückläufigen Sparneigung verbundene Budgetdefizite und die Befestigung des US-Dollars sind dafür nur teilweise verantwortlich. Ein anderer erwähnenswerter Faktor ist sicher auch die erhöhte Attraktivität der USA als Investitionsland.

Die nominelle US-Auslandsverschuldung ist zurzeit höher als die Summe der Verbindlichkeiten von Brasilien, Mexiko, Argentinien und Venezuela (vgl. Kapitel 8.1). Diese Tatsache hat in letzter Zeit in den Medien für Schlagzeilen gesorgt und breite Bevölkerungsschichten - teilweise zu Unrecht - beunruhigt. Die Struktur, die relative Höhe und die Definition der amerikanischen Auslandsverpflichtungen unterscheiden sich nämlich wesentlich von derjenen der Entwicklungs- und Schwellenländer. Die Auslandsschuld dieser Länder besteht fast ausschliesslich aus (meist nicht handelbaren) Krediten, die mit Zins- und Rückzahlungsverpflichtungen verbunden sind. Dagegen setzen sich die von Ausländern gehaltenen Anlagen in den USA aus handelbaren Obligationen des Schatzamtes und von Gesellschaften (zirka 20% der Aktiven), Immobilien und Direktinvestitionen (20%), Aktien (20%) und Bankeinlagen wie übrige Aktiva (40%) zusammen. **Rund die Hälfte dieser Anlagen haben somit weder eine Rückzahlungsfälligkeit noch eine feste Rendite.** Ein wesentliches Unterscheidungsmerkmal besteht auch in der beinahe ausschliesslichen US$-Nominierung der amerikanischen Schulden. Zur Bedienung des Schuldendienstes müssen die Entwicklungsländer fremde Devisen verdienen und unterliegen Wechselkursschwankungen und Veränderungen der Terms of Trade, während die Amerikaner ihren Zahlungsverpflichtungen in der eigenen Währung und notfalls über die "Notenpresse" nachkommen können. Im Jahre 1988 betrug die Nettoauslandsverschuldung der USA rund 10% des Bruttosozialproduktes und zirka 6% der gesamten US-Schulden (in- und ausländischen, öffentlichen und privaten Schulden). Diese Verschuldungsratios zeigen, dass die Belastung durch die gegenwärtige Höhe der Aussenschulden für die USA ungleich geringer ist, als für die Entwicklungsländer; dies wiederum stellt einen wichtigen Faktor für die unterschiedliche Kreditwürdigkeit dar.

Trotzdem sollte man den ungünstigen Trend der amerikanischen Auslandsverschuldung nicht verharmlosen. Wenn diese im gleichen Mass wie im Jahre 1988 voranschreiten würde, entstünden bis Ende dieses Jahrhunderts Nettoverbindlichkeiten von knapp 2 Billionen US$. Obschon solche Hochrechnungen oft falsche Erwartungen wecken, sollte man die zukünftige Entwicklung im Auge behalten. Nachdem die USA traditionell einen Zinsüberschuss erwirtschafteten, erhöhen die heutigen Nettozinszahlungen das Leistungsbilanzdefizit und haben einen für die Wirtschaft schädlichen, zinstreibenden Effekt.

Falls die USA in den kommenden Jahren nicht konsequentere Massnahmen zur Gesundung der (Aussen-)Wirtschaft ergreifen, muss man sich fragen, ob der US-Dollar seine Stellung als Hauptreservewährung über das Jahr 2000 hinweg aufrechterhalten kann oder ob ihm das gleiche Schicksal bevorsteht, wie es das £-Sterling nach dem 1. Weltkrieg erlebte. Mit einer Börsenkapitalisierung von 2'126 Billionen US$ (Weltanteil: 41%) per Ende Mai 1989 hat Japan jedenfalls die USA (32%) als grösste Finanzmacht bereits abgelöst.

8.6 EG-Binnenmarkt

Nachdem die Erweiterung der EG von 10 auf 12 Mitgliedstaaten durch den Beitritt Spaniens und Portugals vollzogen und die lähmende Uneinigkeit über die gemeinsame Agrarpolitik und deren Finanzierung überwunden worden ist, wird der auf den 1.1.1993 befristete Plan zur Verwirklichung eines umfassenden Binnenmarktes überraschend zielstrebig vorangetrieben. Der feste Wille der Gemeinschaft, die integrale Freizügigkeit von Personen, Waren, Dienstleistungen und Kapital rechtzeitig zu realisieren, ist bemerkenswert und gibt Anlass zur Hoffnung, dass der europäische Raum als Einheit nicht nur wirtschaftlich, sondern auch politisch gegenüber den anderen Machtblöcken zunehmend an Bedeutung gewinnt.

Die einzelnen Etappen des "Deregulierungsfahrplans" präsentieren sich zurzeit wie folgt: ab Mitte 1990 freier Kapitalverkehr, ab 1991/92 steuerliche Harmonisierung im EG-Raum, ab 1993 Einführung des EG-Binnenmarktes und ab 1994/95 Schaffung einer Einheitswährung (ECU) und einer gemeinsamen Zentralbank. Einzelne Zieldaten erscheinen aus heutiger Sicht ambitiös, denn das Programm erfordert neben einer verstärkten politischen Kompromissbereitschaft auch Rechtsangleichungsvorgänge von ausserordentlicher Komplexität. Insbesondere bei politisch umstrittenen Fragen, wie der Schaffung der geplanten Währungsunion, dürfte der ursprüngliche Zeitplan kaum eingehalten werden. Anlässlich des Ende Juni 1989 stattgefundenen EG-Gipfels in Madrid wurde über einen 3-Stufen-Plan zur Einführung einer einheitlichen Währung und einer gemeinsamen supranationalen Zentralbank debattiert. Bei der ersten Stufe einigte man sich darauf, dass ab 30.7.1990 mit einer engeren finanzpolitischen Zusammenarbeit begonnen werden soll; sie hat eine Angleichung der Wirtschaftspolitik und die Integration des britischen Pfunds ins EWS zum Ziel. In den zwei weiteren Phasen soll das neue Zentralbanksystem und eine einheitliche Währung kreiert werden. In diesem Punkt konnte allerdings keine Einigung erzielt werden, da die damit verbundenen Souveränitätseinbussen von Grossbritannien als inakzeptabel betrachtet werden.

Die **Schaffung des EG-Binnenmarktes** wird für die EG-Staaten einerseits mit erheblichen gesamtwirtschaftlichen Vorteilen verbunden sein, aber auch schmerzliche Strukturanpassungsprozesse auslösen. Positive Impulse auf die europäischen Wirtschaften werden bereits vor dem Stichtag 1.1.1993 spürbar werden. Anderseits ist zu befürchten, dass sich die Spannungen im Bereich des internationalen Handels (z.B. mit den USA) verstärken und die protektionistischen Tendenzen zwischen den Wirtschaftsblöcken zunehmen werden.

Die im Jahr 1988 präsentierte, sehr umfassende Studie einer hochkarätigen EG-Kommission zeigt die aus der Schaffung des geplanten EG-Binnenmarktes resultierenden Vorteile deutlich auf :

Schätzung der mikroökonomischen Vorteile des EG-Binnenmarktes

	in Mrd ECU	in % des EG-BSP [*]
Gewinne aus Beseitigung der Handelsschranken	8 - 9	0.2 - 0.3
Gewinne aus der Beseitigung der Produktionsschranken	57 - 71	2.0 - 2.4
Gewinne aus der Nutzung der "Economies of Scale"	61	2.1
Gewinne aus verschärftem Wettbewerb	46	1.6
Totale Gewinne der EG	170 - 250	4.2 - 6.5

Schätzung der makroökonomischen Vorteile des EG-Binnenmarktes

Art der Wirtschaftspolitik	in % des des BSP [*]	Veränderung der Konsumenten- preise in %	zusätzliche Arbeitsplätze in Mio. Stellen
ohne begleitende Massnahmen	+4.5	-6.1	+1.8
mit begleitenden Massnahmen	+7.0	-4.5	+5.0

[*] = Bruttosozialprodukt

Die Auswirkungen des EG-Binnenmarktes werden innerhalb der 12 EG-Staaten allerdings regional und sektoriell unterschiedlich ausfallen. Wettbewerbsschwache Wirtschaftszweige und Unternehmen werden zunehmend in Bedrängnis geraten. **Die Konkurrenzsituation wird sich generell verschärfen. Als Folge davon werden die Preise (und Margen) tendenziell unter Druck geraten, was wiederum einen zinssenkenden Effekt hat.** Im Unternehmensbereich müssen (auch im Hinblick auf das vergrösserte Absatzpotential) die Produktions- und Absatzstrukturen angepasst werden; deshalb dürfte es in den nächsten Jahren zu einer Welle von Fusionen und Gesellschaftsübernahmen kommen. Viele Unternehmen werden bereits vor dem 1.1.1993 ihre Schlagkraft verstärken resp. ihre Marktanteile erhöhen.

Diese Entwicklungen im EG-Bereich zwingen auch die **6 EFTA-Staaten**, entsprechende Massnahmen zu treffen, um den Anschluss nicht zu verpassen. Für die Schweiz ist das von besonderer Bedeutung, gehen doch rund 55% ihrer Güterexporte in EG-Länder und 72% der Importe stammen aus EG-Staaten. Bisher entwickelte sich die Zusammenarbeit zwischen der EG und der EFTA im Rahmen der *"Luxemburger Prozesses"*. Dieser Prozess beruht auf pragmatischem und selektivem Verhandeln zwischen EG- und EFTA-Staaten über Einzelfragen. Anlässlich des Treffens der Regierungschefs der EFTA-Länder am 14./15. März 1989 in Oslo erklärten die Sechs, nach Mitteln und Wegen zu suchen, um eine straffer strukturierte Form der Partnerschaft mit der EG zu verwirklichen.

Zukünftige Verhandlungen sollen vermehrt kollektiv geführt werden und den freien Verkehr von Gütern, Dienstleistungen, Kapital und Personen zum Ziel haben. Zusätzlich soll die Zusammenarbeit auf Gebieten wie Wissenschaft, Forschung, Bildungswesen, Umweltschutz und Verkehrspolitik gewährleistet werden. Zurzeit sind rund 30 EG/EFTA-Expertengruppen damit beschäftigt, Informationen auszutauschen und verträgliche Lösungen auszuarbeiten. Sie sind sich sicher bewusst, dass eine ungenügende wirtschaftliche Annäherung zwischen EG und EFTA für sämtliche Beteiligten negative Auswirkungen hätte.

Für die **Unternehmen aus den EFTA-Staaten** birgt die Umwandlung von 12 Einzelmärkten in einen gemeinsamen Binnenmarkt mit rund 340 Mio. potentiellen Konsumenten sowohl Chancen als auch Gefahren. Erstere ergeben sich aus dem zu erwartenden verstärkten Wirtschaftswachstum in der EG, an dem auch die Handelspartner aus der EFTA teilhaben können; zudem wird es für exportorientierte Gesellschaften leichter, die EG-Märkte zu erschliessen, und sie profitieren ebenfalls vom Abbau nichttarifärer Handelshemmnisse (z.B. Vereinheitlichung von Normen, einfachere Zollabfertigung usw.). Schwierig wird die Situation (insbesondere für Klein- und Mittelbetriebe), wenn sich der EG-Markt wider Erwarten gegen aussen abschotten sollte, und sich zudem der Wettbewerbsdruck seitens der schlagkräftiger gewordenen EG-Unternehmen auch auf den Drittmärkten verschärft.

Auch auf die **europäischen Finanzmärkte** hat der EG-Binnenmarkt vielfältige Einflüsse. Man kann davon ausgehen, dass der Börsenhandel in den einzelnen Ländern auf wenige Plätze konzentriert wird und umsatzschwache Börsen aufgehoben oder mit dem Handel von Spezialwerten betraut werden. Geplant ist auch ein elektronischer Verbund der Börsenplätze für international gehandelte Titel sowie eine Harmonisierung der Börsenzulassung. Angesichts der weiter zunehmenden Internationalisierung des Wertpapiergeschäfts wird sich der Wettbewerbsdruck unter den Banken verschärfen und zu tendenziell sinkenden Courtage- und Gebührensätzen führen.

Veränderungen sind auch an den **Anlagemärkten** zu erwarten. Die vermehrte Koordination der Wirtschafts- und Währungspolitik innerhalb der EG-Länder wird dazu beitragen, dass eine Annäherung der Zinssätze und Inflationsraten stattfinden wird. Gesamtwirtschaftlich betrachtet dürften die südeuropäischen Länder (Portugal, Spanien, Italien und teilweise auch Frankreich) vom EG-Binnenmarkt am meisten profitieren. Das Umstrukturierungs- und Rationalisierungspotential ist in diesen Ländern am grössten; zudem verfügen sie über vergleichsweise tiefe Lohnkosten. Tiefe Bodenpreise und ein Nachholbedarf im Ausbau der Infrastruktur sind weitere Faktoren, die mittel- und längerfristig für positive Wachstumsimpulse sorgen werden. Der Wohlstands- und Kaufkraftzuwachs dürfte in diesen Staaten am grössten ausfallen. Angesichts des hohen Anteils von Klein- und Mittelbetrieben (bis 500 Angestellte) in diesen Gebieten wird es in den nächsten Jahren zu einer Flut von Gesellschaftsübernahmen und Zusammenschlüssen kommen. In einer späteren Phase ist mit einer verstärkten Abwanderung der Arbeitskräfte aus dem Agrar- in den Dienstleistungsbereich zu rechnen. Branchenmässig dürfte sich in diesen Ländern die Bauindustrie, die Assekuranz und der Konsumbereich überdurchschnittlich entwickeln. In den übrigen EG-Ländern wird der durch den EG-Binnenmarkt ausgelöste Wachstumsschub mässiger ausfallen. Gute Zukunftschancen haben dort vor allem grosse Unternehmen, die in technologisch anspruchsvollen Bereichen (wie Telekommunikation, Spezialmaschinenbau, Elektrotechnik, Pharma/Gentechnologie und Umweltschutz) tätig sind. Klein- und Mittelbetriebe werden ihre Geschäftätigkeit in verstärktem Masse auf Marktnischen und Spezialitäten ausrichten und Flexibilität zeigen müssen.

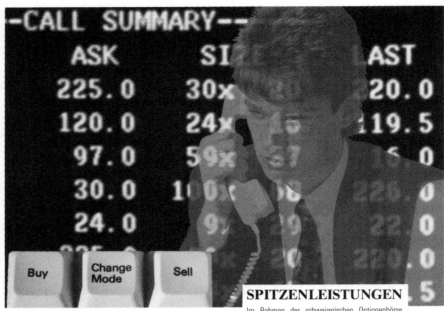

SPITZENLEISTUNGEN

Im Rahmen der schweizerischen Optionenbörse SOFFEX dürfen wir gleich zweimal von Spitzenleistungen sprechen:

Je schneller, desto besser.
Je besser, desto schneller.

Allein schon das neue, vollelektronische Handels- und Abwicklungssystem stellt eine echte Spitzenleistung dar. Erst der Einsatz modernster Computer- und Kommunikationstechnologie schafft die Voraussetzungen für die optimale Benützung der neuen Finanzinstrumente, die dem Anleger zur Absicherung des Risikos starker Kursschwankungen auf Wertschriftenbeständen dienen und die Verbesserung der Performance ermöglicht.

Die Volksbank an vorderster Front dabei.

Am Aufbau des SOFFEX-Systems haben unsere Spezialisten massgebend mitgearbeitet. Als Kunde profitieren Sie davon: Von einer Beratung aus erster Hand, einer professionellen Abwicklung Ihrer Aufträge und von der Möglichkeit, sich unter kundiger Anleitung neue Anlagestrategien zunutze zu machen.

Profitieren Sie von unseren Spitzenleistungen!

International Network:
London, New York, Singapore, Tokyo, Hong Kong, São Paulo.

Die Persönliche unter den Grossen. Auch international.

SCHWEIZERISCHE VOLKSBANK

DANK

Zuerst danke ich meiner Frau und meinen Kindern für ihre Geduld und Unterstützung, die mir das Verfassen dieses Buches überhaupt ermöglicht hat. Im weiteren möchte ich meinen Bruder, Dr. G. Dorigo, Geographisches Institut der Universität Zürich, erwähnen, der zum Zustandekommen dieser Arbeit beigetragen hat.

Anschliessend geht mein Dank an die folgenden Gesellschaften, die bei Detailfragen in entgegenkommender Weise Hilfestellung leisteten:

OECD Publication Service, Paris
Zürcher Kantonalbank, Zürich
Schweiz. Bankverein, Basel
Schweiz. Kreditanstalt, Zürich
Schweiz. Bankgesellschaft, Zürich
Morgan Stanley Capital International Perspective S.A., Genf
Datastream, Zürich
Swiss Options and Financial Futures Exchange AG, Zürich
Goldman Sachs Finanz AG, Zürich
Deutsche Bank, Frankfurt

LITERATURVERZEICHNIS

Alexander, Gordon J., and Jack Clark Francis: *"Portfolio Analysis"*; Prentice-Hall, Englewood Cliffs, 1986, 3rd edition

Brealey, Richard: *"An Introduction to Risk & Return"*; Blackwell Publishers Ltd., Oxford, 1987, 2nd edition

Cohen, Zinbarg, and Zeitel: *"Investment Analysis and Portfolio Management"*; Irwin Inc., Homewood (USA), 1982, 4th edition

Copeland, Thomas E. and J. Fred Weston: *"Financial Theory and Corporate Policy"*; Addison-Wesley Publishing Company, Reading (Mass.), 1988, 3rd edition

Corner, Desmond and David G. Mayes: *"Modern Portfolio Theory and Financial Institutions"*; Globe Book Services Ltd., England, 1983

Flight, Howard and Bonita Lee-Swan: *"All You Need to Know About Exchange Rates"*; Sidwick & Jackson Ltd., London, 1988

Frost, A.J. and R.R. Prechter: *"Elliott Wave Principle - Key to Stock Market Profits"*; New Classics Library Inc., Gainesville, 1978

Harrington, Diana R.: *"Modern Portfolio Theory, the CAPM & APT"*; Prentice-Hall, Englewood Cliffs, 1987

Ibbotson, Roger G. and Gray P. Brinson: *"Investment Markets"*; McGraw-Hill Book Company, Berkeley, 1987

Lerbinger, Paul: *"Das Grosse Buch der Aktie"*; Fortuna Finanz Verlag, CH-8123 Ebmatingen, 1987

Maginn, John L. and Donald L. Tuttle: *"Managing Investment Portfolios"*; Warren Gorham, Lamont, Boston/New York, 1983

Malkiel, Burton: *"A Random Walk Down Wall Street"*; W.W. Norton & Co., New York, 1985, 4th edition

Markowitz, H.: *"Portfolio Selection, Efficient Diversification of Investment"*; Yale University Press, New Haven, 1959

Sharp, William F.: *"Investments"*; Prentice-Hall, Englewood Cliffs, 1985, 3rd edition

Solnik, Bruno: *"International Investments"*; Addison-Wesley Publishing Company, Redwood City (Ca.), 1988

Uhlir, Helmut und Peter Steiner: *"Wertpapieranalyse"*; Physica Verlag, Heidelberg, 1986

Welcker Johannes: *"Technische Aktienanalyse"*; Verlag Moderne Industrie, Zürich, 1986, 3. überarbeitete Auflage